시민과 함께 읽는 여순사건

이 책은 2023년 전라남도의 재원으로 (재)전남인재평생교육진흥원의 지원을 받아 출판되었습니다.

시민과 함께 읽는 여순사건

초판 1쇄 발행 2023년 12월 20일
 2판 1쇄 발행 2025년 3월 4일

저　　자 | 강성호·권오수·노영기·예대열·최현주·박종길·김소진·유상수
감　　수 | 이정은·임송자

발 행 인 | 윤관백
발 행 처 | 선인
등　　록 | 제5 - 77호(1998.11.4)
주　　소 | 서울시 양천구 남부순환로 48길 1(신월동163-1)
전　　화 | 02)718 - 6252/6257
팩　　스 | 02)718 - 6253
E - mail | suninbook@naver.com

정가 15,000원
ISBN 979-11-6068-952-5 03900

· 본서에 수록된 사진 등의 도판 자료는 모두 저작권자를 찾아 허가를 받고자 노력하였으나 일부는 확인되지 않았습니다. 해당 저작권이 확인되는 대로 사용 허가를 받고 일반적인 사용료를 지불하겠습니다.
· 잘못된 책은 바꿔 드립니다.

시민과 함께 읽는 여순사건

10 19

선인

책을 펴내면서

『시민과 함께 읽는 여순사건』을 내면서

2021년 6월 29일에 국회에서 '여수·순천 10·19사건 진상규명 및 희생자 명예회복에 관한 특별법'(이하 '여순사건 특별법')이 통과되었다. 지역과 국가 차원에서 모두 환영할 만한 일이다. '여수·순천 10·19사건'(이하 여순사건)을 국가 차원에서 본격적으로 조명할 수 있게 되었고, 여순사건으로 파괴된 지역공동체의 복원을 기대할 수 있게 되었다.

여순사건 특별법 제정으로 여순사건 진상규명 활동이 본격적으로 진행되고 있다. '여수·순천 10·19사건 진상규명 및 명예회복위원회(이하 여순사건위원회)'가 중심이 되어 진상규명과 명예회복을 위한 활동을 하고 있다. 2023년 7월 27일에 여순사건 특별법 시행령이 개정되어 여순사건 피해신청기간이 2023년 1월 20일에서 2023년 12월까지로 연장되었다.

여순사건은 1948년 10월 19일 여수에 주둔하고 있던 국군 제14연대 일부 군인들이 제주 4·3 진압명령을 거부하면서 일어났다. 여순사건은 1948년 10월 19일부터 지리산 입산 금지가 해제된 1955년 4월 1일까지 여수·순천 지역뿐만 아니라 전남, 전북, 경남 지역에서 많은 희생자가 발생한 사건이다. 현재 정확한 희생규모를 밝히기는 어렵지만 당시의 희생자 통계와 현재 진행되고 있는 여순사건 피해신고를 보면 대규모 희생이 있었음을 알 수 있다. 전라남도가 당시 조사한 1949년 11월 기준 사망자는 1만 1,131명이었다. 또한 여순사건위원회에 2023년 11월 22일까지 접수된 여순사건 피해신고는 7,120건이었다.

'여순사건 특별법'이 제정되고 피해신고와 희생자 결정이 진행됨에 따라 여순사건에 대한 시민들의 관심이 높아지고 있다. 또한 지난 73년 동안 제대로 여순사건에 대한 정보를 접하기 어려웠던 시민들에게 여순사건을 시민들의 눈높이에 맞게 알려드릴 필요가 커지고 있다. 이에 여순사건을 연구하고 여순사건 현장에서 활동해 온 필자들이 부족하지만 힘을 모아 『시민과 함께 읽는 여순사건』을 펴내기로 하였다.

이 책은 여순사건에 대한 역사적 이해와 '여순사건 특별법' 제정 과정을 다루고 있다. 여순사건의 국제적 배경은 순천대 강성호 교수가, 국내적 배경은 순천대 권오수 교수가 다루었다. 조선대 노영기 교수는 여순사건의 발발과 진압과정을 맡았고, 여순사건으로 귀결된 반공체제 구축에 대해서는 순천대 예대열 교수가 서술하였다. 순천대 최현주 교수는 여순사건을 문학과 구술사로 살펴보았다.

여순사건 특별법 제정 과정도 조명하였다. 박종길 여수지역사회연구소장은 여순사건 특별법 제정을 위한 지역사회의 노력을, 김소진 순천대 여순10·19 연구소 연구원은 여순사건 특별법을 제주4·3사건법과 5·18민주화운동관련법과 비교 분석하였다. 여순사건중앙위원회에 근무하고 있는 유상수 조사관은 여순사건 특별법의 경과와 현재 당면 과제를 다루었다.

여순사건에 대한 자료조사, 진상조사, 연구 등이 진행되고 있지만, 아직 부족하고 제대로 정리되지 못했다. 또한 여순사건이 발생한 지역이 다양하고 피해 형태도 복잡하다 보니 여순사건을 바라보는 시선들도 다양하다. 따라서 이 책에서는 여수, 순천, 광양, 구례 지역 등 여러 지역에서 활동하는 지역시민, 지역시민단체 활동가, 지역연구자, 기자, 유가족들의 시선들을 다양하게 담으려고 노력했다. 순천대 이정은 교수가 이 책의 기획과 전반적인 진행을 맡아 주었다. 성균관대 임송자 교수가 책에 대한 감수를 맡아 많은 조언을 해주었다.

이 책은 여순사건에 대한 역사적·문학적 이해, 여순사건 특별법 제정과정, 여순사건을 바라보는 시민들의 다양한 목소리들을 보여주려고 기획하였다. 그러나 여순사건 특별법이 늦게 제정되면서 관련 연구와 자료 발굴이 제대로 진행되지 못한 한계는 여전히 크다. 또한 여순사건에 대한 견해들을 밝히는 데 부담을 느끼고 있는 시민들이 많다보니, 다양한 시민들의 목소리를 충분히 담지 못하였다.

여순사건에 대한 진상규명과 연구는 정부, 국회, 지자체, 대학연구소, 지역 연구자, 시민단체 등 다양한 부문의 노력으로 빠른 속도로 진행되고 있다. 이 책의 필진들은 새로운 국내외 자료 발굴과 연구성과가 진척되면, 부족한 부분들을 반영하여 이 책의 개정판을 내려고 한다. 여러 가지로 부족하지만 이 책이 여순사건을 이해하려고 하는 시민들에게 조금이나마 도움이 되기를 바란다. 끝으로 이 책이 나올 수 있도록 지원해주신 (재)전남인재평생교육진흥원에 감사의 마음을 전한다.

2023년 겨울 저자 일동

『시민과 함께 읽는 여순사건』을 내면서 / 저자일동   5
들어가는 말: 시민과 함께 가야 할 여순사건 연구 / 강성호   10

제1부 여순사건에 대한 이해

01 | 여순사건의 국제적 배경 / 강성호   22

02 | 여순사건의 국내적 배경 / 권오수   38

03 | 여순사건의 발발과 진압 / 노영기   66

04 | 여순사건의 결과와 영향 / 예대열   104

05 | 문학과 구술사로 보는 여순사건 / 최현주   124

시민과 함께 읽는
여순사건

제2부 여순사건 특별법 이해와 다양한 시선

06 | 여순사건 특별법과 지역사회 / 박종길   158

07 | 다시 읽는 「여수·순천 10·19사건 진상규명 및
　　　희생자 명예회복에 관한 특별법」 / 김소진   196

08 | 여순사건 특별법 제정과 과제 / 유상수   222

09 | 여순사건을 보는 다양한 시선과 목소리   234
　　　박발진 / 박종길 / 정미경 / 장경자
　　　강성정 / 문수현 / 신　강 / 장윤호

시민과 함께 읽는 여순사건

시민과 함께 가야 할 여순사건 연구

여수·순천 10·19사건(이하 여순사건)은 1948년 10월 19일 여수에 주둔하고 있는 국군 제14연대 일부 군인들이 제주4·3사건 진압 명령을 거부하면서 일어났다. 여순사건은 1948년 10월 19일부터 지리산 입산 금지가 해제된 1955년 4월 1일까지 여수, 순천 지역뿐만 아니라 전남, 전북, 경남 지역에서 많은 사망자가 발생한 사건이다. 당시 전라남도 조사에 따르면 1949년 11월 기준 사망자는 1만 1,131명이었다.

2021년 6월 29일에 국회에서 '여수·순천 10·19사건 진상규명 및 희생자 명예회복에 관한 특별법'(이하 '여순사건 특별법')이 통과되었다. 지역의 국회의원들이 여순사건 특별법 통과를 위해 많은 역할을 하였다. 이와 함께 1980년대 후반 이후부터 30년 넘게 지역 시민사회, 학계, 유족회들이 여순사건 특별법 제정을 위해 노력을 해왔다는 점을 명심할 필요가 있다.

2000년 10월 11일에 여수·순천 총 20개 시민단체가 모여서 '여순사건 진상규명과 명예회복을 위한 전남동부지역공동대책위원회 준비위원회'를 결성하였다. 2001년 6월 12일에는 여수, 순천, 구례 유족들이 모여 여순사건유족회가 출범하였다. 2018년에는 전남동부지역 100여개 시민사회단체로 구성된 '여순항쟁70주년기념사업위원회'가 여순사건 70주년 행사를 대대적으로 진행하였다. 또한 여순 10·19특별법제정범국민연대 등 시민단체들도 지속적으로 활동해왔다.

    여순사건 진상규명 노력도 지난 30년 동안 진행되어왔다. 순천 전남동부지역사회연구소의 『지역과 전망』과 여수문화원의 『여수문화』가 여순사건에 대한 증언과 자료를 다루었다. 1998년에는 여수지역사회연구소가 『여순사건 피해실태보고서』 1집을 발간하였다. 2006년 순천시민연대는 『여순사건 순천지역 피해실태 조사보고서』를, 2012년 여수지역사회연구소는 『다시 쓰는 여순사건 보고서』를 발간하였다. 지역 대학교에서는 2014년 설립된 순천대 지리산권문화연구원 여순연구센터가 창립기념으로 4권으로 된 대규모 『여순사건자료집』을 2015년 발간하였다. 순천대 인문학술원은 2018년부터 제주대 탐라문화연구원과 제주4·3사건과 여순사건 공동학술대회를 개최하고 있고, 여순사건 미국자료 조사 및 번역작업을 진행하고 있다. 2018년에 설립된 순천대 여순연구소는 여순사건 관련 다양한 행사를 진행하면서 여순사건 구술성과를 6권의 책으로 출판하였다.

이를 보면 지난 30년 넘게 진행된 지역 시민사회와 단체, 유가족, 대학, 지자체, 정치인들의 지속적이고 다양한 노력이 있었기에 여순사건 특별법이 국회에서 통과되었음을 알 수 있다. 따라서 여순사건 특별법 통과를 특정 국회의원의 정치적 성과물이거나, 여순사건 유족의 피해보상만을 위한 것이거나 특정 시민단체나 연구소의 전유물로 보려해서는 안될 것이다.

여순사건에 대한 연구는 2000년 이후에 활성화되기 시작했다. 그 이전까지에는 여순사건에 대한 연구가 양과 주제 면에서 제대로 진행되지 못하였다.[1] 임송자 교수가 『여순사건 72년 기념학술대회: 여순사건 연구현황과 진상규명의 성과·과제』에서 1948년 여순사건 이후 진행된 여순사건에 대한 연구성과를 체계적으로 정리하였다.[2]

임송자 교수는 그동안 진행된 연구성과를 크게 세 가지 주제로 정리하였다.[3] 첫 번째는 반공주의 시각을 넘어서려는 시도이다. 육군본부에서 발간한 『공비토벌사』(1954)나 국방부 전사편찬위원회에서 발간한 『한국전쟁사』(1973)는 반공주의적 시각에서 여순사건을 다루었다. 그러나 히구치 유이치(樋口雄一), 황남준, 존 메릴(John Merrill), 브루스 커밍스(Bruce Cumings), 안종철, 서중석, 이효춘 등의 연구가 축적되면서 여순사건에 대한 반공주의적 시각이 약화되기 시작했다.

두 번째는 2000년 이후 진행된 여순사건 연구 활성화와 주제 접근의 다양화이다. 대표적인 연구주제가 "① 이승만 정권의 성격이나 국군의 변화, 국가폭력의

---

1 정청주, 「여순사건 연구의 현황과 과제」, 『여수대학교 논문집』, 제13집 1권, 1998; 홍영기, 「여순사건에 관한 자료의 성격과 연구현황」, 『지역과 전망』, 11, 1999. 11.
2 임송자, 「여순사건 연구현황과 과제」, 『여순사건 72주년 기념학술대회: 여순사건 연구현황과 진상규명의 성과, 과제』, 순천대 인문학원/여수지역사회연구소, 순천대학교 70주년 기념관 2층 대회의실, 2020. 10. 16, 20~23쪽.
3 임송자, 「여순사건 연구의 현황과 쟁점, 그리고 과제」, 『남도문화연구』 42, 2021, 104~116쪽.

문제를 분석한 연구, ② 반공체제 구축과정, 반공국가 형성과정을 다룬 연구, ③ 여순사건 주도 인물이나 참가계층을 살펴본 연구, ④ 여순사건에 휩싸인 지역민의 실상이나 피해실태를 다룬 연구, ⑤ 여순사건의 기억과 재현에 초점을 맞춘 연구, ⑥ 여순사건 진상규명 관련 연구" 등이다.[4] 김득중, 서중석, 노영기, 김춘수, 임송자, 손태희, 임종명, 박정석, 주철희, 정호기, 이영일 등이 관련 연구를 진행하였다. 세 번째는 여순사건 연구의 빨치산 연구로의 영역확대이다. 제14연대 군인들과 지방 좌익은 지리산, 백운산, 그리고 지리산 권역에서 활동했기 때문이다. 최선웅, 이선아, 김영택, 임송자 등이 관련 연구를 하였다.

2000년 이후 여순사건 연구가 활성화되면서 다양한 쟁점들이 발생하였다. 가장 오래된 쟁점은 여순사건에 대한 명칭 문제이다. 여순사건에 대한 명칭은 여수14연대 반란사건, 여순봉기, 여순병란, 여순군란, 여수·순천 10·19사건, 여순사건, 여순군민항쟁, 여순항쟁 등 다양하다. 처음에는 '여순반란'이라는 용어가 많이 사용되었다. 학계에서는 여순사건이라는 가치중립적인 명칭을 많이 사용하고 있다.[5] 여순사건 특별법이 제정되면서 '여수·순천 10·19사건'이라는 명칭이 많이 사용되고 있다. 여순사건 발발 원인과 남로당 개입 여부에 대해서도 서로 다른 견해가 제기되었지만, 점차 반공주의적 시각이 극복되고 있다.[6]

이외에도 여순사건 주도세력과 참여자의 성격, 여순사건 당시 인민재판의 존재 여부, 군경의 진압작전과 피해 양상, 빨치산 활동과 정부 군경의 진압작전 등에 대한 입장 차이로 다양한 논쟁들이 진행되고 있다.

---

4 임송자, 「여순사건 연구의 현황과 쟁점, 그리고 과제」, 107~108쪽.
5 김득중, 『'빨갱이'의 탄생: 여순사건과 반공국가의 형성』, 선인, 2009, 52~53쪽.
6 임송자, 「여순사건 연구의 현황과 쟁점, 그리고 과제」, 118쪽.

2000년 이후 그 이전에 비해 여순사건 연구가 다양하게 많이 진행되었지만 여전히 해결해야할 과제들이 많다.[7] 첫째, 여순사건 특별법이 제정된 현 상황에서 진상규명과 명예회복을 위해서는 학계와 대학이 중심이 되어 여순사건 쟁점들을 차분하고 면밀하게 재검토하고 분석할 필요가 있다. 둘째, 여순사건을 제대로 파악하기 위해서는 여순사건 그 자체에서 벗어나 연구영역의 시간과 공간을 넓혀야 한다. 여순사건이 발생한 전남지역과 지리산권역의 역사적 구조와 사회구조에 대한 폭넓은 연구가 필요하다. 또한 일제 식민지 시기에서 제2차 세계대전 이후 동아시아 냉전체제로 편입되어가는 이행기 속에서 여순사건을 조망할 필요가 있다.

셋째, 여순사건 연구의 토대가 되는 자료발굴과 연구가 아직 제대로 정리되어 있지 못하다. 따라서 여순사건 관련 정부 문서, 군경자료, 미국 자료, 개인 소장 자료, 구술 채록 자료 등이 체계적이고 종합적으로 조사·수집되고 정리되어야 한다. 특히 개인이 수행하기 어려운 이러한 작업은 여순사건 특별법이 제정되었기 때문에 여순사건위원회나 지자체의 적극적인 재정지원을 통해 대규모로 신속하게 진행될 필요가 있다.

여순사건 특별법 제정으로 여순사건 진상규명 활동이 본격적으로 진행되고 있다. '여수·순천 10·19사건 진상규명 및 명예회복위원회(이하 여순사건위원회)'가 중심이 되어 진상규명과 명예회복을 위한 활동을 하고 있다. 여순사건 특별법이 제정되고 피해 신고와 희생자 결정이 진행됨에 따라 여순사건에 대한 시민들의 관심이 높아지고 있다. 이러한 시민들의 관심에 부응하기 위해『시민과 함께 읽는 여순사건』을 펴내게 되었다.

---

7 임송자, 「여순사건 연구의 현황과 쟁점, 그리고 과제」, 129쪽.

들어가는 말

『시민과 함께 읽는 여순사건』은 2부로 구성되어 있다. 제1부에서는 여순사건에 대한 역사적 이해와 문학적 이해를 다룬다. 제2부에서는 여순사건 특별법 제정과정과 과제, 여순사건에 대한 시민들의 다양한 시선을 다룬다.

제1부 1장에서 여순사건의 국제적 배경을 다루었다. 이 글에서 최근 진행되고 있는 냉전 연구의 다양화, 얄타회담과 전후 냉전의 형성과정, 동아시아 냉전의 특징 등이 서술되었다. 이 글은 제2차 세계대전 이후 전후 체제의 주요 특징의 하나인 '냉전'을 미·소 중심의 냉전인식에서 벗어나 한국입장에서 보려한다. 여기에서 전후 유럽에서는 '냉전'으로 진행되었지만 동아시아에서는 '열전'이 터졌다는 점도 강조되고 있다. 해방된 한국에 결정적 영향력을 행사한 미국의 대한정책과 분단정부 수립과정도 다루어졌다.

제1부 2장은 여순사건의 국내적 발생 배경을 살펴본다. 이 글은 해방 이후 여순사건이 발생하기 이전까지의 해방 3년사를 비중있게 다루고 있다. 이를 통해서 여순사건이 해방후 정국 전체에서 어떠한 위치에 있는지를 파악할 수 있다. 동시에 이 글은 여순사건의 직접적 배경이 되는 전남 동부지역 상황이나 운동을 서술하였다. 전남동부지역에서 진행된 건국준비위원회의 지역인민위원회로의 개편과정, 단독정부 수립반대운동, 2·7구국 투쟁을 비롯한 1948년 5·10 총선거 준비기간의 습격과 방화사건 등이 다루어졌다.

제1부 3장은 여순사건의 발발과 진압과정을 다루었다. 이 글은 여순사건의 직접적 발생배경으로 제주도 파병반대, 미군정기 내내 진행된 군경의 대립과 갈등, 숙군에 대한 제14연대 좌익의 위기감 등을 들고 있다. 이글에서 여순사건 발발 전후 군 동향, 정부군과 주한미군의 대응 및 진압작전, 여수와 순천지역 진압이 완료된 이후의 빨치산과의 교전 상황 등이 다루어졌다. 동시에 여순사건 과정에서

발생한 순천, 여수, 구례, 광양 지역 민간인 집단학살에 대해서도 구체적으로 서술하고 있다.

제1부 4장은 여순사건의 결과와 영향으로 '빨갱이'가 탄생하고 반공 체제가 구축되는 과정을 분석한다. 제14연대 군인들의 제주4·3사건 진압 거부에서 시작된 사건이 지방 좌익 세력의 가담으로 규모가 커지자, 이승만 정부는 여순사건을 '반란'으로 규정짓고 '빨갱이'로 몰아 위기를 극복하고자 했다고 이 글은 분석한다. 이 글에서 정부가 동원한 언론, 문인, 종교인들을 통해 여순사건에 대한 '빨갱이' 이미지와 '반공 민족'이 만들어지는 과정이 다루어졌다. 또한 여순사건 이후에 숙군의 시행, 계엄령 발포와 국가보안법의 제정, '적'의 창출과 반공 국민의 탄생 등을 거치면서 반공 체제가 구축되는 과정도 살펴졌다.

제1부 5장은 문학과 구술사로 여순사건을 살펴보고 있다. 이 글에서 여순사건을 대상으로 하는 문학 작품들이 다루어졌다. 문순태의 『피아골』, 서정인의 『무자년의 가을 사흘』, 백시종의 『여수의 눈물』, 양여제의 『여수역』 등이 중점적으로 분석되었다. 여순사건에 대한 구술채록이 역사적 실체의 규명 노력으로서 중요하다는 점을 이글은 강조하고 있다. 여기에서 '전남동부지역사회연구소', '여수지역사회연구소', 국사편찬위원회의 구술자료 수집, 그리고 순천대학교 '여순연구소' 등의 구술 채록 활동이 소개되었다. 이 글은 530여 명에 대한 여순사건 관련자와 피해자의 구술 채록작업을 6권의 여순사건 유족증언집으로 발간한 순천대 여순연구소의 성과를 높이 평가하고 있다.

2부에서는 여순사건 특별법 제정과정과 과제, 여순사건에 대한 시민들의 다양한 시선을 다룬다. 제2부 6장은 여순사건 특별법 제정의 배경과 지역사회의 노력을 살펴본다. 이글은 여순사건 특별법을 여순사건의 진실을 규명하고 희생자의 명예를 회복하려는 지역민들의 끊임없는 노력과 활동이 이어진 결과로 본다. 이와 관련하여 여순사건의 공론화 과정, 유족회의 구성과 활동, 시민사회단체의 공동대책위원회 결성과 활동, 여순사건 피해조사 활동 및 추모위령사업과 학술세미나, 여순사건 특별법 제정을 위한 노력 등이 다루어졌다.

제2부 7장은 여순사건 특별법을 제주4·3사건법과 5·18민주화운동 관련법과 비교하여 분석한다. 먼저 여순사건 특별법의 제정과 개정, 그리고 법의 구체적 내용이 소개되었다. 여순사건 특별법과 제주4·3사건법에 대한 '용어의 정의', '기구의 설치 및 절차, 방법', '희생자 구제조치' 등을 비교 분석한다. 또한 여순사건 특별법과 5·18민주화운동 관련법에 대해서도 비교 분석을 진행하였다.

제2부 8장은 여순사건 특별법의 제정 과정과 향후 과제를 살펴본다. 이 글에서 여순사건 특별법 제정 과정과 의미, 여순사건 특별법의 시행과 여순사건위원회의 활동과 문제점, 여순사건 특별법 개정의 필요성과 방향이 다루어졌다. 여순사건위원회 활동의 문제점으로는 중앙위원회(서울)와 실무위원회(전남)로 이원화된 점, 보고서 작성기획단이 구성되지 않은 점, 전문조사 인력의 부족, 여순사건의 진상규명과 명예회복을 책임을 지고 추진할 주체가 없다는 점등이 지적되었다. 이글은 향후 개정의 방향으로 여순사건위원회에 상임위원을 두는 조항 신설, 진상규명 조사 기간과 진상조사보고서 작성 기간의 연장, 조직 구성에 대한 부분의 법령 규정 마련, 여순사건 희생자 확인을 위한 유전자 검사 관련 조항 신설 등을 제안하고 있다.

제2부 9장은 여순사건을 바라보는 다양한 시선과 목소리를 담고 있다. 여순사건이 발생한 지역이 다양하고 피해 형태도 복잡하다 보니 여순사건을 보는 시선들도 다양하다. 9장은 여수, 순천, 광양, 구례 지역 등 여러 지역에서 활동하고

있는 시민, 시민단체 활동가, 지역연구자, 기자, 유가족이 각자의 위치에서 기록한 다양한 시선과 목소리를 담으려 했다. 여순사건에 대한 견해들을 밝히는 데 부담을 느끼고 있는 시민들도 있다 보니 더욱 많은 목소리를 충분히 담지 못한 것은 아쉬운 점이다.

여순사건에 대한 연구와 진상규명은 제주4·3사건보다 더 어렵다. 첫째, 제주4·3사건이 제주도라는 단일지역에서 발생했던 데에 비해 여순사건은 전남, 전북, 경남 등 넓고 다양한 지역에서 진행되었다. 둘째, 제주4·3사건은 1999년 특별법 제정 이후 20년 넘게 지속적으로 희생자 및 유족조사를 해왔지만 여순사건은 국가 차원의 진상규명과 희생자 결정이 이제 시작되었다. 셋째, 여순사건이 발생한 지 75년이나 지났고, 반공주의로 인해 관련 자료조사나 연구가 제주4·3사건에 비해 적고, 관련 쟁점들이 많다.

그러나 여순사건 특별법이 제정된 이후 여순사건 연구를 심화시키고 후속 연구자를 체계적으로 육성하려는 노력이 적극적으로 진행되고 있다. 여순사건위원회, 전남지역 지자체, 순천대학교 등이 여순사건 연구에 대한 지원을 확대하고 있다. 최근 국내뿐만 아니라 여순사건 관련 미국소장 자료에 대한 수집 및 번역 작업이 본격적으로 시작되었다. 제주4·3사건 관련 연구기관들과 중앙의 한국현대사 관련 연구기관들과의 학문적 교류가 늘어나면서 연구수준도 높아지고 있다. 또한 국립순천대학교는 여순사건 특별법 제정 이후에 대학원에 여순지역학과 석사과정과 박사과정을 신설하면서 여순사건 연구자들을 체계적으로 양성하고 있다. 현재 10명이 넘는 대학원생들이 석박사과정에 재학하고 있다.

이 책은 여순사건에 대한 역사적·문학적 이해, 여순사건 특별법 제정과정, 여순사건을 바라보는 시민들의 다양한 목소리들을 보여주려고 노력하였다. 그러나 여순사건 관련 자료와 연구가 많지 않고, 급하게 기한에 맞추어 책을 출판하다 보니 부족한 부분들이 많다. 부족한 지점들을 보완하는 개정판을 출판사와 상의하여 빠른 시일 내에 내려고 한다.

『시민과 함께 읽는 여순사건』이 나오는 데 많은 분들이 도움을 주셨다. 바쁜 일정에도 옥고를 보내주신 필자 선생님들께 감사드린다. 이 책의 전반적인 기획과 진행을 맡아 수고해주신 이정은 순천대 교수님과 책 전체에 대해 심도깊은 감수를 해주신 임송자 성균관대 교수님께 고마움을 표한다. 연말이라는 바쁜 시기에 짧은 편집기간에도 불구하고 좋은 책을 출판해주신 선인출판사 편집부 선생님들께 감사드린다. 책이 세상에 나올 수 있도록 재정적으로 지원해주신 (재)전남인재평생교육진흥원에게도 고맙다는 말씀을 드린다.

국립순천대학교 인문학술원 원장 강성호

제1부

여순사건에 대한 이해

01 | 여순사건의 국제적 배경 / 강성호

02 | 여순사건의 국내적 배경 / 권오수

03 | 여순사건의 발발과 진압 / 노영기

04 | 여순사건의 결과와 영향 / 예대열

05 | 문학과 구술사로 보는 여순사건 / 최현주

01 여순사건의 국제적 배경

강성호 국립순천대학교 인문학술원 원장

1. 전후 냉전 연구의 다양화

냉전은 제2차 세계대전 전후 체제의 주요 특징의 하나이다. 제2차 세계대전 기간 동안 독일을 패배시키기 위해 뭉쳤던 미국과 소련의 동맹관계가 전후 세계 재편 과정에서 해체되었다. 전후 미국과 소련을 중심으로 한 세계적인 적대관계는 냉전으로 불린다.

냉전이라는 용어는 1946년 미국 대통령 고문 바루크(B. M. Bauch)의 참모 스워프(H. B. Swope)가 사용하기 시작했다. 1947년 바루크는 냉전이라는 단어를 공개적으로 처음으로 언급했고, 리프먼(W. Lippmann)이 『냉전, 미국 대외정책 연구(The Cold War, A Study in U.S. Foreign Policy)』에서 냉전을 공식적인 정치용어로 사용하였다.[1]

---

[1] 최승완, 「냉전, 또 하나의 세계전쟁」, 『세계화시대의 서양현대사』, 아카넷, 2009, 333~334쪽.

소련이 해체된 이후에 그동안 공개되지 않았던 자료들이 발굴되면서 냉전 연구가 활발하게 진행되었다. 세계 역사학계에서 냉전사(Cold War History)가 독립분과로 자리잡고, 냉전사 관련 전문 학술지가 2개 창간되고, 그리고 세계의 주요 학술 출판사들에서 냉전사 시리즈가 출판되고 있다. 국내학계에서도 이러한 세계적 냉전사 연구성과들이 다양하게 소개되고 있다.[2]

냉전에 대한 연구는 냉전이 시작되면서 동시적으로 진행되었다. 냉전 연구는 소련해체 이전과 이후로 크게 달라진다.[3] 소련해체 이전까지의 냉전연구는 미소 양대 강국을 주요 대상으로 군사, 외교, 이념 중심이었고, 냉전 원인에 대한 책임 공방에 집중되었다. 케넌(George Kennan), 슐레진저(Arthur Schlesinger Jr.), 브레진스키(Zbigniew Brezinski), 파이스(Herber Feis) 등의 전통주의 해석은 냉전의 원인을 소련의 팽창주의에 두었다. 전통주의 해석을 비판하면서 냉전의 원인을 미국에 내재한 팽창주의적 성향에 두는 윌리엄스(William Appleman Williams) 등의 수정주의 연구가 등장하였다.[4] 소련과 미국 양 진영 사이의 오해와 불신을 냉전 발생의 중요한 원인으로 보았던 개디스(John Lewis Gaddis) 등의 후기 수정주의 연구도 출현하였다.[5]

---

[2] 김영호, 「탈냉전기 냉전 기원의 새로운 해석에 관한 연구」, 『한국정치학회보』 35집 2호, 2001. 8; 노경덕, 「냉전연구의 새로운 시각과 관점」, 『통일과 평화』 3집 2호, 2011; 노경덕, 「냉전사와 소련연구」, 『역사비평』 101호, 2012; 권헌익, 「냉전의 다양한 모습」, 『역사비평』 105호, 2013; 이동기, 「독일 냉전사 연구의 관점과 주제들」, 『역사비평』 111호, 2015; 이주영, 「미국사학계의 새로운 냉전사연구」, 『역사비평』 110호, 2015; 오경환, 「냉전사 연구의 궤적: 정통주의에서 담론적 전회에 이르기까지」, 『사총』 95, 2018. 9; 노경덕, 「구식 냉전연구와 신식 냉전사-세르히 플로히의 『얄타』와 오드 아르네 베스타의 『냉전의 지구사』」, 『역사비평』 134호, 2021; 이주영, 「냉전사 연구의 다변화: 새로운 시도들과 딜레마」, 『역사학연구』 85집, 2022. 2.
[3] 노경덕, 「구식 냉전연구와 신식 냉전사」, 441~442쪽.
[4] 오경환, 「냉전사 연구의 궤적」, 4~5쪽.
[5] 이주영, 「냉전사 연구의 다변화」, 346쪽.

소련 해체 이후 구 소련 문서고가 개방되면서 전통주의-수정주의의 이분법적인 이데올로기적인 구도에서 벗어나 냉전에 대한 역사적 연구가 가능하게 되었다. 또한 1990년대말 이후 시작된 냉전에 대한 문화적 연구도 냉전 연구의 다양화에 기여하였다.[6] 또한 트랜스내셔널 전환과 글로벌 전환의 영향으로 냉전 연구가 미국과 소련 중심의 관점에서 벗어나 다양한 해외국가들의 역할을 주목하게 되었다.[7] 이로 인해 냉전 연구 대상이 전 지구적으로 확장되고, 연구 범위가 경제, 일상, 문화 등으로 다변화되었다.

1947년부터 본격적으로 시작하여 1991년 소련 해체로 냉전이 끝났다는 주장은 비판받고 있다. 유럽 및 북미 국가들에게 냉전은 제2차 세계대전과 다른 '오랜 평화' 시기였지만, 식민지에서 벗어난 일부 국가들에게 냉전은 세계대전 못지 않은 대규모 갈등과 희생을 의미했다. 한국전쟁이나 베트남 전쟁을 대표적인 사례로 들 수 있다. 또한 1991년 소련 해체 이후에도 한반도, 아프가니스탄, 우크라이나 등에서 냉전시대에 시작된 적대 관계가 지속되고 있다. 전후 세계에서 냉전이 단일하게 진행되지 않았다고 주장하는 권헌익의 『또 하나의 냉전』은 우리 입장에서 주목할 필요가 있다.

> 이 책의 주된 주장은 냉전은 하나의 충돌로 존재하지 않았다는 것이다. 20세기의 양극화된 인류공동체는 지역과 사회에 따라 전혀 다른 방식으로(즉 일관성 있는 하나의 개념적 전체에 억지로 욱여넣을 수 없는 방식으로) 정치적 갈림(bifurcation)을 경험했다. 유럽 및 북미 국가들의 경우, 냉전은 이전 시기와는 구분되는 '오랜 평화'를 의미했다. 그들은 이전 시대에 두 차례의 세계 대전을 비

---

6 오경환, 「냉전사 연구의 궤적」, 6~9쪽.
7 이주영, 「냉전사 연구의 다변화」, 346쪽.

롯한 대량살상을 경험했다. 하지만 여타 지역의 많은 탈식민 신생독립국가들의 경우, 냉전의 시작은 잔인한 내전과 예외적 형태의 정치폭력을 특징으로 하는 "억제되지 않은 현실"의 시대로 들어서는 것을 의미했다.[8]

한국전쟁이나 베트남전쟁 등은 미국, 소련, 유럽에게는 냉전이었겠지만, 전쟁 당사자인 한국이나 베트남에게는 양차 세계대전 못지 않은 열전이었다. 따라서 미·소 중심의 냉전인식에서 벗어나 한국의 관점에서 냉전을 보아야 할 필요가 있다.

2. 얄타회담과 전후 냉전의 성립

1) 얄타회담

1945년 2월 흑해 크림반도의 얄타에서 개최된 얄타회담은 냉전의 기원과 관련하여 중요한 국제회의이다. 얄타회담에 대한 시각은 크게 두 가지이다. 하나는 미국 루스벨트 대통령이 소련의 스탈린에게 지나친 양보를 함으로써 유럽과 동아시아의 분단을 초래했다는 부정적인 관점이다. 다른 하나는 얄타회담이 협력적인 분위기 속에서 진행된 성공적인 회담이었다는 긍정적인 관점이다. 미국은 동유럽과 북중국 일부에 대한 소련의 권리 주장을 받아들였고, 소련은 미국 주도의 자유무역체제를 인정했다고 본다. 얄타회담이 냉전의 시작이 아니라 얄타회담의 합의에 대한 배신이 냉전의 시작이라고 보는 것이다.[9]

얄타회담을 둘러싸고 영국, 소련, 미국의 이해관계는 서로 달랐다.[10] 영국은

---

8 권헌익(이한중 역), 『또 하나의 냉전: 인류학으로 본 냉전의 역사』, 민음사, 2013, 18쪽.
9 노경덕, 「얄타회담 다시보기」, 318~319쪽.
10 노경덕, 위의 논문, 321~335쪽.

19세기 후반 이후 본격화된 영국 중심의 제국주의 질서를 유지하고 싶어했다. 그러나 영국은 2차 세계대전 과정에서 영국의 입지가 약화되었기 때문에 실현가능한 최소한의 목표를 얻고자 했다. 영국은 자신의 핵심 식민지였던 중동과 인도에서 경제적 영향력을 지속하려 했고, 이를 위해 이탈리아와 그리스 등 남부 유럽에서 영국에 우호적인 정부를 확보하려 했다.

소련에게 있어 우선적인 고려사항은 전쟁 재발 방지를 위한 완충지대 확보였다. 왜냐하면 유럽 대륙 전장에서 나치 독일의 주력부대와 싸우면서 소련은 800만~1,000만에 달하는 군인과 1,500만 명 이상의 시민이 사망하는 등 막대한 피해를 입었기 때문이다. 이 때문에 소련은 독일의 재침략에 대비하여 동유럽을 계속 점령하려했고, 동아시아에서는 시베리아를 통한 일본의 침입을 막을 수 있는 거점을 확보하려고 했다. 또한 소련은 다시 전쟁을 일으킬 가능성이 있는 독일과 일본을 무력화시키기 위해서 독일을 분단하는 한편, 대일전쟁에도 참여하려 했다.

반면 미 대통령 루스벨트는 제2차 세계대전 종전과 미국 중심의 국제질서를 새롭게 세우려고 하였다. 루스벨트는 동아시아의 대일전을 끝내기 위해 소련의 참전이 필요했고 참전에 대한 보상도 고려하고 있었다. 또한 루스벨트는 자유무역체제의 범위를 확대해서 기존 제국주의 질서를 끝내려는 원대한 전후 구상을 가지고 있었다. 이를 위해 루스벨트는 실제적 권력을 지닌 국제연합을 세우고, 미국, 소련, 영국, 중국 등을 중심으로 운영하려고 생각하였다.

이처럼 얄타회담은 서로 다른 이해와 전후 구상을 지닌 영국, 소련, 미국이 모여 진행되었다. 기존의 제국주의 식민지 이권을 최대한 유지하려는 영국, 전쟁 재발방지와 자국 안보를 강조하는 소련, 전후 세계질서를 자국중심으로 재편하려는

| 제1부 | 여순사건에 대한 이해

1945년 2월 크림반도에서 열린 얄타회담

미국의 상호 다른 이해관계 위에 얄타회담이 열렸다.[11]

　얄타회담은 1945년 2월 4일에서 2월 11일까지 크림반도에서 개최되었고, 그 결과는 전후 세계 재편에 큰 영향을 미쳤다. 미국의 루스벨트, 소련의 스탈린, 영국의 처칠은 얄타회담에서 주요 쟁점들에 합의하였다.[12] 첫째, 독일 분할 점령에 미국, 영국, 소련에 더해 프랑스의 점령 참여가 허용되었다. 프랑스의 점령지대가 미국과 영국 지대 안에서 할당되기 때문에 소련은 더 이상 반대하지 않고 동의하였다. 둘째, 미국이 주장한 국제연합의 창설과 표결 절차문제가 합의되고, 소련의 비토(veto) 원칙 주장이 수용되었다.

11　노경덕, 위의 논문, 334~335쪽.
12　노경덕, 위의 논문, 335~337쪽.

셋째, 독일의 전쟁 배상금 지불원칙이 합의되고, 실무작업을 위한 배상위원회가 따로 설치되기로 하였다. 넷째, 소련은 폴란드 및 유고슬라비아 문제 등 동유럽에 대한 권리 인정으로 해석될 수 있는 합의를 얻어냈고, 대신 서유럽 및 이탈리아, 그리고 그리스 관련 권리에 주장하지 않을 것을 시사했다. 다섯째, 미국은 공개되지 않은 비밀협정을 통해 소련의 대일전 참전을 약속받았고, 그 대가를 지불하기로 했다.

얄타회담 이후 전후 국제질서는 새롭게 재편되었다.[13] 제일 큰 변화는 미국과 소련이 국제 무대에서 주역으로 등장하고 영국이 조역으로 밀려나게 되었다는 점이다. 이후 영국은 동아시아, 중동, 유럽 등 세계 곳곳에서 주도적인 제국주의 국가 지위를 더 이상 가지지 못하게 되었다.

소련은 영국 대신에 미국이라는 새로운 파트너를 찾았고, 얄타회담을 통해서 동유럽 완충 지대를 확보하고, 독일을 분단을 통해 무력화시키는 데 성공하였다. 소련은 국제연합에서 비토권을 확보하여 국제적 고립상태를 막을 안전장치를 가지게 되었다. 비토권 확보는 1930년대 말 국제연맹에서 축출당한 적이 있었던 소련에게 있어 중요한 진전이었다.

미국도 스탈린을 파트너로 삼으면서 대부분의 목표를 이룰 수 있었다. 소련의 대일전 참전 약속으로 동아시아 지역 대일전쟁을 종식시킬 수 있었고, 소련의 국제연합 참여를 확보하여 구 제국주의 정치를 미국, 소련, 영국, 중국 등 세계 4강의 협조정치 및 신탁통치체제로 전환시킬 수 있었다. 또한 미국은 서유럽을 미국 중심의 자유무역 체제에 포함시킴으로써 구 제국주의 경제질서를 성공적으로 해체시켜 나갈 수 있었다.

---

13 노경덕, 위의 논문, 337~343쪽.

2) 전후 냉전의 성립

얄타회담 직후인 1945년 4월 12일 루스벨트가 갑작스럽게 사망하면서 부통령이던 트루만이 대통령직을 승계하였다. 트루만 대통령이 등장하면서 소련과의 협력을 통해 전후 세계를 관리하려는 루스벨트의 정책이 전환되기 시작했다. 트루만 행정부는 '세력균형'보다는 군사적 측면과 경제적 측면에서 '세력우위'를 추구하면서 소련에 대한 봉쇄전략으로 나아갔다.[14]

트루만 대통령의 봉쇄전략은 몇 가지 복합적 요인들에 의해 탄생하였다.[15] 첫째, 확실한 세력 우위를 주장하는 레오 파스볼스키(Leo Pasvolsky) 같은 봉쇄친화적 엘리트들이 힘을 가지게 되었다. 둘째, 지정학자들이 봉쇄전략의 토대를 제공했다. 유라시아 주변의 림랜드(Rim Land)가 중요하다고 주장했던 스피크만(Nicolas John Spykman)[16], '결정지역(Area of Decision)'이 지정학적으로 중요하다고 강조했던 세버스키(Alexander Procofieff de Seversky) 등이 그들이다. 셋째, 봉쇄전략은 한 명이 아니라 여러 명의 정책이론가들의 역할로 탄생했다. 애치슨(Dean Acheson), 클리포드(Clark Clifford) 등이 죠지 케난못지 않게 봉쇄전략 탄생에 중요한 역할을 하였다.

1946년 2월 9일 볼쇼이 극장에서 행한 스탈린의 연설은 미국의 안보에 대한

---

14 김명섭, 「냉전 초기 봉쇄전략의 탄생: 죠지 F. 케난이 유일한 설계자였나?」, 『국제정치논총』, 49집 1호, 2009, 70쪽.
15 김명섭, 위의 논문, 84쪽.
16 스피크만은 유라시아의 '심장부'(Heart Land)를 강조하는 맥킨더(H. J. Mackinder)를 비판했다. 맥킨더는 유라시아 심장부의 대륙 세력이 유라시아를 장악할 뿐만 아니라 아프리카와 아메리카를 장악할 능력이 있다고 주장했다. 이에 비해 스피크만은 네덜란드를 포함한 유럽의 해안지대와 아시아 몬순지대를 '림랜드(Rim land)'로 보고 중시하였다. 대륙 심장부와 연해 사이에 위치한 이 지역은 대륙과 해양을 연결하는 전략적으로 중요한 지역이라고 보았다. 따라서 스피크만은 "림랜드를 지배하는 자가 유라시아를 지배하고, 유라시아를 지배하는 자가 세계의 운명을 지배한다."라고 주장했다 (김명섭, 위의 논문, 6쪽).

우려를 불러일으켰다.[17] 스탈린은 제2차 세계대전이 자본주의 체제의 불균등 발전으로 불가피하게 발생했다고 보았다. 스탈린의 연설은 소련 공산당과 국내를 겨냥한 것이지 미국과 유럽을 향한 것은 아니었다. 그러나 미국 고위 관리들은 '자본주의 국가들 사이 전쟁의 불가피성'을 주장한 스탈린의 연설에 충격을 받았다. 미국 국무부는 소련 주재 대리대사 캐넌에게 스탈린 연설에 대한 의견을 물었다.

캐넌은 워싱턴에 보낸 '장문의 전문(long telegram)'에서 소련의 의도를 분석하고 이에 대한 대처방안을 제시하였다.[18] 캐넌은 소련은 사회주의라는 내부 체제의 기본적 특징으로 인해 자본주의 국가들에 대해 항상 적대적일 수밖에 없다고 분석하였다. 그러나 그는 소련이 당시에 군사적 공세를 준비하고 있거나 그럴 능력이 없다고 현실적으로 판단하면서 미국이 군사적 충돌에 호소할 필요는 없다고 보았다. 오히려 미국이 자본주의 내부의 약점을 해결하고 강점을 강화해 나가야 한다는 대안을 제시하였다. 이러한 캐넌의 의견은 소련 사회주의와 자본주의 사회는 근본적으로 적대적일 수밖에 없다는 점이 부각되면서, 미국의 대소 강경책의 근거로 사용되었다.

처칠은 1946년 3월 5일 웨스트민스터 대학교에서 연설하였다. 처칠은 유럽 대륙을 가로질러 '철의 장막'이 쳐졌다고 주장하고, 소련이 동유럽과 동아시아에서 팽창하고 있다고 지적하였다. 스탈린은 처칠의 연설이 동유럽 국가들의 명예를 훼손하고 소련과의 전쟁을 호소하는 것이라고 비판하였다.[19]

1946년과 1947년 사이에 이란, 그리스, 터키의 다르다넬스 해협 등에서 소련

---

17 김정배, 「냉전의 기원: 허상과 실제」, 『부산사학』 39집, 2000. 12, 260쪽.
18 김정배, 위의 논문, 265~266쪽.
19 김정배, 위의 논문, 267쪽.

과 미국·영국의 이해관계가 부딪히면서 갈등이 격화되었다. 소련은 영국과 공동으로 점령한 이란에서 철수하기로 한 합의를 지키지 않았고, 영국은 그리스 정부를 지원하면서 공산주의자가 주축이 된 반정부군 사이에 그리스 내전이 일어났고, 소련은 터키에게 다르다넬스 해협에 대한 공동관리권을 요구하면서 양 진영 사이의 갈등이 심화되었다.

미국 트루먼(H. S. Truman) 대통령은 1947년 소련의 팽창을 '봉쇄정책'을 통해 막겠다는 전략을 세웠다. 트루먼은 1947년 3월 미국 상·하원 합동회의 연설에서 소련의 팽창을 저지하기 위해 공산주의에 저항하는 그리스와 터키를 지원하겠다고 밝혔다. 또한 미국은 1947년 '마셜플랜'을 통해 전후 유럽경제 재건을 지원하겠다고 발표했다. 이에 소련은 처음에는 이란에서 군대를 철수하고, 그리스 내전 때 반정부군을 지원하지 않았고, 터키의 다르다넬스 해협 갈등 때도 한발 양보하였다. 그러나 소련은 미국의 공세에 대해 1947년 국제공산주의 운동조직인 코민포름(Cominform)을 창설하여 대항했고, 1948년 2월 체코슬로바키아에 공산주의 정권을 수립했다. 따라서 1947년에 미국과 소련을 중심으로 하는 냉전이 본격으로 시작되었다고 볼 수 있다.[20]

3. 전후 미국의 대한정책과 분단정부의 수립

전후 세계 냉전은 지역적 상황에 따라 다르게 진행되었다. 냉전의 진원지인 유럽과 한국이 포함된 동아시아 냉전은 역사적 상황의 차이로 다르게 진행되었다.

유럽이나 동아시아 모두 제2차 세계대전의 상처를 딛고 재건해야 된다는 점

---

[20] 최승완, 「냉전, 또 하나의 세계전쟁」, 『세계화시대의 서양현대사』, 아카넷, 2009, 338~339쪽.

에서는 공통점이 있었다. 유럽 전체에서 전쟁과 관련하여 1,900만 명의 민간인을 포함하여 3,650만 명이 사망하였다. 동아시아에서는 1931년 이후 15년 동안 진행된 아시아태평양전쟁에서 군인 650만 명, 민간인 2,700만 명 등 3,350만 명 이상이 사망한 것으로 파악된다.[21] 유럽과 동아시아 모두 3,000만 명 이상의 대규모 민간인과 군인들이 희생되었다.

전후 유럽과 동아시아에서 냉전의 진행방식은 차이가 있었다. 유럽에서는 '냉전'이 진행되었던 데에 비해, 동아시아에서는 '열전'이 터졌다. 이러한 차이는 네 가지 차이점에서 비롯된다.[22] 첫째, 양차 세계대전으로 큰 피해를 입은 유럽에서는 또 다시 세계대전이 일어나지 않도록 평화체제를 구축하는 것이 가장 중요한 문제였다. 이에 비해 일제의 식민지배나 반식민지배로 인해 근대 국민국가 형성이 지연되었던 동아시아에서는 독자적인 국민국가 체제를 건설하는 것이 우선시되었다. 유럽에서는 이미 오랫동안 근대 국민국가체제가 형성되어 운영되어왔기 때문에 동아시아와는 우선 순위가 다를 수 밖에 없었다. 둘째, 유럽에서는 전범국가인 독일문제가 가장 중요한 관심사였지만 독자적인 국민국가 건설에 관심이 집중된 동아시아에서는 일본 문제가 상대적으로 주목을 덜 받았다.

셋째, 유럽에서는 효율적인 경제재건과 새로운 초강대국 미국과 경쟁하기 위한 경제적 통합의 움직임이 컸지만, 동아시아에서는 일본과 다른 동아시아 국가들 사이의 경제적 통합에 관심이 없었다. 동아시아에서는 경제적 관심보다는 정치적 상징성과 정당성 문제가 크게 주목을 받았다. 넷째, 유럽은 미국과 소련 등 초강대국들로부터 독립성을 지키기 위해 유럽통합 노력이 시작되면서 냉전의 주

---

21 김학재, 「'냉전'과 '열전'의 지역적 기원」, 『사회와 역사』, 114집, 2017, 212쪽.
22 김학재, 위의 논문, 213~216쪽.

요 격전장에서 벗어날 수 있었다. 이에 비해 동아시아에서는 미국과 소련이 직접 개입하여 냉전이념에 기반한 적대적 국가들이 세워졌다. 또한 동아시아에서는 개별 국민국가를 건설하기 위한 내부의 정치적 과정에 매진할 수 밖에 없었다. 이러한 국내외적 정세 속에서 제주4·3사건이나 여순사건 등이 발생하면서 격렬한 이념 대립과 진압으로 많은 사람들이 희생된 것이다.

1945년 2월 얄타회담은 동아시아 지역의 국제관계 재편에도 큰 영향을 미쳤다.[23] 얄타회담 후에 영국은 동아시아 지역에서 전면적으로 배제되었다. 루스벨트는 한반도 신탁통치 참여국에 영국을 포함시키지 않았다. 미국은 동아시아에서 소련의 대일전 참전 약속을 받아냄으로써 만주와 조선 지역 주둔 일본군과의 전쟁 부담을 덜어 내면서 전쟁 기간을 단축할 수 있었다. 소련은 대일전 참전을 약속하면서 동아시아에서 동유럽같은 완충지대를 확보할 수 있는 명분과 해방자로서의 이미지를 얻어낼 수 있었다.

얄타회담에서 동아시아와 한반도는 본격적인 전후 처리 문제의 대상은 아니었지만, 완전히 배제되지는 않았다. 한반도 신탁통치 문제는 얄타회담에서 루스벨트와 스탈린 사이에서 합의되었다. 루스벨트는 20~30년간에 걸친 한반도 신탁통치 기간을 제시했고, 스탈린도 동의했다. 소련은 대일참전이 다가오자 한반도에 친소적인 독립정부의 수립을 모색하기도 했으나, 1945년 6월 말 미국의 신탁통치안을 차선책으로 선택하였다. 미국은 일본이 조기 항복하자 소련의 한반도 단독점령을 막기 위해 한반도의 38선 분할점령을 제안했고, 소련도 이를 받아들였다. 이로써 한반도는 38선으로 분할 된 채 해방을 맞게 되었다.

---

23 I Wallerstein, "The Twentieth Century: Darkness at Noon," p. xxxiv.

알타회담에서 미국과 소련 군대의 한반도 분할점령을 추정할 수 있는 문서도 있지만,[24] 알타회담 때까지는 한반도 문제는 신탁통치의 틀 내에서 합의되었다. 한반도 분단은 1945년 8월 이후 미국과 소련의 군대가 한반도에 주둔하면서 시작되었다. 한반도 분단은 알타회담에서 미국, 소련, 영국이 인정했던 유럽의 '점령주의'가 한반도 신탁통치안을 대체하면서 생긴 결과였다.[25] '점령주의'는 점령군이 자신들에 적대적인 정파들을 제거하고 정치코드가 맞는 정부를 세우는 정책이다. 소련군대는 알타회담에 직접 참여했던 스탈린의 지시를 받아 38선 이북의 한반도를 동유럽처럼 점령했다.

38선 이남의 한반도에 진주한 미군은 예상보다 강력한 '좌익' 활동에 직면하면서 루스벨트식 신탁통치안이 아니라 '점령주의' 원칙에 따라 활동하게 되었다. 미국은 1945년 10월 남한에 진주한 미군에게 내리는 훈령을 통해 미국의 목표와 요구에 일치되는 단체들을 장려하고, 일치되지 않은 단체들을 폐지할 것을 명령하였다.[26] 또한 미국은 1947년 미국이 철수하면 한국 전 지역에 소련의 위성정권이 수립될 수 있고, 따라서 소련이 한국 전체에 대해 직접적·간접적 지배를 하거나 남한 전체를 부동항과 같은 군사작전기지로 자유롭게 이용하는 것을 막기 위해서

24　1945년 6월 29일 주중 소련대리대사 T. F. 스크보르초프와 중국공산당 왕약비(王若飛)의 대담록에 알타회담에서 한반도 문제를 포함하는 별도의 합의를 했다는 내용이 들어있다. 알타회담에서 루스벨트와 스탈린은 "소련군과 미군이 조선에 진주하고, 조선에서 일본을 축출한 후 소련, 미국, 중국이 조선에 대해 신탁통치를 한다고 합의하였다."는 것이다(기광서, 「해방 전 소련의 대한반도 정책구상과 조선 정치세력에 대한 입장」, 『슬라브연구』 30권 4호, 2014, 39쪽).
25　노경덕, 「알타회담 다시보기」, 345쪽.
26　"c. 귀하는 현존하는 모든 정당, 단체 및 정치적 결사를 귀하의 통제 하에 두어야 할 것이다. 그 활동이 군사점령의 목표 및 요구와 일치하는 단체는 장려되어야 한다. 그 활동이 군사점령의 목표 및 요구와 일치하지 않는 것들은 폐지되어야 한다." 「한국의 미군 점령지역 내 민간 행정업무에 대하여 태평양방면 미군 최고사령관에게 보내는 최초 기본훈령(1945.10.13. 승인)」, 『해방 3년과 미국』 I, 돌베개, 1984.

| 제1부 | 여순사건에 대한 이해

미국, 영국, 소련의 외무장관이 모인 1945년 12월 모스크바 삼상회의

남한에 대한 미국의 지원을 지속하는 것이 필요하다고 보았다. 이러한 점령주의는 한반도 분단과 냉전의 출발이었다.

1948년 제주4·3사건이나 여순사건이 발생 직전인 1947년부터 한국의 냉전이 본격화되기 시작했다. 일부 일본 학자들은 미국 트루먼 정부가 1949년까지 유럽에 우선 순위를 두었기 때문에 아시아 냉전은 1949년 후반부터 시작되었다고 주장하기도 한다. 그러나 한국에서는 1945년부터 미·소간의 냉전적 대치가 시작되었다. 1945년 8월 이후 미국과 소련은 한반도를 각각 분할 점령하였다.

　1945년 모스크바에서 개최된 미국·영국·소련의 3국 외상회의에서 한국 임시정부의 수립과 한국 신탁통치협정 문제가 논의되었다. 모스크바 3국 외상회의의 결의안을 둘러싸고 좌익과 우익 사이에 분열과 대립이 심해졌다. 1947년 가을에 미·소공동위원회가 중단되었다. 냉전이 격화되는 상황에서 미국과 소련은 미소공동위원회의 협의대상 자격문제를 둘러싸고 의견을 좁히지 못했다.

　이에 미국은 9월 17일 한국문제 해결을 유엔에 상정하였으며, 9월 23일 상정안이 가결되었다. 11월 14일 유엔총회는 남북한 인구비례에 따른 총선거 실시를 결정하였다. UN은 총선거를 감시하기 위해 UN한국임시위원단을 한국에 파견하였다. 그러나 소련이 UN한국임시위원단의 북한 입경을 반대하면서, 1948년 2월 26일 UN 소총회는 남한 지역에서만 단독선거를 실시하기로 결정하였다. 남한에서는 1948년 5월 10일 UN한국임시위원단의 감시 아래 제헌국회를 구성하기 위한 총선거가 진행되었고, 제헌의회에서 7월 17일 헌법을 제정하였고, 8월 15일 대한민국 정부가 세워졌다.

　북한에서는 소련 군정이 1947년 11월 중순 북한 단독정부를 위한 '인민헌법' 초안을 만든 뒤에 남한의 '5·10 선거'에 때를 맞춰 통과시켰다. 북한은 1948년 8월 하순 북한전역에 실시된 선거에서 공산당의 단일후보만 출마시켰다. 1948년 8월 최고인민회의 대의원 선거가 진행되었고, 9월 9일에 사회주의 헌법이 채택되면서 조선민주주의인민공화국이 세워졌다. 1949년에 독일이 동독과 서독으로 분단되기 1년전에 먼저 한국에서 남한과 북한이 분단되었다.

　남과 북에 분단 정부가 각각 수립 된 직후 1948년 9월부터 남한과 북한에서 미국과 소련이 각각 주둔군을 철수하기 시작했다. 여순사건이 발생한 직후인 11월 만주에서 중국공산당이 전세를 역전시키면서 1949년 10월 중화인민공화국을 창립했고, 그해 12월 중국 국민당 정부가 타이완으로 밀려갔다. 여순사건은 한반도에 분단이 성립된 직후에 발생했고, 중국에서 중국공산당 정권이 수립되어가는 과정에서 진행되었다.

02 여순사건의 국내적 배경

권 오 수 국립순천대학교 인문학술원 학술연구교수

1. 해방과 건국의 꿈

　인류는 평화를 갈망하고 역사는 발전을 지향한다. 인류사상 공전적 참사인 제2차 세계 대전의 종결과 함께 우리 조선에도 해방의 날이 왔다.

　지난 반세기 동안 우리 조선은 제국주의 일본의 식민지로서 제국주의적 봉건적 착취와 억압 하에 모든 방면에 있어서 자유의 길이 막혀 있었다. 그러나 우리는 과거 36년 동안 우리의 해방을 위하여 투쟁을 계속하여 왔다. 이 자유 발전의 길을 열려는 모든 운동과 투쟁은 제국주의와 그와 결탁한 반동적 반민주주의적 세력에 의하여 완강히 거부되어 왔었다.

　전후 문제의 국제 해결에 따라 조선은 제국주의 일본의 굴레로부터 벗어나게 되었다. 그러나 조선 민족의 해결은 다난한 운동 역사상에 있어 겨우 새로운 한 걸음을 내디디었음에 불과하나니 이 완전한 독립을 위한 허다한 투쟁은 아직 남아 있으며 새 국가의 건설을 위한 중대한 과업은 우리의 앞에 놓여 있다.

　그러면 차제에 우리의 당면 임무는 완전한 독립과 진정한 민주주의 확립을 위하여 노력하는 데 있다. 일시적으로 국제 세력이 우리를 지배할 것이나 그것은

| 제1부 | 여순사건에 대한 이해

> 우리의 민주주의적 요구를 도와줄지언정 방해하지는 않을 것이다. 봉건적 잔재를 일소하고 자유 발전의 길을 열기 위한 모든 진보적 투쟁은 전국적으로 전개되어 있고 국내의 진보적 민주주의적 여러 세력은 통일 전선의 결성을 갈망하고 있나니 이러한 사회적 요구에 의하여 우리의 건국 준비 위원회는 결성된 것이다.
> …
>
> 조선건국준비위원회, 「선언」, 1945년 8월 28일

1945년 8월 15일, 드디어 일제 식민 지배로부터 해방되었다. 어떤 이들은 해방의 감격과 환희에 가득 차 있었고, 어떤 이들은 절망과 두려움에 빠져있었다. 일본인들은 무사히 자국으로 돌아가기 위해 백방으로 노력하였다.

해방의 감격은 새로운 국가를 수립하고 더 나은 사회를 건설하기 위한 열망으로 표출되었다. 해방 직후 국가 수립을 위해 가장 주도적인 역할을 한 것은 건국준비위원회였다. 일제 말기 국내에서 건국동맹을 조직하여 일제의 패망에 대비하고 있었던 여운형은 해방 직후 조선총독부로부터 치안 유지 등의 권한을 부분적으로 접수하고 건국 준비 기관으로서 건국준비위원회를 결성하였다. 건국준비위원회는 민족주의 계열 안재홍을 비롯한 우익 세력들과 국내에서 활동하던 좌익 세력이 참여한 좌우 연합적 성격을 띠고 있었다.

※ 해방 공간 38선 이남 지역 주요 정당 및 단체
한국민주당: 건국준비위원회의 좌익 세력 독주에 대항할 목적으로 만들어진 정당
대한독립촉성국민회: 이승만을 지지, 추종하는 단체
한국독립당: 김구 및 중경임시정부 세력을 주축으로 결성된 정당
국민당: 안재홍이 건국준비위원회를 탈퇴한 후 발족한 정당
조선인민당: 미군의 인민공화국 탄압 후 여운형을 중심으로 결성된 정당
조선공산당: 해방 후 박헌영 중심의 재건파 세력이 주도해 재건된 정당

해방 직후 서울 YMCA에서 개최된 건국동맹 회의 (출처: 몽양여운형선생기념사업회 홈페이지)

건국준비위원회는 치안과 질서 유지, 일제에 의해 만들어진 공장 및 시설물 등의 일본 유출 방지, 식량 확보 등 혼란한 해방 공간에서 시급한 행정을 담당하며 자주적인 독립 국가를 건설하기 위한 활동을 전개하였다. 건국준비위원회를 중심으로 한 새로운 국가 수립 활동은 전국적으로 확대되었다. 1945년 8월 말에 이르면 전국에 145여 개의 건국준비위원회 지부가 설립되었다. 지방에 수립된 건국준비위원회 지부에는 지주부터 소작인까지 다양한 계층의 인물들이 참여하였다.

해방의 기쁨은 순천, 여수, 광양, 구례, 곡성, 보성, 고흥을 아우르는 전남 동부 지역에서도 마찬가지였다. 일본인들과 교류가 빈번하여 이미 해방을 예측하고 있었던 여수 지역의 일부 주민들은 다른 지역보다 이른 시일인 15일 당일에 미리 준비해둔 태극기를 들고 진남관 아래에서 해방의 즐거움을 나누기도 하였다.

전국적 차원에서 전개된 건국준비위원회 지부 설립 열풍은 전남 동부지역으로까지 퍼져나갔다. 자치위원회를 설립한 광양을 제외한 전남 동부의 전 지역에서 군 단위로 건국준비위원회 지부가 결성되었다. 건국준비위원회 지부는 선거와 호선, 군민대회 등의 형식으로 설립되었는데 위원장과 위원에는 대체로 지역 명망가와 활동가들이 선출되었다. 이들은 군민대회 또는 해방환영대회와 같은 군중대회에서 군민들에게 추대받았다. 이런 분위기에서 자치위원회를 설립했던 광양도 건국준비위원회 중앙의 요청에 따라 곧바로 건국준비위원회로 개칭하게 되었다.

건국준비위원회의 전남 동부 지부 결성을 주도한 지역 명망가와 지역 활동가는 다음과 같다. 순천에서는 지역 유지이자 지역 활동가인 김양수가, 여수에서는 해방 당일 결성된 해방청년동맹이, 구례에서는 항일비밀결사단체였던 금란회가, 보성에서는 지역 사회주의 계열 활동가인 최창순이, 곡성에서는 일제강점기 민족주의 운동에 참여했던 신태윤과 정래성 등이, 고흥에서는 민족주의 진영 인사인 김선홍 등이 중심이 되었다.

이 지역의 지부 조직 또한 대체로 설립을 주도한 인사가 중심이 되어 구성되었다. 각 위원장에는 순천은 지부 설립을 주도한 김양수가, 여수는 일제강점기 지주

시민과 함께 읽는 여순사건

전라남도 건국준비위원회 조직과정 (출처: 안종철, 『광주·전남 지방현대사 연구』, 한울아카데미, 1991, 80쪽.)

회와 농민회 등을 조직·활동하였던 정재완이, 구례는 신간회의 구례위원장을 역임했던 황위현이, 광양 자치위원회는 김완근이, 곡성은 신태윤이 추대되었다. 보성의 경우 정치활동은 없었으나 지역 대지주였던 박태규가, 고흥의 경우 한학자인 김상천이 추대되기도 하였다.

건국준비위원회 지부의 정치적 성향은 지역별로 다양했다. 순천, 여수, 곡성, 고흥 건국준비위원회 지부의 경우 우익적 성향이 강했다. 순천에서는 우익 성향의 건국준비위원회 지부와 별도로 일제 강점기 소작쟁의를 주도한 인사들이 중심이 되어 독자적인 치안대 활동을 전개하기도 하였다. 여수 건국준비위원회 지부의 경우 우익적 성향이 우세하였으나, 노동부장 이창수, 재정부장 김정평, 치안부장 김수평은 좌익적 성향을 띠었다. 구례, 광양, 보성 건국준비위원회 지부는 대체로 좌익적 성향이 강하였다. 이처럼 해방 직후 전남 동부 지역 활동가들의 정치적 성향은 다양했지만, 해방의 감격과 건국이라는 희망 속에 좌우 세력 간 큰 마찰 없이 차분히 각자의 활동을 펼쳐나갔다.

2. 건국준비위원회에서 인민위원회로

건국준비위원회 활동도 잠시, 건국준비위원회 중앙 지도부는 1945년 9월 6일 전국인민대표자대회를 열고 조선인민공화국 수립을 선포하였다. 건국준비위원회의 이러한 조치는 곧 진주하게 될 미군을 상대로 한인 정부 수립을 기정사실화 하기 위한 것이었다. 다만 건국준비위원회 중앙에 참여했던 우익 인사들은 조선인민공화국으로 전환되기 전 대부분 탈퇴한 상황이었다.

조선인민공화국의 수립과 함께 각 지역에 수립되었던 건국준비위원회 지부는 대부분 인민위원회로 개편되었다. 지방 인민위원회는 중앙의 지시, 외부 압력, 표결 등에 의해 수립되거나, 기존 건국준비위원회와 별도로 새롭게 결성되기도 하였다. 전남 동부 지역에서도 각 지역에서 인민위원회가 수립되었다. 구례, 광양, 보성 건국준비위원회는 중앙의 지시에 따라 인민위원회로 개편되었다. 순천, 여수, 고흥, 곡성에서는 기존 건국준비위원회와 별개로 인민위원회가 수립되었다. 건국준비위원회 지부가 인민위원회로 개편되는 과정에서 일제 강점기 학생운동에 참여했거나 사회주의 운동에 참여한 인사들이 참여하였다.

좌익적 성향이 우세했던 구례, 광양, 보성 건국준비위원회 지부는 인민위원회로 재편되었다. 구례 인민위원회는 구례 건국준비위원회 재정부장이었던 김종필이 위원장에 선출되었다. 원래 구례 건국준비위원회 위원장은 황위현이었으나 해

전남지방 인민위원회 조직 상황 (출처: 안종철, 『광주·전남 지방현대사 연구』, 한울아카데미, 1991, 141쪽.)

방 직후부터 구례 지역의 활동을 실질적으로 주도한 인물은 김종필이었다. 그는 이후 여순사건 당시 좌익혐의로 수배를 받다가 한국전쟁 때 월북하였다. 광양 건국준비위원회의 경우 인민위원회로 재편되면서 우익 인사들이 대부분 탈퇴하였으나 위원장에 김완근이 선출되면서 이 지역 활동을 계속 주도하였다. 보성의 경우 건국준비위원회 부위원장을 역임했던 최창순이 인민위원회 구성과 활동을 주도하였다.

우익적 성향이 우세했던 순천, 여수, 곡성, 고흥 지역에서는 건국준비위원회와 별도로 좌익 활동가들이 인민위원회를 수립하였다. 순천의 경우 건국준비위원회 위원장이었던 김양수 등 우익 인사들이 미군 진주 후 최초로 지방에서 위원회를 이탈하여 한민당 순천지부를 조직하였다. 순천 건국준비위원회 조직이 유명무실

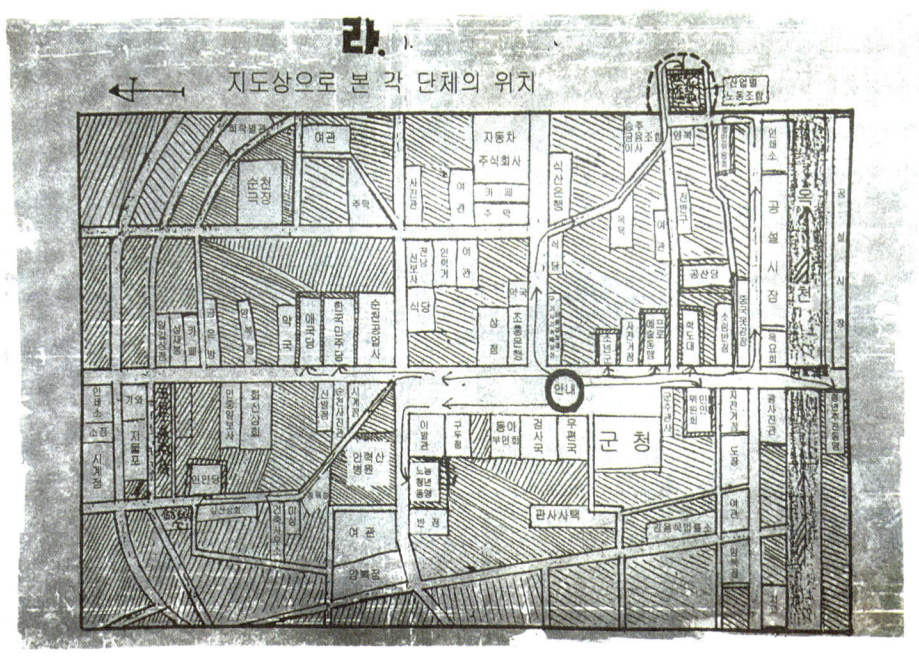

지도상으로 본 각 단체의 위치 (출처: 조명훈, 「순천의 경제상황」, 순천시민의신문, 2007, 55쪽.)

해지자 9월 말경 일제 강점기 소작쟁의를 주도했거나 사회주의 운동에 참여했던 사람들이 중심이 되어 김기수를 위원장으로 한 새로운 인민위원회를 조직하였다.

  곡성 또한 9월 말경 우익 성향의 건국준비위원회 지부와 별도로 김용표를 위원장으로 한 인민위원회를 조직하였다. 여수, 고흥 지역은 언제 어떻게 인민위원회가 수립되었는지 명확하지 않으나 여수의 경우 김수평, 김정평 등이 인민위원으로 있었다거나 고흥의 경우 박년호, 강명규, 송기종이 1945년 11월 전국인민위원회 대표자대회에 참석했다는 기록을 통해 인민위원회의 존재 유무를 확인할 수 있다. 이러한 순천, 여수, 곡성, 고흥 지역의 인민위원회들은 우익적 성향이 우세한 지역적 특성상 그 활동에 제약을 받아 적극적인 활동을 전개하지 못하였다.

3. 분할 점령과 미군정 실시

제2차 세계대전 종전 직후 일본군 항복과 무장해제라는 명분 아래 한반도는 북위 38선을 경계로 남쪽은 미군에, 북쪽은 소련군에 분할 점령되었다. 일본군과 지상전을 펼치며 진주한 소련군과 달리 미군은 1945년 9월 8일 인천항을 통해 진주한 뒤 다음 날 서울로 들어왔다.

> …
> b) 만주, 북위 38도 이북의 한국, 카라후또(樺太) 및 찌시마(千島) 열도에 있는 일본의 선임지휘관과 모든 육상, 해상, 항공 및 보조부대는 쏘비에뜨 극동군 최고사령관에게 항복할 것.
> …
> e) 일본 대본영, 일본 본토에 인접한 제 소도, 북위 38도 이남의 한국, 류우큐우(琉球) 제도, 필리핀제도에 있는 일본 선임지휘관과 모든 육상, 해상, 항공 및 보조부대는 미국 태평양 총사령관에게 항복할 것.
> …
>
> 출처: 국사편찬위원회 전자사료관
> (사료참조번호: AUS185_08_00C0001_114)

1945년 9월 9일, 미군의 서울 점령과 함께 드디어 조선총독부 앞에 36년간 걸려 있었던 일장기가 내려갔다. 한국인들은 미군의 한반도 진주를 환영하였다. 그러나 그 자리에 올라간 것은 태극기가 아닌 성조기였다.

한국을 점령한 미군 부대는 오키나와에 주둔하였던 제24군단이었다. 38선 이남 지역을 점령한 24군단은 한국을 일제로부터 해방된 해방지가 아닌 일본과 같은 점령지로 취급하고 한국인들을 피점령 지역의 주민으로 인식하였다. 그들은 점령 지역에서 절대적인 권한을 강조하였다. 또한 일제 강점기 식민통치기구를 계승하

| 제1부 | 여순사건에 대한 이해

American Flag Raised on Capitol Grounds at Seoul, Korea, 9 Sept. 1945.
[내려지는 일장기와 게양되는 미국 성조기]
(출처: 국사편찬위원회 전자사료관 (사료참조코드: AUS005_06_02V0000_790)

고 친일파를 재등용하는 등 현상 유지 정책을 펼쳐나갔다. 이러한 미군의 점령 정책은 자주적인 독립 국가 수립을 염원한 한국인들의 입장과 상반된 것이었다.

조선 인민에 대한 맥아더 사령관의 포고문 제1호
미국 태평양 방면 육군 총사령관으로서 이에 다음과 같이 포고한다.
일본 제국 정부의 연합국에 대한 무조건 항복은 아래 여러 국가 군대 간에 오래 행해져 왔던 무력 투쟁을 끝나게 하였다. 일본 천황의 명령에 의하고 또 그를 대표하여 일본 제국 정부의 일본 대본영이 조인한 항복문서의 조항에 의하여 본관의 지휘하에 있는 승리에 빛나는 군대는 금일 북위 38도 이남의 조선 영토를 점령한다.

조선 인민의 오랫동안의 노예 상태와 적당한 시기에 조선을 해방 독립시키라는 연합국의 결심을 명심하고 조선 인민은 점령의 목적이 항복문서를 이행하고 그 인간적 종교적 권리를 확보함에 있다는 것을 새로이 확신하여야 한다. 따라서 조선 인민은 이 목적을 위하여 적극적으로 원조 협력하여야 한다. 본관(本官)은 본관에게 부여된 태평양 방면 미 육군 총사령관의 권한으로써 이에 북위 38도 이남의 조선과 조선 주민에 대하여 군정을 세우고 다음과 같은 점령에 관한 조건을 포고한다.

제1조 북위 38도 이남의 조선 영토와 조선 인민에 대한 통치의 전 권한은 당분간 본관의 권한 하에서 시행된다.

제2조 정부 공공단체 및 기타의 명예직원들과 고용인 또는 공익사업 공중위생을 포함한 전 공공사업기관에 종사하는 유급 혹은 무급 직원과 고용인 또 기타 제반 중요한 사업에 종사하는 자는 별도의 명령이 있을 때까지 종래의 정상적인 기능과 의무를 수행하고 모든 기록과 재산을 보존 보호하여야 한다.

…

제5조 군정 기간에는 영어를 모든 목적에 사용하는 공용어로 한다. 영어 원문과 조선어 또는 일본어 원문 간에 해석 또는 정의가 명확하지 않거나 같지 않을 때에는 영어 원문을 기본으로 한다.

…

1945년 9월 7일
미육군 태평양방면 육군 총사령관 더글러스 맥아더

출처: 국사편찬위원회 우리역사넷
(http://contents.history.go.kr/front/hm/view.do?levelId=hm_144_0020)

미 점령군에게는 한국을 자주적인 독립국가로 즉각 수립해야 한다는 구상이 없었다. 그들의 점령 목적은 카이로 선언 한국 관련 조항인 "조선 인민의 노예 상태에 유의하여 적당한 절차를 거쳐 조선을 자주독립시킬 것을 결의한다"는 내용을 실현하는 것이었으니, 이러한 원칙이 미 점령군의 점령정책에 그대로 투영되었던 것이다.

미 점령군은 미군정청을 설치하고 38선 이남 지역을 직접 통치하였다. 한국인들은 미군의 자문 역할만 수행할 수 있을 뿐이었다. 미군과 긴밀한 관계를 형성한 한국인들은 한민당을 비롯한 친일세력들이 대부분이었다.

아 장관 경고의 돌격 – 신성한 자유를 선용, 조선은 군정부밖에 없다, 아놀드 군정장관 발표

북위 38도 이남의 조선에는 오직 한 정부가 있을 뿐이다. 이 정부는 맥아더 원수의 포고와 하지 중장의 명령과 아놀드 소장의 행정령에 의하여 정당히 수립된 것이다. 이는 아놀드 군정장관과 군정관들이 엄선하고 감독하는 조선인으로 조직된 정부로서 행정 각 방면에 있어서 절대의 지배력과 권위를 가진다. 스스로 추천하고 스스로 임명한 『관리』라든가 『경찰』이라든가 『국민 전체를 대표』하였노라는 대소 회합이라든가 (자칭) 『조선인민공화국』이든가 (자칭) 『조선공화국 내각』은 권위와 세력과 실재가 전연 없는 것이다. 만일 이러한 고관(高官)과 대직(大職)을 참람스레 칭하는 자들이 흥행적 가치조차 의심할 만한 꼭두각시극을 하는 배우라면 그들은 즉시 그 극을 폐막하여야 마땅하다. 만일 어떤 종류의 『보안대』가 안녕질서를 유지하기 위하여 법률에 저촉하지 아니하고 유치하나마 성의껏 행동을 하였다면 이제는 해체하고 각기 직장으로 돌아가 겨울나기를 위해 필요한 식량과 의복과 주택을 확보하도록 노력하여야 할 것이다. 국내에는 정당한 직업과 공정한 급료가 그들을 기다리고 있다. 조선의 노무력은 반드시 겨울나기에 필요한 물자를 생산해야 할 것이다.

만일 이러한 꼭두각시극의 막후에 그 연극을 조종하는 사기꾼으로서 어리석게도 조선 정부의 정당한 행정사무의 일부분일지라도 단행할 수 있다고 생각한다면 그들은 마땅히 맹연(猛然) 각성하여 현실을 파악하여야 할 것이다. 이러한 연출을 당연 정지하여야 할 것이다.

…

1945년 10월 10일
미군정장관 육군소장 아치볼드 빈센트 아놀드

『신조선보』 1945년 10월 12일자

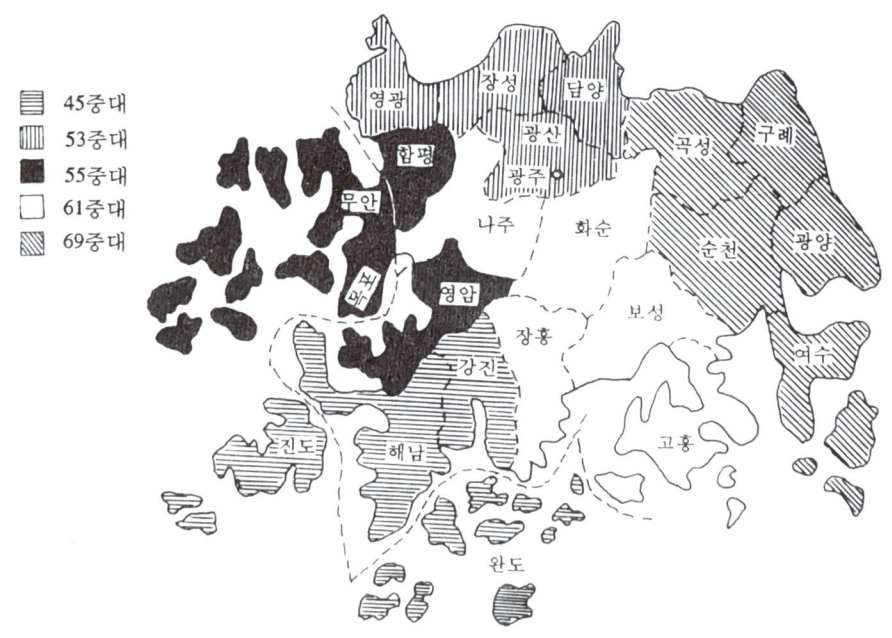

미군의 전라남도 점령지역 (출처: 안종철, 『광주·전남 지방현대사 연구』, 한울아카데미, 1991, 170쪽.)

미군정은 조선인민공화국을 비합적이라 규정하고 해산을 명하였다. 소련군은 38선 이북 지역에서 인민위원회를 그대로 유지하였으나, 미군정은 38선 이남 지역 각 지방에 수립된 인민위원회를 좌익적인 성향의 정치조직으로 판단하고 강제 해산시키는 조치를 취하였다. 결국 해방 직후 자주적인 독립 국가 건설을 위한 노력은 미 점령군에 의해 점차 좌절되어 갔다.

미 24군단은 세 단계를 거치며 38선 이남 지역을 점령하였다. 우선 정찰팀이 중요 도시에 체류하며 미군의 진주를 알리고 상황을 파악하였다. 다음으로 전술 부대가 각 지역 시와 군 단위를 점령하였다. 마지막으로 군정 통치를 위해 훈련을 받은 군정중대가 군 단위로 진출하여 군정을 실시하였다. 해방 직후 전남 지역은 미국 제6보병사단 제20연대가 점령하였다. 이 전술 부대는 1945년 10월부터 12월까지 권역별로 나뉘어진 군정중대와 군정단으로 대체되었다. 전남 동부 지역에는 제69군정중대가 배치되었다. 순천에 주둔한 제69군정중대는 1945년 10월 29일부터 작전을 개시하여 여수, 광양, 곡성, 구례에 이르는 지역을 관할하였다. 보성과 고흥은 장흥을 주둔지로 한 제61군정중대의 관할 아래에 있었다.

전국 각 지역에 배치된 군정중대의 임무는 해당 지역에서 미군정의 점령 정책을 수행 및 운영하는 것이었다. 미군정은 인민위원회 자체를 부정했기 때문에 인민위원회가 이미 수립되어 활동 중이던 지역에서는 상당한 마찰이 발생했다. 여기에 미군정의 보수적인 정책으로 인한 한국인들의 반발도 상당히 컸다. 전남 동부 지역 또한 미군의 진주로 인민위원회 조직이 해산되기 시작하자 조선공산당이 불법화되는 등 전남 지역에서의 좌익 세력은 점차 힘을 잃어갔다. 하지만 이미 전남의 동부 지역은 해방 초기부터 사회경제적인 조건 등 여러 가지 이유로 우익에 비해 좌익 세력이 약한 지역이라 다른 지역에 비해 미군정의 탄압은 미미하였다. 이러한 상황에서 좌우 세력 간의 공존관계는 1948년 초까지 지속되었다.

4. 통일 정부 수립의 좌절

1945년 12월 16일 모스크바에서는 미국·영국·소련 외상이 모여 제2차 세계대전 당시 해결하지 못했던 문제를 처리하기 위해 이른바 모스크바 3상회의가 개최되었다. 모스크바 3상회의에서 한국문제는 다음과 같이 결정되었다.

영국, 소련, 미국 외상의 모스크바 회의 결정서

Ⅲ. 한국

1. 조선을 독립국으로 재건하고, 민주주의 원칙 위에서 발전하기 위한 조건들을 창출하며, 장기간에 걸친 일본 통치의 악독한 결과를 최대한 신속히 가능한 청산을 하기 위해 조선 민주주의 임시정부를 창설한다. 임시정부는 조선의 산업, 운수, 농촌경제 및 조선 인민의 민족문화의 발전을 위하여 모든 필요한 방책을 강구할 것이다.
2. 조선 임시정부의 형성을 돕기 위하여, 그리고 적절한 방책들을 사전에 정교화하기 위하여 남조선 미군 사령부 대표들과 북조선 소련군 사령부 대표들로서 공동위원회를 조직한다. 위원회는 자기의 제안을 작성할 때에 조선의 민주주의 정당들, 사회단체들과 반드시 협의할 것이다. 위원회가 작성한 건의문은 공동위원회 대표로 되어 있는 양국 정부의 최종적 결정이 있기 전에 미·소·영·중 각국 정부의 심의를 받아야 된다.
3. 공동위원회는 조선 민주주의 임시정부를 참가시키고 조선 민주주의 단체들을 끌어들여 조선 인민의 정치적, 경제적, 사회적 진보와 민주주의적 자치 발전과 또는 조선국가 독립의 확립을 원조(신탁통치)하는 방책들도 작성할 것이다.

    공동위원회의 제안은 조선 임시정부와 협의 후, 5년 이내를 기한으로 하는 조선에 대한 4개국 신탁통치의 협정을 작성하기 위하여 미·소·영·중 각국 정부의 공동 심의용으로 제출될 것이다.
4. 남북 조선과 관련된 긴급한 여러 문제를 심의하기 위하여 또는 남조선 미군 사령부와 북조선 소련군 사령부의 행정·경제 부문에 있어서의 일상적 조정을 확립하는 제방안을 작성하기 위하여 2주일 이내에 조선에 주둔하는 미·소 양국 사령부 대표로서 회의를 소집할 것이다.

출처: 국사편찬위원회 우리역사넷
(http://contents.history.go.kr/front/hm/view.do?levelId=hm_144_0100)

모스크바 3상회의의 결정이 국내에 처음 전달된 것은 『동아일보』 기사를 통해서였다. 「소련은 신탁통치 주장, 미국은 즉시 독립 주장, 소련의 구실은 38선 분

| 제1부 | 여순사건에 대한 이해

할 점령」이란 제목의 1945년 12월 27일자 『동아일보』 기사는 명백한 오보였으나, 당시 한국인들에게 엄청난 파장을 불러일으켰다.

> **소련은 신탁통치 주장, 미국은 즉시 독립 주장, 소련의 구실은 38선 분할 점령**
> 워싱턴 25일발 合同 至急報. 모스크바에서 개최된 3국 외상회담을 계기로 조선독립문제가 표면화되지 않는가 하는 관측이 농후해가고 있다. 즉, 번즈 미 국무장관은 출발 당시에 소련의 신탁통치안에 반대하여 즉시 독립을 주장하도록 훈령을 받았다고 하는데 3국간에 어떠한 협정이 있었는지 없었는지는 불명하나 미국의 태도는 '카이로선언'에 의하여 조선은 국민투표로써 그 정부의 태도를 결정할 것을 약속한 점에 있는데 소련은 남북 양지역을 일괄한 일국 신탁통치를 주장하여 38도선에 의한 분할이 계속되는 한 국민투표는 불가능하다고 하고 있다. (후략)
>
> 『동아일보』 1945년 12월 27일자

『동아일보』 오보를 통해 모스크바 3상회의 내용이 전해지자 한국인들은 좌우를 막론하고 신탁통치 반대 입장을 표명하였다. 특히 우익 세력들은 중경임시정부 세력들을 중심으로 신탁통치반대국민총동원위원회를 설치하고 소위 반탁운동이라 일컬어지는 신탁통치 반대운동을 적극적으로 전개하였다. 그러나 1946년 1월 초 남북을 아우른 좌익 세력들이 모스크바 3상회의 결정을 지지한다는 공식적인 입장을 밝히면서 이때부터 좌우 세력 간의 갈등과 대립 구도가 본격적으로 형성되었다. 심지어 암살과 테러 행위까지 자행되었다. 우익 세력은 모스크바 3상회의를 지지하는 것은 곧 신탁통치를 찬성하는 "매국" 행위라 하며 좌익 세력들을 공격하였다. 좌익 세력들은 모스크바 3상회의 결정이야말로 한국 독립을 보장하는 민주주의 노선이라고 주장하며 이에 맞섰다.

모스크바 3상회의 결정을 둘러싼 한국인들의 갈등 속에서 1946년 3월부터 미소공동위원회가 개최되었다. 미국과 소련은 임시정부에 참여할 한국인 정치 단체 문제에 대해 합의를 보지 못한 채, 1946년 5월 미소공동위원회는 무기 휴회에 들어갔다.

미소공동위원회의 무기 휴회 기간 동안 38선 이남 지역에서는 이승만의 정읍 발언으로 대표되는 남한 단독 정부 수립 안이 노골적으로 등장했으며, 미군정의 좌익 세력에 대한 탄압 또한 더욱 거세졌다. 좌우 대립에 대한 반성과 민족 단합을 위한 논의의 진행으로 좌우합작운동이 전개되기도 하였으나 중도좌파 세력 일부의 결집체인 중간파를 형성하는 결과만 낳았을 뿐이었다. 한편 미군정이 좌우합작운동에 적극 개입하면서 1946년 12월 12일 38선 이남 지역만의 입법기구인 남조선과도입법의원이 발족되었다.

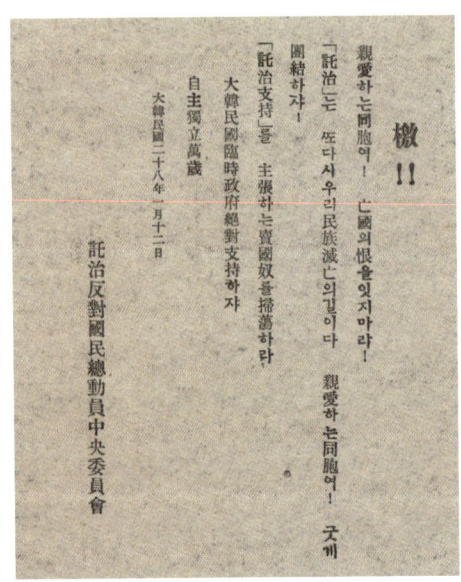

격문
(출처: 국사편찬위원회 전자사료관(사료참조코드: DSE010_00_00C0000_022))

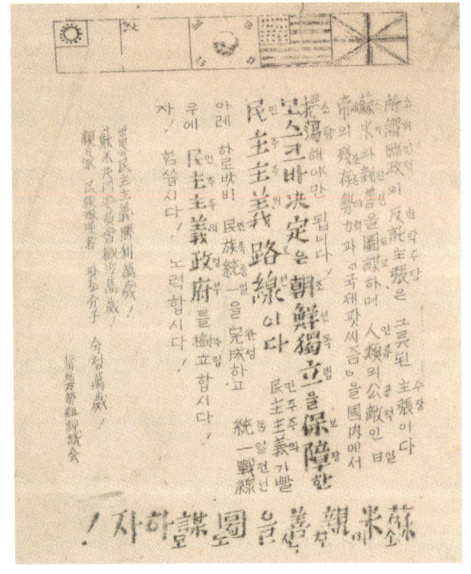

소위 임정의 반탁주장은 그릇된 주장이다.
(출처: 국사편찬위원회 전자사료관(사료참조코드: DSE010_00_00C0005_002))

> **이승만, 정읍환영강연회에서 단정수립 필요성 주장(1946. 6. 3)**
> 정읍환영강연회에 임석(臨席)한 이승만은 공위(共委) 재개의 가망이 없는 경우의 남조선임시 정부수립과 민족주의통일기관 설치에 관하여 주목되는 연설을 하였는데, 그 요지는 다음과 같다.
> "이제 우리는 무기 휴회된 공위가 재개될 기색도 보이지 않으며 통일정부를 고대하나 여의케 되지 않으니 남방만이라도 임시정부 혹은 위원회 같은 것을 조직하여 38 이북에서 소련이 철퇴하도록 세계 공론에 호소하여야 될 것이니 여러분도 결심하여야 될 것이다. 그리고 민족통일기관 설치에 대하여 지금까지 노력하여 왔으나 이번에는 우리 민족의 대표적 통일기관을 귀경한 후 즉시 설치하게 되었으니 각 지방에 있어서도 중앙의 지시에 순응하여 조직적으로 활동하여 주기 바란다"
>
> 『자유신문』 1946년 6월 5일자

38선 이북 지역에서도 미소공동위원회 무기 휴회 기간 동안 여러 변화가 나타났다. 그간 무상몰수 무상분배 방식의 토지개혁에만 머물렀던 이북 지역만의 사회경제적 개혁 조치가 확대되었다. 38선 이북 지역 정치세력을 통합한 북조선민주주의민족통일전선이 창설되었고, 북조선공산당과 북조선신민당이 합당하여 북조선노동당을 창당하였다. 이러한 사회·경제 개혁 조치와 통합된 정치 세력을 기반으로 1946년 11월 38선 이북 지역의 도·시·군 단위에서는 인민위원회 위원선거가 실시되었다. 1947년 2월에는 선거로 선출된 각 지역 인민위원들이 평양에 집결하여 기존 임시적 정권기관이었던 북조선임시인민위원회에서 "임시"를 빼고 38선 이북 지역의 중앙주권기관으로 북조선인민위원회를 수립하였다.

1947년 5월, 미소공동위원회가 재개되었으나 1947년부터 본격적으로 격화되기 시작한 미국과 소련 간의 냉전 구도는 더 이상 한반도에 통일 정부가 수립될 수 없는 기제로 작용하였다. 게다가 1946년 미소공동위원회가 무기 휴회에 들어

북한의 모습: 인민위원회 선거 후 축하 행진
(출처: 국사편찬위원회 전자사료관(사료참조코드: AUS001_27_00V0000_136))

간 직후부터 남과 북은 이미 각자의 길을 걸어가고 있었다. 결국 1947년 미소공동위원회는 미국과 소련의 한반도에 대한 근본적인 이해 대립, 한국인 내부의 분열로 인해 결렬되고 만다. 이제 남과 북은 각자의 정부를 수립하는 길에 본격적으로 들어섰다. 38선 이남 지역에서는 미국이 한국 문제를 UN에 이관한 상황에서 미군정과 우익 세력을 중심으로 입법기구를 수립하기 위한 단독 선거를 준비하였고, 이북 지역에서는 인민공화국 수립을 추진하였다.

5. 미군정기 사회 운동의 전개

천정을 뚤고 오르는 쌀값, 이러고야 살 수 있소?
　식량난의 폭풍은 학원을 습격하고 공장과 탄광과 그리고 조선사람의 모든 생활을 유린하야 말못할 협위속에 떨게한다. 각 생산공장은 능율이 점점 저하되고 학원에는 결석아동이 나날이 늘어가며 기숙사는 대부분이 폐지 혹은 며칠안으로 문을 닷게 되여있는 참혹한 현상을 당국은 아는가 몰으는가? 미곡수집령이 난지 이미 오래였건만 아직 이렷타할 수량도 학보되지 않았고 최고가격 38원을 제정한 이후 38원이란 쌀갑은 홍노점설격으로 나오는 배급쌀에만 실시되어 있을 뿐 소매가격은 나날이 천정없이 올라 작금에는 5승두에 2백50원까지 폭등하고 있다. 불평을 위한 불평을 하려는 것이 아니고 책임자를 힐난하기 위한 원성만이 아니라 우리들의 생활은 우울하고 우리들의 희망도 생활고의 암흑속에 떨고 있다.

『한성일보』 1946년 3월 23일자

　제2차 세계대전 종전 후 일본을 중심으로 한 동북아시아 지역 경제 블럭은 해체되었다. 식민지 경제 구조가 붕괴된 상황에서 한국 경제 구조는 대안을 찾지 못한 채 혼란에 빠지게 된다. 일본 자본 및 일본인 기술자의 대거 유출, 원료의 부족 등으로 한국 공업 분야는 재생산 기반이 급격히 위축되어 갔다. 농업 분야에서도 식민지 농업 구조가 그대로 계승되면서 반봉건적 토지 소유 관계와 고율 소작료가 그대로 존속되어 농민의 절대다수가 빈곤하였고, 농업의 발전이 저해되었다. 상업 분야의 경우에도 극심한 인플레와 물가가 앙등하는 등 일대 혼란이 초래되었다. 미군과 소련군의 분할 점령으로 인한 남북 간 경제 구조의 단절은 이를 더욱 심화시켰다.

물경 휴면공장이 7할

경기도에서는 공장 총수 1600에 현재 운영되고 있는 수효는 428개소로써 25%에 불과한데 그중에도 기계 금속 화학공업 등 부분은 각기 60여 개소에 지나지 않으며 가장 성황을 이루고 있는 것이 소박한 식료가공업의 116개소이다. 서울시의 상태를 보면 일제 시대의 공장 수 중 운영공장은 거의 4할 정도에 지나지 않으며 경기도와 한가지로 거개 공업부문은 휴면상태에 빠져있고 방직공업 같은 가장 긴요한 부분도 원료 부족과 기타 각종 장애로 말미암아 경방 종방을 비롯한 우수한 공장도 조업 휴지가 속출되고 있는 모양으로서 총괄적인 생산량은 경기도 서울시를 통하여 일제 시대의 3할 정도밖에 안 되고 그중에서 방직 기계 공장의 생산량은 각 지역 내 수요량의 5할 정도를 충당하는 한심한 상태라고 한다. 그리하여 1년 총생산액은 경기도에서 19억 6천 4백 11만 원이라는 저조를 보이고 있으며 종업 노동자 수는 남녀 2만 4천 명이라는 극소수로서 이러한 산업의 휴면상태는 실업자와 산업예비군을 급속도로 격성하는 것으로서 생산의 진흥책은 인민 생활을 위협하는 큰 위기를 지향하고 있는 것이라고 한다.

『독립신보』 1947년 12월 7일자

미군정은 한국 경제에 대한 장기적인 전망과 계획이 없었다. 그들의 목표는 단지 점령지인 한국의 경제가 붕괴하지 않도록 하는 것이었다. 미군정은 조선식량영단, 중요물자영단 등 일제 강점기 경제기구를 유지하고 활용할 뿐이었다. 미국 점령 후 한국 경제는 연속적인 물가 폭등과 낮은 공장가동률로 노동자들의 실업 내지 반실업 상태가 심화되었고, 일반 대중의 생활난은 더욱 극심해졌다. 1946년 5월 한국 경제의 일대 혼란 속에서 미군정은 경제 전반에 대한 통제 정책을 표방하며 난국을 타개하려 하였으나 그 효과는 그다지 크지 않았다.

점령 직후 미군정은 사실상 노동조합의 모든 활동을 금지시켰었다. 이후 1946년 7월을 전후해 노동조합을 인정하는 등의 정책 변화를 꾀하면서도 노동자들의 파업은 계속해서 억압하였다. 또한 미군정은 일제 강점기 지주-소작 관계를 유지하

| 제1부 | 여순사건에 대한 이해

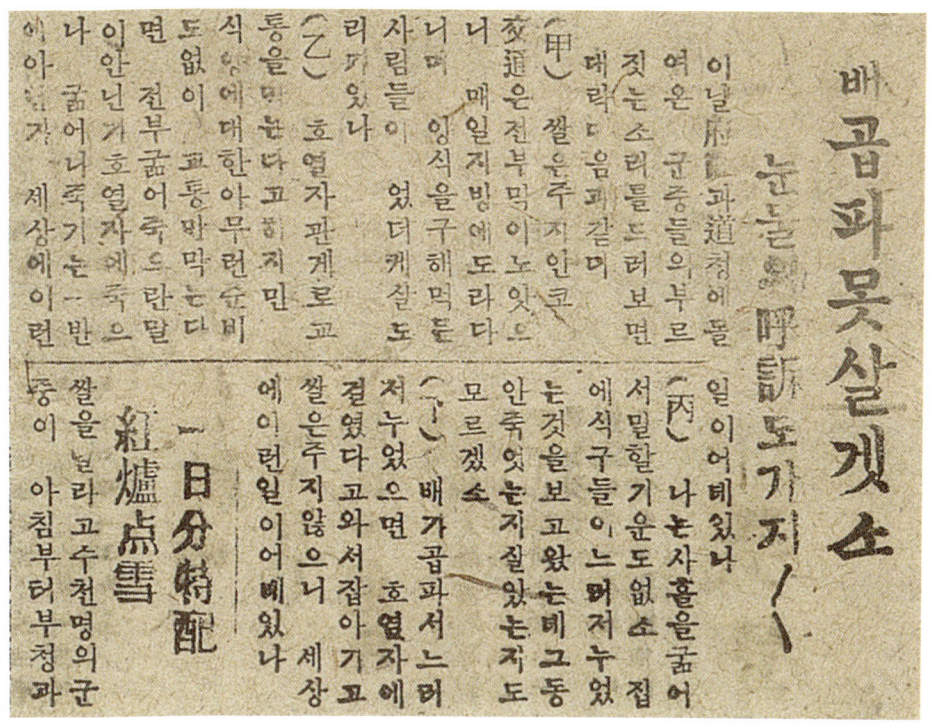

배고파 못살겠소, 눈물의 호소도 가지 (출처: 『영남일보』 1946년 7월 2일자)

고 소작료 3·1제 등을 표방하면서, 토지개혁과 소작료 불납 및 소작료 3·7제 등을 요구하는 농민들의 입장과 다른 정책을 펼쳤다. 미군정의 정책에 대한 노동자와 농민들의 불만은 1946년 9월 총파업, 10월 인민항쟁으로 표출되었다.

9월 총파업은 가족수당, 물가수당, 식량배급, 임금문제의 해결을 요구하는 부산 철도노동자들의 파업으로부터 시작되었다. 9월 23일 0시를 기해서 시작된 이 파업은 서울을 비롯한 전국 철도노동자 4만여 명의 파업으로 확산되었고, 전 산업 분야에 걸쳐 확산되는 형태로 전개되었다.

시민과 함께 읽는 여순사건

> 상황은 마치 우리가 전투에 돌입한 것 같았다. 우리는 파업을 분쇄해야 했고 그 과정에서 혹시 몇몇 죄 없는 사람이 다칠지도 모른다는 생각을 할 겨를이 없었다. 우리는 시 외곽에 정치범 수용소를 세워 감옥이 모자랄 때에는 그곳에 파업 노동자들을 수용했다. 그것은 전쟁이었다. 우리는 적어도 전쟁으로 생각했었다. 우리는 상황에 대해 그런 식으로 대응했다.
>
> 김금수, 『한국 노동문제의 상황과 인식』, 풀빛, 1986, 264쪽.

대중들의 저항은 10월 항쟁으로 이어졌다. 10월 1일 12시경 부녀자와 어린이 1천여 명이 대구부청에 몰려들어 쌀을 달라는 시위를 펼치는 중 경찰의 발포로 1명이 사망하는 사건이 발생하였다. 이 사건으로 대구에서 시민들의 대규모 시위가 발생하였고 이는 경북 전역으로 확산되었다. 민중항쟁의 규모는 점차 확대되

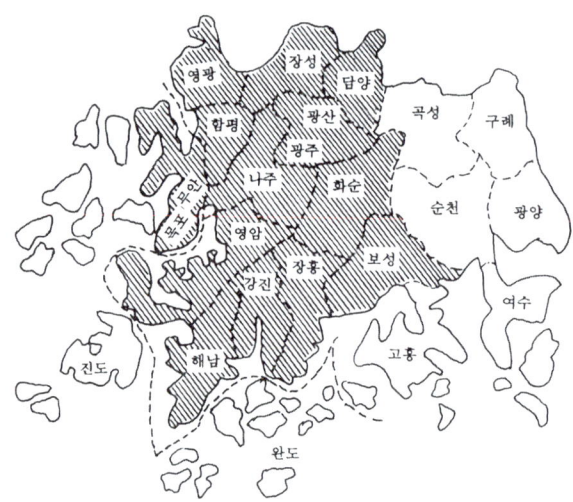

자료: USAFIK, "G-2, P.R.", 46.10~12.
USAFIK, "G-2, weekly summary", 46.11.7~12.21.
《동아일보》, 46.11.1~11.30.
주: 빗금친 부분이 발생지역을 나타냄

전남지방 1946년 농민소요도 (출처: 안종철, 『광주 · 전남 지방현대사 연구』, 한울아카데미, 1991, 214쪽)

어 전국에서 일어나게 되었다.

당시 대중들이 요구한 것은 "권력을 인민위원회로", "행정권을 조선인에게로"를 비롯해 파업 지지, 파업단의 석방, 식량 배급, 애국자 석방, 친일 경찰 타도 등이었다. 9월 총파업과 10월 항쟁을 주도한 이들은 좌익 세력이었으나 대중들은 미군정의 점령 정책에 강력하게 반발하며 자발적으로 참여하였다.

전남 지역에 10월 인민항쟁의 여파가 나타난 것은 10월 말~11월 초부터였다. 나주, 화순을 중심으로 한 전남 중북부 지역의 대규모 항쟁은 해남을 중심으로 한 전남 남부 지역으로 확대되었다.

전남 동부 지역에서는 보성을 제외하면 10월 항쟁의 여파가 나타나지 않았다. 전남 동부 지역에서 10월 항쟁이 크게 일어나지 않은 주된 이유는 좌익과 우익 세력이 긴장과 대립 관계 속에서 공존하던 이 지역의 정치적 상황 때문이라 할 수 있다. 10월 항쟁이 발생한 지역은 대체로 농민의 지지를 받는 인민위원회 세력이 강력한 영향력을 행사하던 지역이었고, 항쟁이 발생하지 않은 지역은 대부분 우익 세력이 지배적인 정치력을 행사하던 지역이었다. 1946년 이후 38선 이남 지역에 좌우익의 대립이 격화되고 격렬해지는 것에 비하여 전남 동부 지역의 좌우익은 비교적 공존하고 있었고, 경찰 및 지방 행정과의 관계에서도 큰 마찰이 없었다.

6. 단독정부수립과 전남 동부 지역 사회운동의 변화

모스크바 3상회의 결정을 통해 한국에 정부를 수립한다는 연합군의 계획은 미소공동위원회가 결렬되면서 결국 무산되었다. 1947년 미소공동위원회가 결렬된 직후 남과 북은 본격적으로 각각의 정부를 수립하는 길로 들어섰다. 1947년 11월 유엔 총회에서는 유엔 감시 아래 인구 비례에 따른 남북 총선거를 통해 독립 국가 건설을 결의하고, 선거를 감시, 감독할 기구로 유엔한국임시위원단을 구성하였다. 그러나 1948년 1월 소련과 북한 측에서 유엔한국임시위원단의 입북을 거부하자, 유엔은 "가능한 지역"에서만이라도 선거를 실시할 것을 결정하였다. 사실상 38선 이남 지역만의 정부 수립을 결정한 것이었다.

유엔이 주도하는 단독 선거 및 단독정부 수립이 점차 가시화되자 이승만은 즉각적인 남한 단독 선거를 주장하였다. 한민당은 미군정의 남한 선거 방침을 수용하면서 총선에서 다수의석을 확보하는 것에 주력하였다. 반면 임시정부 세력, 중간파 세력을 비롯한 남한 내 대다수의 정당과 사회단체에서는 좌우 가릴 것 없이 단독선거 실시에 격렬하게 반발하며 대대적인 단선단정반대운동을 전개해 나갔다. 남로당을 비롯한 좌익세력들은 단독선거 저지를 위해 2·7구국투쟁, 제주4·3사건 등 무력 투쟁을 불사하는 대중적인 단선단정반대운동을 전개하였다.

> 제주4·3사건은 "1947년 3월 1일 경찰의 발포사건을 기점으로 하여, 경찰·서북청년단의 탄압에 대한 저항과 단선·단정 반대를 기치로 1948년 4월 3일 남로당 제주도당 무장대가 무장봉기한 이래 1954년 9월 21일 한라산 금족지역이 전면 개방될 때까지 제주도에서 발생한 무장대와 토벌대간의 무력충돌과 토벌대의 진압과정에서 수많은 주민들이 희생당한 사건"이라고 정의할 수 있다.
>
> 『제주4·3사건 진상조사보고서』, 2003, 536쪽.

> 미군정기에 제주도에서 발생한 제주4·3사건은 한국 현대사에서 한국전쟁 다음으로 인명피해가 극심했던 비극적인 사건이었다. 그럼에도 사건 발생 50년이 지나도록 구체적이고 종합적인 진상규명이 이뤄지지 않아 민원이 그치지 않다가, 2000년 1월 12일 제주4·3특별법이 제정 공포되면서 비로소 정부 차원의 진상조사에 착수하게 되었다.
>
> 『제주4·3사건 진상조사보고서』, 2003, 533쪽.

| **제1부** | 여순사건에 대한 이해

자료: USAFIK, "G-2, P.R.", 48.3.2~4.1.
6th Div., "G-2, P.R.", 48.3.2~3.26.
《동광신문》, 48.3.1~4.1.
김석학·임종명, 『광복 30년 제2권: 여순반란 편』,
전남일보사, pp. 20~21.
주: 빗금친 부분이 발생지역을 나타냄

전남 지역 2·7구국투쟁 발생도(1948년 3월) (출처: 안종철, 『광주·전남 지방현대사 연구』, 한울아카데미, 1991, 215쪽)

단독정부 수립에 반대하는 움직임은 전남 지역에서도 예외가 아니었다. 1948년 3월 1일에서 8일 사이에는 광주·목포·장성·함평·무안·강진·장흥·고흥·순천·구례·진도에서, 3월 13일에서 27일 사이에는 광산·장성·담양·나주·영암·장흥·보성·구례에서 단독선거 반대운동이 전개되었다. 경찰서, 대동청년단 사무소와 숙소, 미곡 창고에 대한 습격사건, 지방유지와 한민당원에 대한 테러사건이 빈번하였다.

전남 동부지역의 단독정부수립 반대운동은 이전 미군정기 사회운동과는 전혀 다른 양상이었다. 2·7구국투쟁 당시에는 여수 지역 노조 5천여 명이 참가한 가운데 총파업 투쟁이 전개되었다. 5·10총선거 준비 기간 동안 여수 지역에는 매일 밤

선거를 반대하는 봉화가 올라갔고, 투표를 방해하는 벽보가 등장하였다. 심지어 선거 입후보자와 그의 가족을 위협하기도 하였다. 여수중학교·여수여중학교·여수농업학교 학생들은 선거에 반대하며 동맹휴학을 하였다. 선거 당일에는 투표소를 습격, 방화하는 사건이 발생하여 2차 투표가 치러지기도 했다. 순천·구례·보성에서는 유혈사태까지 발생하였다. 순천에서는 남로당과 민전이 중심이 되어 3·1절 기념식을 개최하고 단독선거 반대시위를 전개했다. 이 과정에서 경찰이 시위대에 발포하여 남로당원 2명이 피살되는 사건이 발생하였다. 이 사건 이후 순천에서는 선거반대운동이 더욱 적극적으로 전개되었다. 선거 후에도 우익 세력에 대

자료: USAFIK, "G-2, P.R.", 48.4.7~5.27.
6th Div., "G-2, P.R.", 48.4.5~5.17.
《동광신문》, 48.5.8~5.29.
주: 빗금친 부분이 발생지역을 나타냄

전남 지역 단선저지투쟁 발생도(1948년 4월 5일부터 5월말까지)
(출처: 안종철, 『광주·전남 지방현대사 연구』, 한울아카데미, 1991, 216쪽)

한 습격 및 살해 사건이 발생하여 우익 청년, 면장, 향보단원, 경찰 등이 살해되었다. 구례에서는 3월 1일 시위대의 경찰서 습격 및 테러 등으로 대동청년단 4명이 부상당했고, 시위 참가자 12명이 사망하는 사건이 발생하기도 하였다. 이후에도 시위대와 경찰의 대립 과정에서 시위대 지도자가 사망하고, 우익 세력과 지방관리가 살해되는 사건들이 발생하였다. 보성에서는 남로당원이 총살되기도 하였다.

한편 단선단정반대운동은 북한 정부 수립 지지 투쟁으로도 나타났다. 여수와 보성에서는 인공기가 게양되었고, 순천에서는 남로당원들이 중심이 되어 북한 정부 수립을 지지하기 위한 "8·25 지하연판장 선거"가 치러지기도 하였다. 지하연판장 선거 과정에서 순천군의 남로당원 수가 상당히 증가하자 순천군 남로당의 정치적 영향력은 점차 커져갔다.

> 당시만 해도 경찰서가 우리에게 포위되어 있는 셈이었어요. 포위망 속에서 움직이고 있는 것처럼 매일매일 경찰서 동향보고가 다 들어옵니다. 이쪽은 5,000명 조직세력이니까요. 겉으로는 자기들이 통치하고 있어도 내적으로는 우리가 다 면사무소고 지서 어디고 우리 조직원이 안 박힌 데가 없었습니다. 경찰서 안에 누가 잡혀가서 취조를 당하고 있고, 조직은 뭘 불었고, 전부 다 그때그때 일일보고가 들어올 정도였어요.
>
> 김득중, 『빨갱이의 탄생』, 선인, 2009, 192쪽.

결국 단선단정반대운동이 전개되는 과정에서 좌우 세력이 큰 대립 없이 공존하던 전남 동부 지역은 서로 간의 갈등이 심화되고 이후 남로당을 중심으로 한 좌익 세력으로 힘이 기울어지게 된 것이다.

03 여순사건의 발발과 진압

노 영 기 조선대학교 자유전공학부 교수

1. 여순사건의 발발

1948년 10월 초순부터 전남 여수 신월리(현 여수시 신월동)에 있는 육군 제14연대에 M-1 소총과 칼빈 소총을 비롯한 각종 미제 신무기와 56만 발의 탄약이[1] 보급되었고, 이와 함께 제주도에서의 토벌작전을 상정한 시가전 훈련이 실시되고 있었다. 다시 말해 제주도 파병을 준비하는 조치들이 차곡차곡 진행되고 있었다. 이러한 분위기 때문에 아직 정식 명령이 내려지기 전부터 제14연대에는 제주도에 파병된다는 소문이 널리 퍼져 있었다. 굳이 남로당의 선동이 아닐지라도 제14연대 병사들 대부분이 제주도로 파견될 것이라는 계획을 미리 알고 있었다.[2] 10월 19일 제14연대 부대원들은 아침부터 시작된 LST 선적작업을 저녁까지 계속하였다.

---

[1] Headquarters 5th Brigade, Summary of Event, 1948. 10. 20. 0700.
[2] 정두일(여수 율천 청대, 제14연대 출신) 증언, 『여순사건 실태조사 보고서』, 여수지역사회연구소, 1998, 193쪽.

| 제1부 | 여순사건에 대한 이해

제14연대 무기고 입구　　　　　　14연대 무기고 내부 ⓒ여수지역사회연구소

 당시 제14연대의 병영에는 순천에 주둔한 중대 병력과 여수항에서 선적 작업을 하고 있던 300여 명을 뺀 2,500여 명 가량의 병사들이 있었을 것으로 추정된다. 이날 밤 제14연대 본부중대 인사계 하사관이며 남로당원인 지창수는 부대 내

67

제14연대 주둔지 ⓒ여수지역사회연구소

남로당 병사들, 여수 지역의 좌익 인사들과 함께 '제주도 파병 거부'를 선동하는 한편 무기고를 점령하였다. 당시 최초 봉기에 참여한 인원은 아래 〈표〉와 같이 보고자와 보고 시각에 따라 조금씩 다르다.

14연대 여순사건 참가 인원

보고자	보고 일자	참여 인원	비고
G-2 일일보고	1948. 10. 21	2,400여 명	
김백일	1948. 10. 21	800~2,000명	
Joint Weeka		2,400명	
주한미군 24군단	1948. 11. 10	3,000여 명	
이범석	미 상	3,708명	사살: 852명, 포로: 2,856명, 탈출: 수백 명

출전: G-2 Periodic Report: 『동광일보』(호외) 1948. 10. 21: 『주한미대사관 보고서』; G-3 Section, XXIV Corps, History of the Rebellion of the Korean Constabulary at YOUSU and TAEGU, 1948. 11. 10 : Report on the Interal Insurrection After April, 1948, made by Minster of National Defense, Lee Bum Suk.

    제24군단 정보참모부(G-2)의 일일보고(Periodic Report)와 제5여단장 김백일 중령의 보고는[3] 여순사건이 발생한 직후 파악한 숫자이다. 이 보고는 당시 정부군과 제14연대 반군과의 교전 이후 사로잡은 몇몇 포로들을 심문하고 작성된 것이다. 국무총리 겸 국방부 장관인 이범석의 보고는 약간의 과장과 민간인들이 포함된 수치이다. 주한 미 대사관의 무관 보고와 제24군단의 작전처(G-3 Section)의 보고는 현지에서 올라온 보고를 종합한 뒤에 작성된 2차 보고이다. 그렇기에 1차 보고로 그 개략적인 숫자를 파악한 김백일 중령과 주한미군사령부 정보참모부의 일일보고와는 일정한 차이가 있다. 보고자에 따라 다소 차이가 있지만 10월 19일 밤 최초의 제14연대 봉기에는 2,000여 명이 참여한 것으로 여겨진다. 이 숫자는 제14연대 병사들과 좌익세력이 합쳐진 수치이다. 제14연대가 완전 편성되었을 때인 1948년 10월 초순 병력이 3,000여 명이 되지 않았음을 감안하면, 엄청난 수의 제14연대 병사들이 최초 봉기에 참여하였다. 여수 신월리의 14연대

---

[3] 『동광신문』의 호외 보도는 당시 여수와 순천 등지에서 여순사건을 취재하던 동광신문 사진기자(고 이경남)가 일착으로 취재한 인터뷰 내용이다. 국방부에서는 사건이 발생한 뒤 곧바로 보도를 통제하였다. 이 기사는 보도 통제가 이루어지기 직전에 취재한 내용이므로 언론보도 중에서 제일 신빙성이 높은 기사이다.

병영에 있었던 부대원 대다수가 참여한 셈이다.[4] 제14연대 병사들의 대다수가 최초 봉기에 적극 참여한 이유는 무엇일까? 지창수의 연설과 [제주도 출동거부 병사위원회]의 성명, 그리고 여순사건 직후 발표된 육군 장교들의 발언 속에는 이들이 최초 봉기에 적극 참여하게 된 동기가 일정하게 드러난다.

무엇보다 '제주도 파병' 반대가 가장 큰 원인이자 명분이었다. 당시 '제주4·3사건'에 대한 일반의 여론은 '동족상잔(同族相殘)'이라는 인식이 널리 퍼져 있었다. 1948년 5·10총선거를 앞두고 미군정은 무력 진압에 반대한 제9연대장 김익렬 중령을 해임하고 대신 일제 시기에 제주도에서 근무한 경험이 있던 국방경비대 총사령부 인사국장 박진경 중령을 연대장에 임명하였다. 이후 박진경 연대장은 국방경비대를 동원해 강경 진압하였으며, 공로를 인정받아 불과 3개월 만에 국방경비대의 최고 계급이나 다름없는 대령으로 승진하였다.[5] 하지만, 일반의 인식은 제주4·3사건이 경찰의 악행으로 일어난 사건이며 동족상잔의 불행으로 이해하였다. 한 신문에서는 6월 18일 발생한 제11연대장 박진경 대령 암살사건 피의자들이 군법회의 재판정에서 '양민학살'을 이야기한 진술의 진위를 밝히라고 요구하는 논설을 게재할 정도였다.[6] 이 같은 여론은 여순사건 전후로 일정하게 유지되었다. 여순사건의 진압이 일단락된 뒤 국방부 인사국장 강영훈 중령은 언론과의 인터뷰에서 여순사건의 원인을 "많은 경관은 다만 묵묵히 어느 날만을 기하고 있는 국군 병사를 경멸하는 경향이 있었고, 이에 대한 국군병사의 반경감정은 결코

---

4 이들이 전부 빨치산으로 간 것은 아니었다. 중간에 대열을 이탈해서 고향 마을로 간 사례가 많다.
5 당시 육군과 해군의 사령관만 준장이며, 여단장급 인사들이 대령이었다. 심지어 여순사건 직후 제5여단장에 발탁되어 현지에서 토벌작전을 실제로 지휘한 김백일의 계급도 중령이었다. 김백일이 중령에서 대령으로 승진한 것은 1948년 12월이었다. 『국제신문』 1948. 12. 22. 박진경의 대령 승진이 얼마나 파격이었는지를 짐작할 수 있는 대목이다.
6 『조선일보』 1948. 9. 9. 사설 제목은 '제주도사건 재검토'이다. 문상길을 비롯한 4명의 관련자들에 대한 사형은 9월 23일 오후 3시 수색에서 집행되었다. 『서울신문』 1948. 9. 25.

| 제1부 | 여순사건에 대한 이해

제주시 조천면 북촌리 소재 〈순이삼촌〉 문학비

사상적인 것이 아닙니다. 실로 공산당의 모략으로 발단한 것이기는 하지만 제주 사태만 하더라도 진압이 어려운 것은 경찰의 비행 때문입니다"고 말했다.[7] 여기서 말하는 '제주사태'는 '제주4·3사건'을 일컫고, 경찰에 대한 반감과 '제주4·3사건'을 일으킨 경찰의 비행을 여순사건의 원인으로 말하고 있다.

게다가 전남 동부지역을 근거로 탄생한 향토연대 제14연대의 특성에서 볼 때 제주도 파병은 단순한 '동족상잔' 이상을 의미하였다. 1946년 8월 1일부터 제주도는 전남도에서 분리되어 독립된 행정 단위로 편성되었다. 하지만 제14연대 병사들에게 제주도는 동향(同鄕)이라는 인식이 남아 있었다. 그렇기에 제14연대 병사들에게 제주도 파병은 고향 사람들을 탄압하는 것이며 이 때문에 제주도 파병에 반대한다는 지창수의 선동에 쉽게 공감하며 최초 봉기에 참여한 것이었다.

---

[7] 설국환, 「반란지구답사기」, 『신천지』 3권 10호, 1948. 11(김남식, 한홍구 편, 『한국현대사 자료총서』 8권, 339~340쪽).

다음으로 미군정기 내내 뿌리 깊은 군경의 대립과 갈등이 여순사건을 계기로 폭발하였다. 미군이 "일주일에 한 번꼴(about once a week)"로[8] 충돌한다고 평가할 정도로 미군정기 내내 군대와 경찰은 대립하고 있었다. 군경의 대립과 갈등은 정부 수립 이후로도 크게 달라지지 않았다. 제14연대의 모 부대인 광주의 제4연대는 1947년 6월 2일 영암 경찰과 총격전을 벌일 정도로 경찰과 사이가 좋지 않은 부대였다. 제4연대의 반경 감정은 제4연대 1대대 출신들이 창설 요원이던 제14연대에도 그대로 이어졌다. 여순사건 발발 한 달여 전인 1948년 9월 24일 발생한 '구례사건'으로 부대 내에는 경찰과의 대립을 조장하는 분위기가 있었다. 연대 인사계 상사인 지창수는 이러한 부대 분위기를 이용하여 "경찰이 폭동을 일으켰다"고 거짓 선동하고, 이러한 선동에 제14연대 병사들이 자연스럽게 호응하며 봉기에 참여하였다. 여순사건 이후 진압군에 붙잡힌 병사 중에는 "경찰이 반란을 일으켰고 제14연대가 경찰을 진압하라는 명령을 받았다"고[9] 진술하기도 했다.

여순사건이 발발한 직후 전투사령부 보도부에서는 여순사건의 원인과 실상을 '14연대 하사관들은 대부분 4연대 출신이며 과거 4연대는 영암사건으로 경찰에 악감정을 품고 있었고, 1948년 9월 구례사건으로 경찰에 대한 감정이 더욱 악화된 것으로 발표하였다. 이러한 반경감정을 제14연대의 좌익사상을 가진 간부와 지방 좌익이 선동하여 이용하였다는 것이다. 그렇기에 반란병의 모든 목적지는 구례경찰서에 있었다며 전남 경찰은 전부 사살할 계획이었다고 하는바 반란병과 지방 좌익 계열과 근본적으로 어떠한 연락은 없었을 것'이라고 발표하였다.[10] 여순

---

8 United States Army Forces, Korea Counter Intelligence Corps Seoul District Offices Apo 235, *Korean Constabulary, Conflict Between Korea Police and Summary of Information, 7 Jan, 1947*(한림대 아시아문화연구소, 『미군정기 자료집 – 시민소요·여론조사 보고서(2)』, 1995, 238쪽).
9 *G-2 WEEKLY #162, 1948. 10. 15~10. 22.*
10 『자유신문』 1948. 11. 8.

사건의 발발에 대한 정확한 분석과 발표라고 보기는 어렵지만, 그렇다고 완전히 잘못된 발표로 보기도 어려울 정도로 제14연대는 반경감정이 높았다. 이러한 대원들의 감정을 지창수를 비롯한 제14연대 내 남로당원들이 이용하며 봉기를 선동하였다.

한편 이 무렵 군대 내에서는 광범위하게 숙군(肅軍)이 진행되고 있었다. 주한 미군사령부에는 "사상검열이 계속되고 있다(Screening continues)."고 보고되었다. 이것으로 미루어 보아 이전부터 사상검열이 실시되고 있음을 알 수 있다.[11] 숙군은 여순사건의 한 가지 요인으로 작용하였다. 1948년 6월 18일 제주도에서 제9연대장 박진경 대령이 암살된 이후 제주도는 물론 전국 각지의 군부대에서 사상검열과 숙청이 광범위하게 진행되고 있었다. 이 사건을 계기로 국방경비대(육군의 전신) 전 대원들에게 사상검열(screening) 진행되는 동시에 좌익세력을 솎아내는 숙군이 진행되고 있었다. 특히 8월 15일 대한민국 정부 수립을 전후한 시기에 군대 내부의 좌익세력을 솎아내는 숙군이 더욱 강화되고 있었다. 각 부대에서는 많은 군인이 좌익 혐의자로 조사받거나 체포되었다.

숙군의 칼날은 제14연대도 비껴가지 않았다. 제4연대 출신으로 제14연대 창설 요원이며 본부중대 재정담당 하사관인 김영만은 10월 11일 제4여단 정보국에 체포되었다. 체포 계획을 미리 통보받은 연대 정보계 하사이자 남로당원인 정낙현, 김정남 등은 김영만에게 체포되도록 권유하였다. 그가 도피하면 제14연대로 수사가 확대될 것을 염려해 김영만을 체포시켜 제14연대 내부의 남로당 조직 보위를 꾀한 것이다.[12] 하지만 제주도 파병을 앞둔 제14연대 남로당 조직의 위기감

---

11 HQ. USAFIK, *G-2 Weekly No. 148*, 1948. 7. 9~7. 16; HQ. USAFIK, *G-2 Weekly No. 148*, 1948. 7. 9~7. 16.
12 김영만의 증언.

은 높아져 갔다. 제14연대 남로당 조직에서는 봉기의 가능성을 논의하고, 결국 제주도 파병에 앞서 무장 봉기를 계획 실행하였다.[13]

2. 정부의 대응

제주도 파병을 앞둔 제14연대에는 새로 보급된 미제 M-1 소총과 칼빈 소총 외에도 일제 38식 소총과 99식 소총이 있었다. 신식무기와 구식무기로 무장한 제14연대 반군은 여수 시내로 진격하였고, 이를 저지하려던 여수 경찰을 쉽게 제압하고 여수 시내로 들어섰다. 10월 20일 오전 9시 30분경 봉기군의 주력은 기차와 트럭에 나누어 타고 순천으로 향하였다. 이때부터 제14연대 병력의 지휘는 대전차중대장 김지회 중위(육사 3기 출신)가 맡았다.[14] 순천역에 제14연대 병력이 도착하자 순천에 배치된 제14연대 파견 중대의 선임 중대장인 홍순석 중위(육사 3기 출신)와 그가 지휘하는 병력이 반군에 합류하였다. 10월 20일 오전 광주에서 급파된 제4연대 1개 중대는 순천의 동천 서쪽에 배치되었으나 이들도 제14연대에 합류해 경찰을 향해 총구를 겨누었다.[15] 결국 철도경찰과 함께 대비하고 있던 순천 경찰도 패배한 뒤 순천도 쉽사리 제14연대가 장악하였다.

이후 제14연대 병력은 3개 방면으로 분산하였다. 주력은 남원을 향해 북쪽으

---

13 이태, 『여순병란(상)』(청산, 1994), 157~160쪽. 여순사건 당시 진압군의 고문으로 현지에 파견된 리드(Reed: PMAG G-2 고문)도 당시 연대 내 공산주의 지도부에서 숙군에 대한 위기감을 느꼈다고 파악했다. The Truth About Yosu Incident(RG 319 Entry 181 Box2, KMAG PEACE AND WAR).
14 김계유, 「1948년 여순봉기」, 『역사비평』, 1991년 겨울호, 264쪽.
15 Headquarters 5th Brigade, Summary of Event, 1948. 10. 20. 1200과 1948. 10. 21. 0120. 미군 고문관들-모어(Mohr) 중위와 그린바움(Greenbaum) 중위-이 배치되었으나 제4연대 병력이 봉기에 합류하자 포로가 되었되었다. 그러나 제14연대 하사관 유창남의 도움으로 풀려난 뒤 부대로 복귀해 진압작전에 합류하였다.

로, 일부는 보성과 벌교 방면으로 향하였다. 남원 방면으로 진출하던 반군은 순천 북쪽의 학구에서 진압군과 교전한 뒤 순천으로 철수하였다. 보성과 벌교 방면으로 나갔던 병력은 순천 남쪽의 4개 경찰지서—별량, 낙안, 조성, 벌교—를 습격한 뒤 보성 부근에서 진압군과 교전하였다. 제14연대 병력의 주력은 다시 순천으로 집결한 뒤 이후 인근의 지리산과 백운산으로 들어가 빨치산 활동을 시작하였다. 이른바 '구빨치' 투쟁이 시작된 것이다.[16]

　순천으로 가지 않고 여수에 남은 병력과 좌익세력은 10월 20일 오후 3시 여수 중앙동에서 열린 인민대회에 참가하고 10월 23일 제5연대 1대대 병력의 상륙을[17] 저지하고 10월 24일 미평의 잉구부 전투에서 여수 시내로 진입하던 정부군을 패퇴시켰다. 그러나 이후 이들은 진압군의 진압작전이 강력해질 것을 예상해 10월 24일 어둠을 틈타 백운산과 벌교 방면으로 이동하였다.[18]

　여순사건은 정부 수립 후 군경의 위상이 어떻게 달라졌는지를 잘 보여준 사례이다. 우선 군경의 물리력이 뒤바뀌었다. 이전까지 경찰의 물리력이 국방경비대의 그것보다 우위에 있었다. 1947년 6월 2일 전남 영암에서는 군경이 총격전까지 벌인 '영암사건'이 발생하였다. 당시 영암 경찰과 휴가 나온 국방경비대원 사이에 벌어진 사소한 다툼으로부터 시작된 충돌이 광주의 제4연대와 영암 경찰 사이의 총격전으로까지 비화되었다. 광주에서 영암으로 트럭을 타고 몰려간 국방경비대 제4연대 병사들은 영암경찰서에서 경찰과 총격전을 벌였다. 전남도경에서 파견된 증원 경찰이 도착하기도 전에 현장에 당도한 제4연대장 이한림과 미군 고문관이

16　다음을 참고. 이선아, 「여순사건 이후 빨치산 활동과 그 영향」, 『역사연구』 20, 역사학연구소, 2011.
17　이때 김종원이 신임하던 제5연대 제1대대 제1중대장 박태서 중위(일본군 지원병 출신)가 반군의 총격에 사망했다고 한다. 육군사관학교 제5기생회, 『육사 제5기생』, 1990, 148쪽.
18　김계유, 「1948년 여순봉기」, 『역사비평』 1991년 겨울호, 277쪽.

순천 학구 삼거리 ⓒ여수지역사회연구소

여수 잉구부 ⓒ여수지역사회연구소

제지함으로써 양측의 교전은 끝이 났다. 그 결과 국방경비대원 중 6명이 사망하고 많은 부상자가 발생하였으나 경찰은 관련자들을 표창하기까지 했다.[19]

반면 여순사건 직후의 결과는 1년여 전에 발생했던 영암 사건과는 정반대로 나타났다. 여수와 순천 등지에서 경찰이 무장한 채 방어작전을 펼쳤으나 제14연대 병력은 경찰의 저지선을 쉽사리 무너뜨리고 경찰을 무장 해제시켰다. 그전부터 제14연대에는 미제 신무기가 보급되고 10월 초순경부터 제주도 파병에 앞서 시가전 훈련을 진행한 결과가 반영된 것이었다. 정부 수립을 앞두고 국방경비대가 육군으로 전환하며 제14연대의 무장력이 강화되고 체계적인 군사훈련이 반영된, 즉 경찰예비대인 국방경비대에서 군대인 육군으로 전환한 게 반영된 결과였다.

여순사건 이후 빨치산 진압작전에서도 군경의 위상이 달라졌다. 지역에 계엄령이 선포되면 현지 계엄사령관, 즉 군 지휘관이 민간 사회의 모든 권한을 장악하고 치안을 통제한다. 진압작전이 1차 종결된 10월 27일 이후 빨치산 토벌작전 도중 제5여단장 김백일은 진압작전이 계속될 것임을 예고하며, 경찰관들의 참여가 미약하다는 점을 지적하고 "지서 등을 포기하고 도피하는 경관이 있으면 군으로서는 단호 총구를 겨눌 것"이며, 이러한 경찰은 "도저히 국가의 치안을 담당시킬 수 없다고 생각한다"고 경고하였다. 군이 경찰의 치안권 마저 장악하고 경찰을 통제하는 위상을 반영한 명령이었다.

여순사건이 발생하자 정부와 주한미군에서는 신속하게 대응하였다. 10월 20일 상오 임시군사고문단 단장 로버츠 준장의 사무실에서는 주한미군사고문과 한국군 최고위층들이 모여 비상회의를 열었다. 이 회의에서 광주에 토벌사령부를 설

---

19 당시 전남도경찰국 증원 병력을 이끌었던 인물은 정래혁이다. 일본육사를 졸업한 뒤 해방 직후 군사영어학교에 입교했던 정래혁은 국방경비대에서 경찰로 전직하여 근무 중이었다. 정부 수립후 정래혁은 육사 특임8기로 재입대하였다. 영암사건은 다음을 참고. 영암사건은 HQ, USAFIK, G-2 Periodic Report Report, No. 548, 1947. 6. 2~6. 3; 육군본부, 『창군전사』, 1980, 388~393쪽.

치키로 결정하고 총사령관에 육군 총사령관인 송호성이 임명되었다. 이범석 국무총리는 10월 22일 〈반란군에 고한다〉는 포고문에서 제14연대의 봉기가 반란이니 국법이 도저히 용서할 수 없으며 총살당하지 않으려면 즉시 투항하라고 발표하였다. 주한미대사 무쵸(John J. Muccio)와 주한미군사령관 콜터(John B. Coulter)도 주한미임시군사고문단 단장 로버츠(William L. Roberts) 준장에게 가능한 빨리 여수와 순천을 탈환하도록 압력을 가하고, 10월 21일 로버츠는 송호성에게 보낸 명령서(Letter of Instruction)에서 "정치적, 전략적으로 여수와 순천이 중요하기 때문에 가능한 이른 시일 안에 탈환해야 한다"고 압박하였다. 정부는 '투항 아니면 총살', 그리고 신속한 진압방침을 정한 채 막대한 병력을 동원하여 압박 섬멸하는 작전을 전개하였다.[20] 이후 여순사건의 전개 과정에서 군경의 진압작전은 두 단계로 전개되었다. 첫 번째 단계는 여수·순천 지역에 병력을 집중시켜 진압하는 단계이다. 정부는 여수-순천을 축으로 포위섬멸전을 전개하였다. 군은 10월 20일 전투사령부를[21] 설치한 뒤 진압작전을 시작하였다.

10월 21일 진압부대는 육군 5개 연대-전주의 3연대의 2개 대대, 광주의 4연대 3개 대대, 대구의 6연대 1개 대대, 군산의 12연대 3개 대대, 마산의 15연대 1개 대대-와 비행대(육군 대위 김정렬/L형 연락기 10대), 그리고 수색대대(육군 대위 강필원/장갑차 부대)로 편성되었다. 하지만 제2여단장 원용덕 대령이 지휘권 문제로 상부의 명령 없이 제2연대를 이동시켰다. 또 반군의 대응이 예상외로 강력하자 10월 22일 제5연대 1개 대대가 추가 배치되었다. 이외에도 해군의 함정이 여수의 해안가로 접근하고 육군 항공대의 비행기가 전남지역으로 출동하였다. 다음

---

20 『서울신문』 1948. 10. 23.
21 시기와 보도에 따라 다양한 이름으로 보도되었다. 전남전투사령부(호남신문), 호남지구전투사령부, 여순지구전투사령부(호남신문), 그 외 각 부대나 지역에 따라 전투사령부가 붙여지기도 했다.

의 〈표〉는 진압군의 편성과 지휘체계를 나타낸 것이다.

진압군 편성·지휘체계[22]

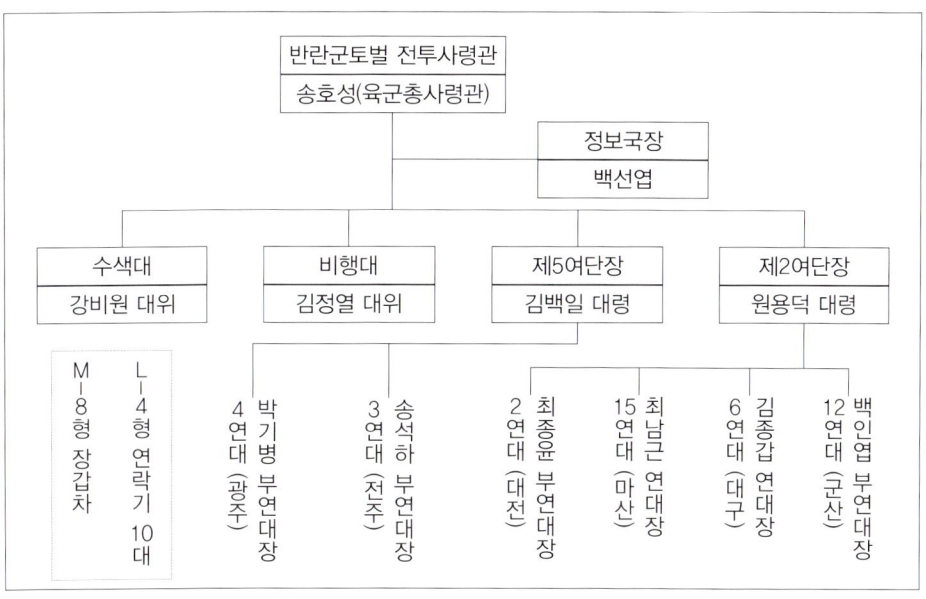

여순사건이 발발할 당시 육군은 총 15개 연대가 편성되어 있었다. 이중 38선을 경비하던 부대—제1연대와 제8연대 및 10연대—와 제주도 주둔 부대—제9연대와 제11연대— 및 제14연대를 제외하면, 총 10개 연대가 남는다. 10개의 연대 중에서 7개 연대가 여순사건의 진압부대로 출동하였다. 제2여단장 원용덕의 억지로 투입된 제2연대를 제외하면 대전 이남의 모든 부대가 진압작전에 투입되었다. 여수-남원을 축으로 주변의 모든 부대를 이동시켜 신속히 반란을 진압하겠다는 계획이 반영된 부대 배치 및 이동이었다. 그리하여 각 부대는 광주로부터 남하하거

---

22 佐佐木春隆, 강창구역, 『한국전비사』, 병학사, 1977, 331~332쪽.

나 지리산을 넘거나 하동에서 광양을 넘어오는 것으로 여순지역으로 입성하였다. 아래의 표는 당시 육군 부대들 중에서 여순사건 진압작전에 투입된 부대를 정리한 것이다.

여순사건 당시 육군의 부대별 주둔지·진압작전 참가 현황

부대	주둔지	참가	부대	주둔지	작전	부대	주둔지	참가
제1연대	경기 양주	불참	제6연대	경북 대구	참가	제11연대	제주도	불참
제2연대	충남 대전	참가	제7연대	충북 청주	불참	제12연대	전북 군산	참가
제3연대	전북 이리	참가	제8연대	강원 춘천	불참	제13연대	충남 온양	불참
제4연대	전남 광주	참가	제9연대	제주도	불참	제14연대	전남 여수	불참
제5연대	경남 부산	참가	제10연대	강원 강릉	불참	제15연대	경남 마산	참가

출전 : 『한국전쟁사1 - 해방과 건군』, 451~470쪽

　　　10월 21일의 작전계획은 진압부대들이 이동해 여수-남원의 도로를 따라 반군을 고립시킨 뒤 진압하는 것이었다.[23] 하지만 처음 구상과는 다르게 진압작전이 전개되었다. 진압작전이 진행되는 과정에서 당시 군이 안고 있는 문제들이 고스란히 드러났기 때문이다. 군은 이전까지 연대 간의 합동 훈련이나 작전을 경험한 적이 없었으므로[24] 지휘계통이 통일되지 않은 채 혼란스러웠다. 또한 각각의 부대별로 통신수단이 제대로 보급되지 않은 때문에 통신과 병참의 문제도 발생하였다. 10월 22일에는 하동에서 여수로 이동하던 제15연대는 광양을 넘어가던 도중에 반군의 매복에 기습당하여 많은 병사들이 죽거나 다치고 연대장과 사병들이 반군에 사로잡혔다. 또 이날 밤 경험이 부족한 보초병의 발포로 인해 진압군끼리

---

23 「로버츠 준장이 전투사령관 송호성 장군에게 : Letter of Instruction」 1948. 10. 21.
24 정부 수립을 앞두고 경남 일원에서는 군사훈련이 실시되었다. 그러나 경상남도를 포괄한 광범위한 지역에서 전개된 훈련임에도 부산에 주둔한 제5연대만의 훈련이었다. 당시 제5연대장은 백선엽 중령이었다.

전투를 벌이기도 했다.[25] 해군 함정을 타고 부산에서 이동하여 여수 상륙을 시도하던 제5연대의 상륙작전은 제14연대 병력의 저항으로 인해 실패하고 많은 사상자를 낸 채 후퇴해야 했다.

병력을 증강하고 전열을 정비한 진압군은 10월 23일 순천 탈환을 시작으로 10월 24일 보성과 벌교에 진입하고, 동시에 하동과 순천으로부터 광양을 향해 진격하였다. 여수를 축으로 육지와 바다에서 포위망을 구축 진압하는 것이다. 10월 24일 수색대대와 장갑차 그리고 제3연대를 앞세우고 토벌사령관 송호성 준장이 직접 지휘하며 여수 진입을 시도하였다. 그러나 잉구부를 진입하던 도중에 반군의 매복에 걸려 토벌사령관 송호성 준장은 고막이 터지는 부상을 당하고 함께 가던 외국인 종군 기자가 사망하는 피해를 입은 뒤 후퇴하였다. 10월 25일 진압군

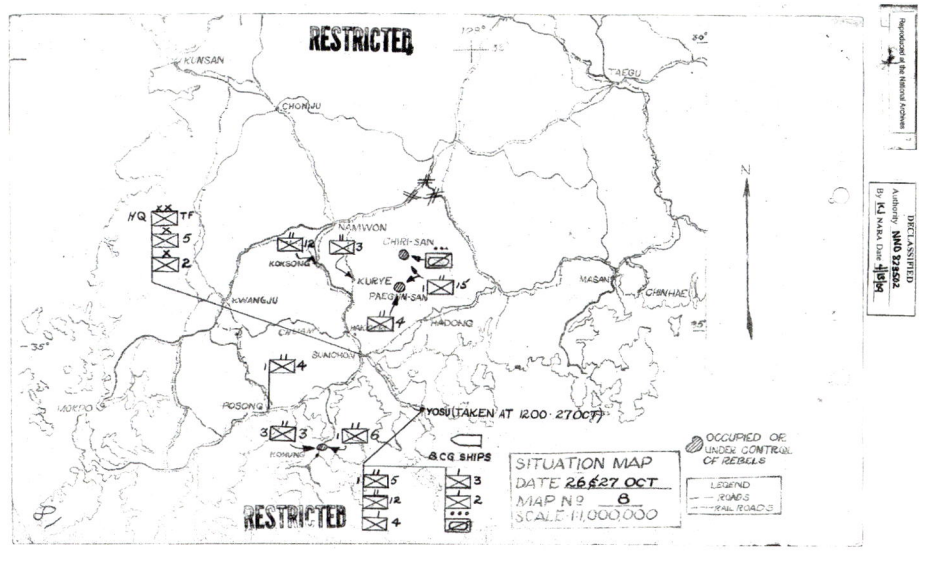

1948년 10월 26일~27일 상황(국사편찬위원회 소장)

---

25 국방부 전사편찬위원회, 앞의 책, 464쪽.

은 장갑차와 박격포의 지원을 앞세우고 다시 여수 진입작전을 전개하였다. 그리하여 10월 26일에 진압군은 여수로 들어갈 수 있었으며, 10월 27일 여수를 완전 점거할 수 있었다.

여순사건 진압부대의 지휘관(연대장급)들은 대부분 일본군과 만주군 출신이다. 그중 현지에서 진압작전을 지휘한 주요 인물들이 만주군 출신들이다. 제5여단장으로서 진압작전을 실제로 총괄한 김백일 중령, 제3연대 부연대장 송석하 소령, 제15연대장 최남근 중령, 육군본부 정보국장으로 토벌사령부의 실무를 맡은 백선엽 중령, 육군본부와 토벌사령부의 연락관계를 담당했던 정일권 대령 등은 모두 만주 봉천군관학교 출신으로, 만주군에서 항일빨치산을 토벌한 경험이 있었다. 이중 만주신경군관학교와 일본육사를 졸업하고 만주군 헌병 대대장을 지낸 정일권을 제외한 나머지 부대장들은 일제가 조선인 항일빨치산을 토벌하려고 1938년 12월에 조선인 출신들로 창설한 대비정규전 부대로서 악명높았던 간도특설대 출신이다. 간도특설대 출신의 장교들은 이 부대에서 많은 토벌전의 실전 경험을 쌓았던 장교들이었던 까닭에 여순사건 진압작전에서 중용되었다.

진압부대의 주요 지휘관들이 과거 만주군 출신이었던 점은 여순사건 당시 저질러졌던 민간인 학살을 이해하는 데 무척 중요한 실마리이다. 이들이 만주군과 일본군에서 배우고 겪었던 경험이 여순사건 진압작전에서 재현될 소지가 많았으며, 실제 진압작전과 부역자 색출 과정에서도 그렇게 진행되었다. 여순사건 진압 이후 이른바 '부역자'를 대상으로 즉결심판이 자행되었다. 일제는 항일빨치산을 토벌하기 위한 목적의 법으로서 '잠정징치도비법(暫定懲治盜匪法)'을 공포하였다. 이 법의 제7조와 제8조는 군대 사령관이나 고급 경찰관이 토벌시 사태가 급박할 때는 자신들의 재량에 의해 '임진격살(臨陣格殺)'할 수 있다. 이 법은 토벌 부대장이 소위 비적(匪賊)을 토벌하였을 때 부대장의 재량에 따라 전장에서 사형시킬 수 있음을 공공연하게 인정하고 있었다. 여순사건 직후 발생한 민간인 학살 중 상당수는 법에 의거하지 않고 현지 지휘관의 자의적 판단에 의해 저질러졌다. 즉 현지의 지휘관 중에는 민간인들을 연행하여 군법회의와 같은 법적 절차 없이, 아니면 하루에 수백 명 재판하는 형식적인 군법회의를 거쳐 자신의 권한 아래 주민들의 생사를 결정하였다. 과거 만주에서의 즉결심판이 여순사건 이후 대한민국에서 재현된 것이다.

군 작전이 전환될 무렵 빨치산 토벌을 전개하는 군 조직이 변화하였다. 먼저 11월 1일 원용덕 대령은 호남방면 사령관 명의로 계엄지구에 자신의 지휘권을 행사하고 있음을 포고하였다. 이 포고문에서 원용덕은 자신의 권한이 '사법, 행정을 자신이 감독 관할(督轄)'한다며 "관경민"에게 '관공리의 직무 충실, 통행금지 시간, 국기를 제대로 게양, 군사행동 방해금지, 폭도나 무기 등을 은닉하거나 허위 보고 금지'등을 제시하며 이를 어길 때는 "군율에 의하여 총살에 즉결"한다고[26] 경고하였다. 이 포고문은 계엄령이 선포되면 군의 권한이 어디까지 미칠 수 있는가를 잘 보여주는 것이다.

11월 3일에 이전까지 토벌작전을 총괄하던 호남지구전투사령부가[27] 남북지구로 나뉘어졌다. 북지구 사령관에는 제5여단장 김백일 중령이, 남지구 사령관에는 제2여단장 원용덕 대령이 임명되었다.[28] 북지구 전투사령부는 구례에 설치되어 지리산 작전을 전개하고, 남지구 사령부는 광주에 설치되어 순천, 여수 등의 원상회복을 주요 작전의 목표로 삼았다.[29] 비록 호남지구전투사령부가 남북지구로 분리

---

26 『동광신문』 1948. 11. 5.
27 여순사건 이후 토벌사령부는 다양하게 불려서 특정하기가 쉽지 않다. 그러나 언론에 보도된 바에 따르면 호남지구전투사령부가 그나마 확실한 명칭인 듯싶다.
28 『조선일보』 1948. 11. 6.
29 『호남신문』 1948. 11. 5.

되었으나, 계급으로 볼 때 남지구 사령관인 원용덕 대령에게 지휘권이 있었다. 그렇지만, 실질적인 군의 빨치산 토벌작전은 경험 많은 북지구 사령관인 김백일 중령이 지휘하고 있었다. 이미 여순사건 발발 직후부터 김백일은 과거 만주군 시절의 경험이 높이 평가되어 제5여단장에 발탁되었다.

군의 작전과 조직이 변화하며 빨치산에 대한 토벌작전이 진행된다고 해서 빨치산 활동이 잠잠해진 것은 아니었다. 많은 전과를 발표하며 빨치산이 곧 토벌될 것이라는 군의 장담과는 달리 빨치산 활동은 군의 추격과 토벌을 비웃고 있었다. 어느새 지리산 자락에 자리한 구례를 비롯한 전북 남원, 경남 거창과 함양, 백운산 부근의 전남 광양, 하동, 산청 등지는 전쟁터로 변해가고 있었다. 지리산과 백운산에 맞닿은 지역만이 아니었다. 산악으로 연결된 전남 곡성과 보성, 전북 순창 등지에서도 제14연대와 제4연대 반군 출신의 빨치산이 출몰하였다.[30] 지리산 지역의 빨치산 토벌작전은 주로 제3연대와 제12연대가 전개하고 있었다.[31] 그런데, 토벌작전을 전개하는 군은 여러모로 불리하였다. 무엇보다 빨치산의 주력이 지리산과 백운산 등지에서 나고 자란 지역 출신들이었으며, 토벌작전을 전개한 군인들은 지리산과 백운산 지역이 처음인 외지 출신들이었다. 즉 여순사건이 향토연대의 특성이 반영되어 순식간에 전남 동부지역으로 확산되었고, 향토연대의 특성은 빨치산의 활동과 군의 토벌작전에도 일정하게 반영되었다. 빨치산이 주로 지역 출신인 까닭에 군은 토벌작전 초기에는 쉽게 추격전을 전개하기가 어려웠으나 점차 극복되어갔다.

군의 계속된 토벌작전과 함께 지역 출신의 군인들이 토벌부대로 동원하였다.

---

[30] 이외에도 지리산과 백운산 이외의 장성, 화순, 영광, 함평, 나주, 고창, 정읍 등지까지 빨치산 활동이 확산되었다.
[31] Hq. XXIV Coprs, G-3 operations report No. 57, 1948. 11. 13.

1948년 12월 27일 기자회견에서 제5여단장 김백일 대령은 "20연대는 구 제4연대인데, 지난번 돌발 시 제4연대원 중 반란에 가담한 자가 있는 사실 등이 있어 그 오점을 씻고 면목을 일신하기 위하여 가장 맹활약을 하고 있다. 본래 전라남도는 남로당 세력이 가장 강한 곳이라고 보는데, 그 대신에 본도 출신의 성격도 찬양한 점이 많다. … 제20연대 병사는 대부분이 본도(전남. 인용자) 출신이며 그들은 다른 어느 곳의 병사들보다 용감하…"다며[32] 전남 출신 군인들의 사기를 독려하였다.

하지만 군의 강력한 토벌에도 불구하고 빨치산의 활동은 계속되었다. 군의 토벌작전은 빨치산 토벌과 민간인 학살이 혼재되었다. 구례 지역과 같은 지역에서는 백인기 연대장이 죽은 뒤에 '보복학살'이 저질러졌으나 이것은 빨치산 토벌작

백인기 추모비(전남 구례 산동면 시랑마을 소재) ⓒ여수지역사회연구소

---

[32] 『대동신문』 1948. 12. 31.

화엄사에서 바라본 노고단

전의 전과로 보고되었다. 계속된 토벌작전에도 불구하고 빨치산 활동을 멈춰지지 않자 군경의 토벌작전은 점차 강력해졌다. 1949년 1월 1일 제5여단장 김백일 대령은 여단장 관사에서 기자회견을 열고 "두 달에 걸친 진압 토벌 등으로 반도는 약 7할 소탕되었는데 나머지는 문제시가 아니 되고 산으로 산으로 피해 다니며 연명하고 있는 현상인데 전과를 자각하고 자수하여 귀순하는 반도는 무장을 해제시키고 그 자리에서 돌려보내 적극 선무책을 쓰겠으나 끝까지 반항하는 자는 추호의 용서가 없을 것이다."고[33] 발표하였다. 이어 1월 8일 귀순증을 부기(附記)한 제5여단장 김백일, 전남도지사 이남규, 제8관구경찰청장 김병완 공동 명의로 귀순을 권유하는 포고문을 발표했으며, 같은 날 제5여단 정보처 참모는 '자수하면 용서하고 처벌하지 않겠다.'는 요지의 담화문을 발표하고, 또한 1월 7일에 호남지구

33 『호남신문』 1949. 1. 4.

| 제1부 | 여순사건에 대한 이해

헌병사령관은 "작전상 부득이한 경우를 제외하고 작전지구가 아"니면 즉결처분하지 않겠다고 공표하였다.[34]

군경의 계속되는 추격과 강력한 토벌작전으로 인해 산악지대에 근거하던 빨치산은 커다란 어려움에 직면하였다. 무엇보다도 식량 보급 등이 심각한 문제였다. 빨치산 토벌작전을 시작할 무렵부터 군은 양도차단(糧道遮斷)을 실행하고 있었다. 11월 5일 기자회견에서 호남방면 사령관 원용덕 대령은 "만약 반도를 은익하거나 또는 식량을 공급하거나 하여 반도에게 가담하는 사실이 발견될 때에는 반역자로 규정하여 극형에 처"하겠다고 경고하였다.[35] 그리고 이 같은 경고는 말이 아니라 각 마을에서 실행되고 있었다. 이 때문에 빨치산 중에서 이탈하거나[36] 보급을 이유로 산 주변의 마을을 습격하여 쌀과 감자 등을 빼앗아 가는 일이 잦아졌다.[37]

여순사건 직후부터 군은 계엄령을 선포하고 민간 사회를 통제하였으며, 여순사건의 진압작전이 일단락된 이후에도 계엄령을 유지하였다. 군은 토벌작전을 목적으로 통행금지 구역 및 통행금지시간을 선포한 뒤 헌법에 보장된 주민들의 거주 이전을 통제하였다. 주민들은 군이 통제하는 구역과 시간에 따라 생활하며, 군이 발급한 각종 신분 증명원(양민증, 도민증, 암구호, 여행증명제)을 통해 자신들의 신분을 증명해야 했다. 1949년 1월 1일 『동광신문』에서는 신년 기획 기사로 각계각층 인사들을 대상으로 인터뷰가 실렸다. 그중 한 가지 질문으로 "당신 소원

---

34 『호남신문』 1949. 1. 9.
35 『호남신문』 1948. 11. 6.
36 1948년 12월 27일 곡성에서 이탈한 빨치산 포로는 군에게 김지회가 이끄는 빨치산이 "7개 중대를 편성하였는데 그 일부는 이미 지리산을 하산하여 보성 방면으로 이동하고 있다. 그리고 국군과는 싸우지 말라는 상부의 지시가 있었으며, 국군 12연대만은 반도에게 많은 희생을 주었음으로 싸우라는 해괴한 지시가 있었다"고 진술하였다. 『동아일보』 1949. 1. 4.
37 XXIV Coprs. G-2 Periodic Reports No. 1006. 1948. 12. 6.; XXIV Coprs. G-2 Periodic Reports No. 1008. 1948. 12. 9.; XXIV Coprs. G-2 Periodic Reports No. 1014. 1948. 12. 16.

시민과 함께 읽는 여순사건

은?"을 묻자 행상인 장명식은 "소원을 말하면 당신들이 성취시켜 주겠어요? 다른 것은 그만두고 여행증명제나 없어 젓으면 쓰겟소."라며[38] 냉소 섞인 답변을 내놓았다. 결국 호남지구 헌병사령부는 1949년 1월 18일부터 여행증명서를 폐지한다며 증명서를 1월 25일까지 발급받은 곳에 반납하도록 발표하였다.[39]

또 군의 작전에 필요한 경우 주민들의 집과 마을이 소개되었다. 1949년 1월 23일 전남 곡성군 시국대책위원회 대표가 상경해 구호를 요청하며 "곡성군내의 가옥의 피해는 전소가 100호고, 반도의 온상지라고 해서 소개한 것이 600소나 된다."로 말하는 것으로 보아 일찍부터 마을 소개가 시행되고 주민들의 고통은 심각하였다.[40] 또 산간 마을의 주민들은 토벌작전을 전개하는 군의 접대를 위해 각종 잡세를 부담하고, 경찰은 이를 뒷받침 하려고 본래의 임무와는 상관없는 행위, 더 나아가 비리를 저지르기도 했다. 마을 소개와 함께 선무공작대, 신고망의 구축, 압도적인 물리력 등을 동원한 토벌작전이 계속되었다. 이 때문에 빨치산이 출몰하고 군의 토벌이 계속되

구례 간전국민학교(현 간전초등학교)
여순사건 직후 제12연대 하사관교육대 자리로
김지회 부대의 습격을 받기도 했다.

---

38 『동광신문』 1949. 1. 1.
39 『서울신문』 1949. 1. 19.
40 『서울신문』 1949. 1. 29.

는 지역의 주민들은 생사의 갈림길에서 생존을 모색해야 했다.

군의 계속된 토벌작전에 따른 일정한 성과가 발생하자 내무부는 만주에서와 비슷한 방식으로 지리산 부근에 흩어져 있는 부락을 몇 개의 지점으로 몰아 집단부락을 세우는 것을 구상하였다. 이 집단부락은 50호에서 100호로 주위에 담을 쌓아 경비하는 방식으로 운영될 예정이었다.[41] 이미 제주도에서는 1948년 5월부터 집단부락이 설치 운영되고 있었다. 당시 지리산을 비롯한 산 인근에 세워질 집단부락의 축조는 다음의 단계를 거칠 것으로 추정된다. 먼저 군경이 들어가 마을을 소개한 뒤에 강력한 토벌작전을 전개하고, 그 뒤 소개된 마을들을 묶어 집단부락을 축조하는 방식이다. 그런데, 이 같은 군의 빨치산 토벌작전은 마치 1930년대 만주에서 행해졌던 만주의 치안숙정공작을[42] 연상시킬 만큼 비슷하였다.

여순사건 직후부터 군의 토벌작전을 현지에서 지휘했던 김백일, 1949년 상반기 일시적으로 지리산지구전투사령부 사령관이었던 정일권 등은 모두 만주군 출신이었다. 김백일은 악명 높은 간도특설대 출신의 만주군 장교였고, 정일권도 치안유지가 주요 임무인 만주군 헌병 장교 출신이었다. 이들이 지리산과 백운산 등지에서 토벌작전을 지휘했다는 점은 일제가 만주에서 항일빨치산을 토벌하던 방식이 그대로 재현될 가능성이 높아졌음을 의미한다. 뒤에 국방부에서 발간한 책에는 이 시기 김백일의 활동을 다음과 같이 기술하였다.

> 지방 조직망을 구성하고 자위대를 부락 단위로 편성하여 자위력을 양성하였으며, 그 자위대는 경찰관 지휘하에 무장하였다. ~ 심산유곡에 거주하는 촌민은 철수시키고 출입금지구역을 만들어 양민과 폭도들의 선을 차단하고, 먹을 수

---

41 『서울신문』 1949. 8. 8.
42 만주국의 치안숙정공작은 다음을 참고. 윤휘탁, 『일제하 '만주국' 연구 : 항일무장투쟁과 치안숙정공작』, 일조각, 1996.

> 있는 일절의 식량을 금지구역 밖으로 반출하였다. 이것과 병행하여 한편으로 열렬한 귀순공작을 전개하고 다수의 투항문을 살포하였다. 그 당시의 귀순공작이 얼마나 열렬하였던가를 일례를 들어본다면 지리산에 뿌리를 밟고 있는 나무와 바우들 위에는 귀순하라는 권고문과 투항 권고문이 안 붙은 곳이 없었다 한다. 이렇게 귀순 투항공작을 열렬히 전개한 결과 적 인원 중의 약 4할이 귀순 내지 투항자를 획득하였다.[43]

3. 끊이지 않는 학살

1948년 10월 27일 여수의 진입작전을 끝으로 여순사건은 새로운 단계로 접어들었다. 군경의 작전은 지리산과 백운산에 들어간 빨치산을 진압하는 대비정규전과 여수와 순천을 비롯한 각지에서 부역자 처벌이 동시에 진행되었다. 특히 부역자 처벌은 정식 재판 절차 없이 즉결심판의 형태로 이루어졌다. 지역 주민들은 증거 없이 반란지역에 거주한다는 이유만으로 광범위한 지역에서 민간인 학살이 저질러졌다.[44]

정부는 처음부터 이 사건을 정치적으로 활용할 계획이었다. 이승만 대통령과 이범석 국무총리는 '좌우의 합작'에 의한 음모로 몰아가며 김구를 제거하려 했으나 김구의 강력한 반발로 실패하자 남로당의 음모로 몰아갔다. 한 연구의 지적처럼 '빨갱이'가 탄생한 것이다.[45]

여수, 순천 등지에 진입한 군경은 가장 먼저 반군과 이에 가담한 협력자를 색

---

43 국방부, 『자유민에게 전해다오』, 선광인쇄주식회사, 1955, 64~65쪽에서 재인용.
44 여순사건 이후 민간인 학살은 다음을 참고했음. 진실화해위원회, 『구례지역 여순사건 진실규명결정서』, 2008; 『순천지역 여순사건 진실규명결정서』, 2009; 『여수지역 여순사건 진실규명결정서』, 2010; 보성·고흥지역 여순사건 진실규명결정서』, 2009; 여수지역사회연구소, 『다시 쓰는 여순사건 보고서』, 한국국학술정보, 2012.
45 김득중, 『빨갱이의 탄생』, 선인, 2009.

출하는 작업을 시작하였다. 진압군은 시민들을 학교와 같은 넓은 공공장소에 주민들을 소집하여 외모(머리가 짧은 자, 군용 팬티를 입은 자, 손바닥에 총을 든 흔적이 있는 자 등)를 기준으로 반군과 협력자를 색출하였다. 그리고 경찰, 우익인사, 청년단원 등 여순사건 직후 반군이 점령한 가운데 가장 많은 피해를 입은 집단이 주민들 중 반군과 협력자라고 지목하여 색출하는 작업이 이어졌다. 그러나 학교 운동장에 모인 수많은 주민들 중에서 실제로 반군에 협조한 이들을 적확하게 골라낼 수 있는 사람은 불가능에 가까운 일이었다. 살아남은 경찰, 우익인사 등은 사건 당시에는 숨어 있었거나, 탈출하였거나, 구사일생으로 목숨을 부지한 경우가 많았기 때문에 반군 협조자를 일일이 구별해낼 수 있는 증거를 갖고 있지 못하였다. 그리고 누가 '가담자'인지를 판단할 수 있는 객관적 기준도 없었다. 또 반군 협조자를 색출하는 과정에서 '손가락 총'이라는 말이 유행하였다. 진압군은 혐의가 뚜렷한 이들을 강압하여 학교 운동장에 모여 있는 사람들 중 동조자를 손으로 가리키게 했는데 그것이 이른바 '손가락 총'이었다. '손가락 총'은 실제 총과 같은 위력을 갖고 사람들을 학살하는 근거로 작용하였다.

'반군 가담자 심사'는 주로 외모, 고발, 개인적 감정에 의한 모략, 강요된 자백에 근거를 두었고, '호박잎 하나라도 반군에게 준 사람'은 모두 혐의자로 몰린다는 말이 공공연하게 나돌 정도로 죄없는 사람들이 처벌받는 경우가 많았다. 심지어 진압군에게 반군이나 좌익에 대한 정보를 제공하러 온 사람들조차 취조당하고 구타당하거나 사살되기도 하였다. 곡성에서는 반군의 강압을 받고 길을 안내해 준 주민이 지서에 길 안내 사실을 신고하러 간 뒤 경찰에게 희생된 사건이 발생하였.

객관적 기준도 없이 심증만으로 이루어진 부역자 심사에 의해 반군의 즉결처분에 가담하거나, 반군 점령 기간 이루어졌던 인민재판 때 처형에 앞장섰다고 적발된 자는 즉석에서 곤봉·개머리판·체인 등으로 타살되거나 총살당하거나 군경에 이첩되어 어디론가 끌려가 집단 학살되었다. 그리고 부역자 색출과정에서 즉결처분을 받지 않은 사람들은 석방되거나 군사재판에 넘겨졌다. 국방부가 발간한 『한국전쟁사』에서도 "혼란과 무질서 속에서 군경부대에 의하여 양민들이 무고하게 희생당하기도 했다"라고 기록될 정도로 당시 상황은 참혹하였다.

한편 정부는 사건이 발생한 직후부터 전남북에 계엄령을 선포하였다. 그로부터 시작된 민간인 학살은 그 수를 정확하게 헤아리기 힘들 정도이다. 여수여자중학교 송욱 교장, 순천지방검찰청 박찬길 검사 등도 증거나 재판 없이 처형될 정도였다. 순천지검 박찬길 검사의 죽음은 1년 뒤에 광주지방검찰청 차장 기세훈 검사가 그 억울한 죽음을 밝혀냈다. 그는 1년 여 뒤인 1949년 9월 "작년 10월 20일 여순반란사건이 발생한 후 군경 진압부대가 순천읍을 진압하고 반란사건 관계자를 대량 검거 처벌하였는데 그 중 10월 24일 오전 11시 순천 北국민학교 교정에서 당시 광주지방검찰청 순천지청 박찬길(당시 38) 씨를 인민재판장을 하였다는 이유로 총살을 집행하는 동시에 광주지방법원 순천지원 서기 방기환(30) 씨도 총살하였다. 그런데 이는 그 후 조사한 결과 하등 근거 없는 조치였으므로 검찰총장의 지휘아래 당 광주지방검찰청에서는 당시의 총살 관계자인 당시 순천서 사찰주임 배모 및 당시 순천서 사찰계원 박모를 구금 취조하고 있으며 대구 고등검찰청에서는 당시의 경찰 전투사령관인 최모를 취조 중에 있다. 더욱이 총살집행에 있어서 계엄사령관 군부에게는 하등 연락도 없었으며 당시 제5여단장 김백일 대령이 만류하였음에도 불구하고 집행하였던 것이다. 본 사건에 대한 증인은 35명에 달하고 있다. 그리고 본관이 직접 순천·서울 등지의 증인심문에 출장할 것이다."며 그 진상을 밝혔다.[46] 지역사회의 유지급 인사들마저 즉결 처분되었으니 주민들

---

[46] 『호남신문』 1949. 9. 20.

은 그 억울함을 호소할 수 없이 학살되었다.

여순사건 이후 군대와 경찰은 '못할 것이 없을' 정도로 강력해졌다. 특히 계엄령 선포지역에서 군은 모든 권한을 독점하였다. 경찰은 군의 보조기구로서, 군이 진압작전을 나설 때는 길잡이 역할에 한정되었다. 물론 경찰이 민간인 학살을 저지르거나 주민들을 연행하는 역할을 수행하였다. 그러나 계엄령 아래에서 군의 권한과 명령은 법보다 먼저였다. 또 치안유지와 부역자 처벌을 명분 삼아 군이 국민들의 생사를 쥐었고, 주민들의 일상을 감시하고 통제하였다. 계엄령 선포지역에서 군은 입법부이자 사법부이며 행정부인, 그야말로 '못할 것이 없는' 절대 권력이었다.

많은 사람들이 지적하듯이 여순사건 발발 직후 발포된 계엄령은 불법 조치이다. 1949년 11월 24일 국회를 통과하였으므로 공포 자체부터 불법이고, 이 때문에 법무부장관도 국회에서 계엄령 선포가 '임시적인 조치'라고 답변하였다. 하지만 법무부장관의 답변과 달리 계엄령 선포지역에서 군대는 전권을 행사하였다. 계엄사령관에게는 고등군법회의 설치권이 있었으며 해당 지역에서 경찰뿐 아니라 모든 행정기구를 통제하였다. 통금시간과 신분증명서, 그리고 여행증명서 및 유숙계 등을 통해 헌법에 보장된 주민들의 삶과 거주·이전의 자유를 군이 통제하였다. 주민들은 군이 마을을 소개(疏開)함으로써 생존마저 위협받았다.

여순사건 이후로는 고등군법회의가 빈번하게 설치되는데, 군인들뿐 아니라 민간인들의 재판도 담당하였다. 여순사건 직후 여수와 순천 그리고 광주에 설치된 고등군법회의에서는 민간인 재판을 담당하였다. 또 서울에서도 '치안과 관계되는 사건'이라는 지극히 자의적인 판단에 따라 민간인들이 군법회의에 회부되었다. 민간인들이 군법회의에 회부됨으로써 많은 문제가 발생하자 김장렬 의원 등 63명의 국회의원이 군법재판으로 수형된 사람들에 대한 재심의를 촉구하는 긴급동의안을 제출하기도 했다.

　1948년 10월 27일 여수 시내에 진압군이 진주하였는데, 여수에 진압한 육군 부대는 수색대(강필원), 제3연대(송석하), 제4연대(박기병), 제2연대(함병선), 제12연대(백인엽), 제5연대 제1대대(김종원)였다. 해군도 돌산도를 중심으로 상륙전에 돌입하였다. 그러나 이미 그 이전 진압군이 진압작전을 전개할 때부터 집단학살이 발생하고 있었다. 10월 25일과 27일 새벽에 여수로 진입하던 제3연대 2대대가 종고산 부근 마을에서 많은 주민들을 학살하였다.[47]

　10월 27일 이후 나머지 부대는 지리산과 백운산 등지에서 활동하던 빨치산을 토벌하는 추격전에 나섰고, 여수에는 제3연대와 제5연대 병력이 주둔하며 부역자 처벌을 주도하였다. 10월 27일 전투사령부에서는 여수를 "완전 함락"시켰다며 "약 4만 명의 시민을 서국민학교 교정에 집합시켜 양민과 반군을 구별"하고 있다고 발표하였다.[48] 여수군청에는 여수지구사령부, 종산국민학교에는 군기대(헌병대, 인용자) 사령부, 여수여중에는 제5연대 전투사령부와 경찰사령부로 각각 주둔하고, 여수지구 계엄사령관으로 제3연대 부연대장 송석하 소령이 임명되었다.[49] 현지를 방문한 국회 조사단은 순천에서 중학생들을 포함 76명에 총살형이 집행되고 여수에서는 12명에게 사형이 내려졌다고 소식을 전하였다.[50] 그리하여 군은 1949년 1월 22일까지 광주, 순천, 여수에서 열린 총 9차례 열린 군법회의에서 총 3,715명에 실형을 선고하고 1,031명을 석방한 것으로 발표하였다.[51] 그러나 이 통계는 1949년 1월 22일까지 열린 군법회의의 통계이므로, 형식적이나마 재판

---

47 진실화해를위한과거사정리위원회 보고서 참고.
48 『서울신문』 1948. 10. 31.
49 『독립신문』 1948. 11. 9.
50 『자유신문』 1948. 11. 2.
51 『자유신문』 1949. 2. 7.

여수 종산국민학교(현 여수중앙국민학교) 전경 ⓒ여수지역사회연구소

(군법회의)에 회부되지 않고 즉결 심판된 주민들은 포함되지 않는 수치이다.

1948년 10월 말~1949년 8월 진행된 군의 진압작전과 부역자 색출과정에서 여수 도심권, 남면, 화양면 등지에서 많은 주민이 진압 군경에 의해 희생되었다. 국군 제5연대와 경찰토벌대는 진압 초기 여수 서국민학교, 만성리, 덕충동, 오림동, 문수동 등지에서 부역 혐의로 민간인들을 처벌하였다. 여수시 남면에서는 10월 말~11월 김종원이 지휘하는 국군 제5연대 소속 군인들이 안도국민학교, 안도 선착장 등지에서 남면 주민들을 집단학살하였다. 특히 악명 높은 '백두산 호랑이' 김종원(제5연대 1대대장. 여수지역 계엄사령관)의 악행이 시작되었다. 만주군 출신은 아니지만 일본군 지원병 출신의 김종원 대위는 그중에서도 악명 높았다. 그는 사람들을 연행하여 고문한 뒤에 무차별 학살하였다. 아직 군법회의도 열리기 전부터 주민들을 연행하여 학살한 것이다. 그는 주민들을 분류해 재판도 없이 즉결처분하고,

일본도를 휘두르고 시신을 불태우기까지 했다. 이 때문에 주민들은 그곳에 살고 있었다는 이유만으로 삶과 죽음의 경계에 서거나 죽임을 당해야 했다.

1948년 10월 25일 진압군의 진입 때부터 시작된 집단학살은 부역자 처벌을 거쳐 1950년 6·25전쟁이 발발한 이후 발생한 국민보도연맹원 학살에 이르기까지 멈춰지지 않았다. 가해자들은 주로 여수지역에 파견된 군대와 경찰, 그리고 여수 경찰에 이르기까지 광범하였다. 집단학살 추정지는 최소 10인 이상의 주민들이 희생된 지역이 20여 곳이 넘을 정도로 많았으며, 그 위치는 여수 시내에서부터 바닷가에 이르기까지 넓은 지역에 퍼져 있었다.

순천지역은 일상에서 교통의 요지일 뿐 아니라 여순사건이 발발한 이후 북상하려던 제14연대 병력과 이를 봉쇄하려는 진압군이 충돌한 군사상의 요충지였다. 순천 외곽의 학구 전투에서부터 시작된 본격적인 진압작전은 10월 23일 오전 11시경 군이 순천을 진입하고 오후에 시가지 소탕전을 완료함으로써 일단락되었다. 이후 군경은 지리산, 백운산 등지로 들어간 빨치산 토벌작전을 계속하는 한편, 순천 주민들을 순천북국민학교에 모아 '가담자 심사'를 시작하였다. 누가 '가담자'인지를 판단할 수 있는 객관적 기준은 마련되지 않은 채 경찰, 우익 요원, 청년단원 등이 색출 및 적발심사를 담당하였다. 순천지역에는 제12연대(2, 3대대), 제3연대 1대대, 제2연대 1대대, 제4연대 2대대, 기갑부대, 전투사령부 등이 주둔하였고 이외에도 경찰부대가 진주한 가운데 부역자 색출작업이 시작되었다.

진압군은 1948년 10월 말 순천 진압 직후 순천북초등학교, 순천농림중학교(현 순천대학교 교정), 순천시 죽도봉 골짜기 등지에서 제14연대 봉기에 협조했다는 혐의로 순천 주민들을 집단학살하였다. 순천에서의 집단학살은 1949년에도 계속되었다. 순천은 빨치산 토벌부대의 주요 주둔지(사령부)로서 각 연대가 주둔하며 빨치산 토벌작전을 펼쳤다. 국군 제15연대와 제20(구 제4연대)연대는 순천

| 제1부 | 여순사건에 대한 이해

순천 북초등학교ⓒ여수지역사회연구소

지구의 주력부대로 순천남국민학교, 주암면, 황전면, 월등면 등지에 주둔하며 빨치산 동조 민간인들을 연행 및 구금하고 사살하였다. 순천경찰서 경찰들도 주민들 중 협력자를 색출 연행해 조사하고 즉결처형하거나 군법회의에 회부하였다. 6·25전쟁 발발 전까지 국군 제15연대 등 병력이 순천에 주둔하면서 토벌 작전을 전개하였고, 토벌과정에서 빨치산에 협조했다거나 좌익 가족이란 이유로 주민들을 집단학살하였다. 특히 순천시 서면은 광양 백운산과 구례 지리산으로 이어지는 길목에 위치한 때문에 1949년 3월~12월 서면 구랑실재, 서면 판교리 노은고지, 서면 용계산 안 골짜기 등지에서 서면 주민들이 토벌 군경에게 집단으로 희생되는 사건이 계속되었다.[52]

1948년 10월 23일 진압군의 진입 때부터 시작된 순천지역에서의 집단학살은

---

52 진실화해를위한과거사정리위원회, 종합보고서, 83쪽.

순천 서면 구랑실재와 낙안 신전마을 ⓒ여수지역사회연구소

부역자 처벌을 거쳐 이후 빨치산 토벌작전 과정, 그리고 1950년 6·25전쟁이 발발한 이후 발생한 국민보도연맹원 학살에 이르기까지 멈춰지지 않았다. 가해자들은 주로 순천지역에 파견된 군대와 경찰, 그리고 순천 경찰에 이르기까지 광범위하였다. 집단학살 추정지는 최소 10인 이상의 주민들이 희생된 지역이 30여 곳에 이를 정도로 많았으며, 그 위치는 순천 시내 중심부에서부터 순천 외곽 지역, 승주군(현 순천시에 편입)에 이르기까지 광범위하게 분포하였다.

구례 지역은 지리산이 배후에 위치한 지리적 특성과 봉기군의 입산 통로 및 빨치산 활동 지역인 까닭에 군경의 토벌작전이 계속 전개되었다. 그로 인해 구례 지역은 다른 지역과는 달리 여순사건의 진압작전이 일단락되는 1948년 10월 27일 이후에도 빨치산 토벌작전의 과정에서 많은 집단학살이 발생하였다. 오히려 빨치산 토벌은 또 다른 학살의 시작을 의미하였다. 구례 지역에는 제3연대(1, 2대대)

| 제1부 | 여순사건에 대한 이해

전남 구례군 산동면 전경 ⓒ여수지역사회연구소

와 제12연대(1, 2, 3대대)가 산동면과 구례읍내에 주둔하며 토벌작전과 부역자 처벌을 동시에 수행하였다. 또 구례 경찰도 사찰계가 중심이 되어 봉기군에 협력한 죄를 물어 봉기군에 협조한 죄를 물어 주민들을 집단학살한 사례도 있다. 이 과정에서 구례지역 대한청년단원들이 동원되어, 군경의 민간인 학살을 보조하였다.

특히 1948년 11월 14일 산동면에서 국군 제12연대 백인기 연대장이 빨치산의 기습으로 사망한 사건과 11월 19일 빨치산이 대규모로 구례읍을 공격한 사건들이 발발한 직후에 전개된 토벌과정에서 민간인이 군경에게 희생되는 사건이 집중적으로 발생하였다. 국군 제3연대는 1948년 11월~1949년 7월 산동면 원촌국민학교와 누에고치 창고에서 산동면 주민들을 조사한 뒤 산동 꽃쟁이재, 산동 이평마을 횟골모퉁이 인근에서 집단학살하였다. 또 국군 제12연대 등 군경은 1948년 11월 말 간전면 간문국민학교 인근 간문천변, 구례읍 봉성산, 섬진강 양정지구, 구례읍 서시천변 등지에서 빨치산에 협조한 혐의로 구례 주민들을 집단학살하였다.

지리산 자락에 자리한 구례 지역은 빨치산의 활동과 군경의 토벌작전이 교차하는 지역이었던 때문에 많은 주민들은 군경에 의해 생계를 통제받았을 뿐만 아니라 양측으로부터 생존을 위협받는 상황에 놓여 있었다. 또 여순사건 이후 지리산 자락에 있던 구례 지역은 마을 소개와 같은 일이 빈번하게 발생하였다. 여순사건의 진압 직후부터 시작된 구례 지역에서의 집단학살은 부역자 처벌을 거쳐 이후 빨치산 토벌작전 과정, 그리고 1950년 6·25전쟁이 발발한 이후 발생한 국민보도연맹원 학살에 이르기까지 멈춰지지 않았다. 특히 기존에 알려진 바와는 다르게 1950년 7월 14일 구례 지역 국민보도연맹원들은 담양군 대덕면으로 이송되어 집단학살되기도 했다.

1948년 10월 19일 여순사건이 발생한 이래 광양 지역은 일시 제14연대 병력이 장악하였다. 또 10월 21일 하동에서 광양으로 진입하던 제15연대가 제14연대 병력의 공격을 받아 연대장 최남근 중령이 사로잡히는 등의 피해를 입었으나, 10월 24일 10월 23일~24일에 걸쳐 제4연대 2개 중대(문중섭 소위 지휘)와 제12연대 2개 대대(김희준 대위)가 진압군으로 광양으로 투입되어 오후 제15연대가 하동에서 광양 지역으로 넘어와 광양지역을 장악하였다. 이후 제14연대 병력과 지방좌익 세력이 광양의 백운산을 거점으로 빨치산 투쟁을 전개하면서 1950년 6·25전쟁 시기까지 사실상 준전시 상태가 지속되었다. 특히 1949년 9월 16일 백운산 빨치산이 대규모로 광양읍을 습격한 사건이 발생한 직후 광양 지역에서는 빨치산에 협조한 좌익 혐의자를 찾는다며 대규모 색출작업이 벌어졌다. 국군 제15연대와 광양경찰서 경찰은 광양읍 습격 사건 직후인 1949년 9월경 광양읍 우산리 쇠머리재, 광양읍 반송재, 구랑실재 등지와 진상면 어치리 느재마을, 옥룡면 가모개재 등지에서 빨치산 협조 혐의나 입산자 가족이란 이유로 광양 일대에

광양 반송재

서 주민들을 연행하여 집단학살하였다. 1950년 6월 25일 6·25전쟁이 발생한 이후에도 집단학살은 계속되었다. 제1기 진실화해를위한과거사정리위원회의 조사에 따르면, 1951년 1월 14일 빨치산이 광양읍을 대규모로 습격한 사건이 발생한 이후 군경이 좌익 혐의자 색출작업을 벌이면서 주민들의 피해가 집중 발생하였다. 주요 희생 장소로는 광양읍 세풍리 세풍리무산쟁이, 광양읍 덕례리 반송쟁이 등지였다. 특히 광양읍과 백운산 인근의 옥룡면, 진상면, 봉강면, 다압면 등이 전체 희생의 65%를 차지할 정도였다.

여순사건 직후 125명의 민간인들이 끌려와 학살되고 시신마저 불태워진 여수 만성리 '형제묘'에 '백비(白碑)'가 세워져있다. 또 지리산 가장 가까운 곳에 위치한 구례 산동면에는 당시 오래비를 대신해 죽은 백순례가 끌려가며 불렀다는 '산동애가'가 전해진다. 모두 여순사건 직후 민간인 학살과 연관된다. 그래서 여순사건 지

만성리 형제묘 ⓒ여수지역사회연구소

산동애가 노래비 ⓒ여수지역사회연구소

역의 주민들은 "여순 때가 인공(6·25를 의미함) 때보다 더했다"고 말하곤 한다. 여순사건 때의 민간인 학살이 남긴 후일담이다. '동족상잔(同族相殘)'을 거부하며 시작된 여순사건은 정반대로 참혹한 결과를 낳았다. 70년이 훌쩍 지났음에도 민간인 학살, 계엄령, 군의 역할 등의 문제는 아직까지 해결되지 않은 채 현재 진행형이다. 여순사건 직후 수많은 사람들이 죽었으나 희생자들의 정확한 통계도 분명하지 않다. 사건이 발생한 원인과 배경은 묻히고 사라지거나 왜곡된 지 오래이다. 그로 인해 '죽어도 된다'는 학살과 혐오의 언어가 지금도 아무런 문제없이 통용되곤 한다. 억울하게 죽어간 사람들의 원한을 풀어주는 게 해원(解冤)의 출발이 되어야 하지 않을까.

04 여순사건의 결과와 영향

예 대 열 국립순천대학교 인문학술원 학술연구교수

1. '빨갱이'의 탄생

1) 언론의 여순사건 재현

여순사건은 대한민국 정부가 수립된 지 불과 두 달 만에 벌어졌다. 이승만 정부는 군인들의 봉기가 좌익 세력의 결합으로 대중적 항쟁으로 변모하자 적지 않게 당황하였다. 정권은 군의 책임을 회피하고 학살의 책임을 면하기 위해 여순사건을 '반란'으로 규정짓고 '빨갱이'를 탄생시켰다. 일제하 민족해방운동의 한 축을 담당했던 공산주의 세력은 이제 절멸시켜야 할 대상이 되었다.

공산주의자에 대한 사회적 인식이 처음부터 적(敵)은 아니었다. 일제하 공산주의자에 대한 반공주의 선전이 있었지만, 그들은 국내외에서 지속적인 투쟁을 벌인 만큼 대중들로부터 이미지가 나쁘지 않았다. 해방 이후 공산주의자들이 대중적 지지를 받을 수 있었던 것도 이념의 확산 때문이라기보다는 민족해방운동 과정에서 보여준 투쟁이 호소력을 발휘했기 때문이었다.

하지만 이승만 정권은 여순사건 이후 사태를 수습하는 과정에서 공산주의자에 대한 이미지를 '빨갱이'로 재구성하기 시작하였다. 공산주의자들은 이제 집단의 구성원들과 본질적으로 다른 존재인 타자로 위치 지워지며 위협과 적의를 제공하는 세력으로 부각 되었다. 이 작업은 비단 공산주의자들뿐만 아니라 정부에 저항하거나 이승만에 반대하는 사람들에게도 향해 있었다.

이승만 정권의 '빨갱이' 창출은 언론의 여순사건 재현에서부터 시작되었다. 여순사건이 발생하자 전남 동부지역은 다른 지역과 정보는 물론 교통조차 차단된 고립된 섬이 되었다. 모든 정보가 차단되자 사건에 관한 소문은 입에서 입으로 전해졌고, 진위를 알 수 없는 풍문이 심각성을 더하며 확산되었다. 그런 상황에서 언론이 전하는 문자 매체의 힘은 풍문과 소문에 비해 공신력이 높을 수밖에 없었다.

그러나 언론을 통해 전해진 기사의 내용은 정부의 발표와 다르지 않았다. 중앙과 지방의 신문들은 사실에 대한 조사나 검증 없이 군대가 '반란'을 일으켰다는 정부 발표를 전달하기에 바빴다. 신문들은 정부 발표대로 "전남 여수에서 14연대가 반란을 일으켜 순천을 점령하고 북진하고 있다", "14연대의 반란은 극우 세력과 극좌 세력의 합작품이다", "14연대 반란 세력이 살인과 방화를 일삼고 있다"는 내용을 그대로 보도했다.

언론이 정부의 발표를 그대로 보도한 것은 서울과의 물리적 거리도 있었지만, 정부가 다른 내용의 보도를 금지했기 때문이기도 하였다. 당시 여순사건을 다룬 신문 기사에는 '군검열제(軍檢閱濟)'라는 표시가 붙어 있었고, 검열을 통과하지 못한 기사는 실릴 수가 없었다. 서울에서 파견된 특파원들이 현지에 속속 도착하였지만, 정부 발표 내용을 그대로 보도하는 경향은 바뀌지 않았다. 기자들 내부에서는 여순사건의 성격을 둘러싸고 다양한 의견이 개진되기도 했지만, 신문에 보도된 기사에는 그 의견들이 반영되지 않았다.

언론은 기사뿐만 아니라 현지에서 찍은 사진을 함께 게재하며 정부의 의도를 극대화하였다. 당시 신문에 주로 실린 사진은 진압군의 용맹을 드러낸 모습과 봉기군이 자행한 학살의 참상이었다. 반대로 시민들이 겪었던 참화나 혐의자 색출 과정에서 벌어진 비극적인 모습은 검열로 인해 실리지 않았다.

일례로 아래 사진은 『호남신문』 이경모 기자가 찍은 여수 서국민학교에서의 혐의자 색출 장면 모습이다. 하지만 『동아일보』는 같은 앵글로 찍은 사진을 단지 〈여수피난민수용소〉라고만 소개했다. 생과 사의 갈림길에 있던 혐의자 색출 광경이 국군의 품에 안긴 평온한 삶의 장소로 뒤바뀌어 보도된 것이다. 정부와 언론은 좌익에 의해 학살된 군경의 모습에 대해서는 크게 보도하면서도, 시민들이 겪었을 공포나 고통은 피사체에 담지 않았다.

반면 외국인 사진기자로 여순사건을 취재한 칼 마이던스(Karl Mydans)는 진압군의 폭력에 질려 아무런 저항도 하지 못하는 시민들을 주로 사진에 담았다. 그는 순천(順天)을 한자로 풀어쓰면 'Peaceful Paradise'임에도 불구하고, 그곳에서 벌어지는 지옥과 같은 모습을 보며 시민들에게 깊은 인간적 동정을 표시했다. 이 방인으로서 그가 느꼈던 감정과 국내 신문 기사의 논조는 차이가 너무나 크다.

> 괴로운 체험 가운데에서도 가장 두려웠던 것은, 방관자들의 침묵과 자신들을 잡아 온 사람들 앞에 꿇어앉은 사람들의 너무나도 조심스러운 모습 – 그리고 총살되기 위해 끌려가면서 완전히 침묵하고 있었다는 사실이었다. 한 마디의 항변조차 없었고, 동정을 바라는 울부짖음도 없었고 신의 구원을 바라는 어떤 중얼거림도 없었다. 또다시 이런 세기가 그들에게 주어진다면, 어찌해야 좋을 것인가?

이승만 정부는 여순사건이 진압된 뒤 1948년 11월 22일부터 서울에서 '반란현지보도사진전'을 개최했다. 정부는 사진전을 통해 파괴와 살인의 현장을 그대로

| 제1부 | 여순사건에 대한 이해

여수 서국민학교에서 진행된 '혐의자' 색출 모습 (출처: 이경모, 『격동기의 현장』, 눈빛, 1989, 74~75쪽)

〈여수피난민수용소〉라고 설명하고 있는 동아일보 기사 (출처: 『동아일보』 1948. 10. 31)

순천농림중학교(현 순천대학교) 운동장에 모여 조사받고 있는 시민들
(출처: 여수지역사회연구소 편역, 『1948, 칼 마이던스가 본 여순사건』, 지영사, 2019, 131쪽)

미군이 지켜보는 가운데 가족의 시신 앞에서 오열하는 여성들
(출처: 여수지역사회연구소 편역, 앞의 책, 189쪽)

| 제1부 | 여순사건에 대한 이해

태극기를 흔들며 진압군을 환영하는 시민들
(출처: 여수지역사회연구소 편역, 앞의 책, 160~161쪽)

보여주며 이를 진압하는 국군의 용감한 모습을 재현하였다. 사진에 비친 봉기군과 동조 세력은 짐승이나 마귀와 같은 모습으로 묘사되었고, 그 이미지는 대중들로 하여금 절멸되어도 되는 존재로 인식하게끔 만들었다.

2) 문화계와 종교계의 '빨갱이' 담론 확대

정부가 주도한 여순사건에 대한 '빨갱이' 이미지는 언론뿐만 아니라 문인과 종교인들에 의해 담론이 확대되었다. 이승만 정권은 진압군이 여수와 순천을 탈환하자 문화계와 종교계를 대표하는 유력 인사들을 모아 현지에 파견했다. 문교부는 문인, 화가, 사진가 등 문화계 인사들을 모았고, 사회부는 천주교, 기독교, 대

종교, 불교 등 종교단체 대표들을 조직했다.

　문교부가 조직한 '반란실정 문인조사반'은 "현지의 참담한 모양을 실지로 답사하여 자세히 살핀 뒤에 발생 원인과 근원을 올바르게 파악"한다는 목적하에 결성되었다. 문인조사반에는 소설가 박종화, 정비석, 김송, 시인 김영랑, 평론가 이헌구, 화가 정홍거, 만화가 김규택, 최영수, 사진가 최희연, 이소녕 등이 포함되었다. 정부와 언론은 이미 여순사건을 공산주의자들이 일으킨 난동으로 규정하고 있던 만큼, 문인조사반의 활동은 예술가들의 상상력을 동원해 '빨갱이' 이미지를 공고히 하는 데 초점이 맞춰져 있었다.

　문인조사반은 1948년 11월 3일부터 총 6일간 광주, 여수, 순천, 광양, 진주 등을 둘러보았다. 이들은 답사를 마치고 서울로 돌아와 중앙 일간지에 각자의 답사기를 발표한 후, 『경향신문』에 「문교부 파견 현지조사반 보고」라는 제목의 보고서를 실었다. 이 답사기는 나중에 정부 요인들의 성명서를 비롯해 현장 사진을 포함시켜 『반란과 민족의 각오』(1949)로 출간되었다.

『반란과 민족의 각오』 표지
(출처: 전국문화단체총동맹, 『반란과 민족의 각오』, 문진문화사, 1949)

　문인조사반은 여순사건의 원인을 "약소한 민족을 분열"시키고 "자기의 세력권을 확장"하려는 "거대한 철의 장막" 때문이라고 파악하였다. 이 입장은 사건의 배후를 소련으로 규정짓고 공산주의자들의 소행으로 간주한 정부의 입장과 동일한 것이었다. 당시 군 당국은 여순사건을 소련의 태평양 진출에 따라 이루어진 것으로 보고, 공산주의자들에 대해 소련을 추종하기 위해 자기 민족을 살해한 노예 세력이라고 주장하고 있었다.

또한 문인조사반은 14연대 군인들이 벌인 악행과 죄상에 대해서는 자세히 묘사하면서도 진압군이 자행한 학살에는 눈을 감았다. 그리고 시민들이 겪었을 공포와 무력감에 대해서는 둔감하게 대하거나 애써 무시했다. 조사반원들은 진압군이 행한 학살을 14연대 군인들이 자행한 것으로 둔갑시켜, "잔인무도한 귀축들", "괴악무쌍", "악의 승리", "인간성 상실", "저주의 보상" 등으로 표현했다. 순수 서정시인으로 잘 알려진 김영랑은 「절망」이라는 시를 통해 진압군의 학살을 14연대 군인들이 자행한 것으로 바꿔 다음과 같이 묘사했다.

> 옥천(玉川) 긴 언덕에 쓰러진 죽엄 떼 죽엄
> 생혈(生血)은 솟고 흘러 십리 강물이 붉었나이다
> 싸늘한 가을바람 사흘 불어 피강물은 얼었나이다
> 이 무슨 악착한 죽엄이오니까
> 이 무슨 전세에 못 본 참변이오니까
> 조국을 지켜주리라 믿은 우리 군병의 창 끝에
> 태극기는 갈갈히 찢기고 불타고 잇습니다

사회부가 파견한 종교위문단은 1948년 10월 31일부터 일주일 동안 광주, 순천, 여수, 구례, 벌교, 보성 등지를 둘러보았다. 종교위문단은 전진한 사회부 장관과 함께 의장 박윤진(불교), 재정 조민형(감리교), 비서 윤을수(천주교), 위원 김창숙(유도회), 김법린(조선불교총무원), 윤달용(성공회), 이단(천도교), 정열모(대종교), 이경식(안식교), 김춘배(조선기독교연합회)로 구성되었다.

종교위문단은 위문, 구호, 사실 규명을 위해 지방 관리들과 사회단체 대표들을 만나 사건에 대한 의견을 청취했다. 그중에는 유수현 구례군수처럼 정부에 비판적인 관리들의 발언도 있었다. 그는 14연대 군인들이 온다고 하자 구례에 있던 경찰과 국군들이 모두 도망쳐 정부의 위신이 떨어졌다고 답하였다. 또한 국군들이 식량, 의류, 이불 등을 가져가는 바람에 주민들의 불평이 많다는 점도 지적하였다.

하지만 이와 같은 언급들은 종교대표단의 보고서에는 실리지 않았다. 종교위문단은 광범위한 정보 수집에 소홀했고, 실제로 조사한 내용도 보고서에는 제대로 실리지 않았다. 이들은 서울로 돌아온 뒤 발표한 보고서에 사건의 재발을 방지하기 위해선 공산당의 모략선전에 속지 않도록 민심을 계몽해야 한다고 주문했을 뿐이었다.

정부가 문화계와 종교계 대표들을 현지에 파견한 이유는 실정을 정확히 파악하고 대응 방안을 모색하기 위해서였다. 문인조사반과 종교위문단은 나름대로 봉기의 원인을 파악하고 대응 방안을 내놓기는 했지만, 그 내용은 정부의 입장을 재확인하고 강화한 것에 불과했다. 오히려 그들은 감각적인 문체와 종교적 언어를 활용해 14연대 군인들과 지역민들을 '빨갱이'로 이미지화 하며 민족 혹은 국가의 구성원에서 배제 혹은 절멸시켜야 할 대상으로 그렸다. 이러한 '빨갱이'의 탄생은 이승만 정부가 직면한 위기를 타개하기 위한 효과적인 수단이었다.

2. 반공 체제의 구축

1) 숙군의 시행과 군대의 강화

여순사건은 군인들의 진압거부 명령으로 시작되었다는 점에서 정부가 군대 내의 좌파를 척결하는 사업에 본격적으로 착수하게 만드는 계기가 되었다. 군 수뇌부는 사건의 과정에서 군부 내 좌익 세력이 공개적으로 드러났고, 출동 부대 일부가 14연대 군인들에 합류하는 등 이탈이 발생했기 때문에 숙군의 필요성을 강력하게 느끼고 있었다. 미군 또한 반공 국가 건설에 같은 이해관계를 갖고 있었던 만큼 숙군 과정에 적극 개입했다.

숙군을 주도한 세력은 채병덕, 백선엽 등과 같은 반공주의 신념을 가진 만주군 출신이었다. 숙군 과정에서 급부상한 김창룡은 군 내부의 변화를 상징적으로 보여주는 인물이었다. 그는 일제의 헌병으로 근무하며 독립운동가를 검거한 경력이 있는 군인이었다. 그가 숙군 과정에 전면적으로 개입하게 되면서 친일 경력이라는 오점은 사라지게 되었다. 과거의 친일 활동은 반공주의로 단결된 국군의 이념 앞에서 더 이상 문제가 되지 않았다.

숙군은 수집된 정보를 기반하여 자의적으로 조사가 이루어지는 경우가 많아 조사 과정에서 모함과 폭로가 난무했다. 그 과정에서 무고와 중상모략이 난무했고, 개인적인 친소 관계나 출신 파벌에 따라 좌익으로 몰리는 경우도 허다했다. 숙군 대상자 중에는 실제 좌익도 있었지만, 분단과 동족상잔의 대결에 반대하거나 이승만 정부에 비판적인 사람들도 포함되었다. 전방에 있던 일부 군인들은 모함과 폭로가 이어지자 할 수 없이 월북을 택하는 경우도 있었다.

반면 숙군 과정에서 박정희처럼 남로당 활동을 했으면서도 오히려 전화위복이 된 경우도 발생했다. 박정희는 여순사건 당시 반란군토벌사령부에서 김점곤 작전참모를 보좌하는 역할을 하고 있었기 때문에 사건과 직접적인 관련은 없었다. 하지만 그는 여순사건 이후 남로당 군사 총책의 지위가 발각되어 김창룡의 특무대에 의해 체포되었다. 박정희는 조사 과정에서 군대 내 공산당 조직도를 비롯해 내부에 침투한 좌익 세포의 명단을 제공했다.

박정희는 1949년 2월 8일 고등군법회의에서 사형 구형 후 무기징역을 선고받고 파면되었다. 이후 그는 숙군에 협조했다는 이유로 징역 10년으로 감형받고 형집행을 면제받는 특혜를 누렸다. 박정희는 남로당 군사 총책으로서 드러난 활동을 하지는 않았지만, 지위상 숙군의 칼날을 피하기는 어려웠을 것이다. 그럼에도 그는 원용덕, 정일권, 백선엽 등 군 지휘부에 포진한 만주군 특유의 끈끈한 인맥 덕에 살아남을 수 있었다.

숙군의 결과 1949년 7월까지 국군 병력의 약 5%에 이르는 4,749명이 숙청되었다. 숙군 과정에서 육사 2기는 총 196명 중 34명(17%)이, 3기는 총 286명 중 70명(24%)이 파면당했다. 육사 2기에는 박정희를 비롯하여 월북한 강태원과 표무원이, 3기에는 여순사건을 일으킨 김지회, 홍순석 등이 포함되어 있었다. 숙군은 군 내부를 '정화'하는 계기로 작용하여, 이제 대한민국 군대는 반공 이념을 체득한 강력한 조직체이자 최후의 보루가 되었다.

군대는 여순사건 이후 사회에서 차지하는 권력과 위상이 이전보다 훨씬 높아졌다. 여순사건 당시 경찰이 봉기군에 무참히 패배하고 군대가 진압의 선두에 서게 되면서 군경 관계는 역전되기 시작하였다. 여순사건의 발발 원인이기도 했던 군경의 마찰은 군대가 숙군을 통해 거듭나면서 군의 압도적 우위로 정리되었다. 국군은 군사기술이나 장비 면에서 경찰을 능가하기 시작했고, 이념적으로 강한 반공노선을 관철시키면서 전 사회에서 군대가 차지하는 비중을 높여갔다. 군사주의적 가치관은 북진통일의 원동력으로서 군사력에 대한 기대가 커지면서 점점 사회에 침투해 들어가기 시작했다.

2) 계엄령 발포와 국가보안법의 제정

1948년 10월 25일 계엄이 국무회의 의결을 통해 정식 선포되었다. 헌법을 제정하고 국가를 수립한지 불과 2개월 만에 계엄령이 발포된 것이다. 계엄은 경찰력으로 치안을 유지할 수 없을 때 군대를 동원하여 질서를 유지하기 위한 국가비상

사태에 대응하는 조치였다. 계엄은 외부의 적에 대응하기 위한 군대가 내부의 혼란을 진압하기 위해 동원된다는 점에서, 사실상 국민에 대한 '전면전'이었다고 볼 수 있다.

여순사건 당시 경찰은 대중들의 공격 대상이 되면서 많은 피해를 입었다. 여순사건이 지역민들의 합세로 확산되어가자, 정부는 경찰력을 통한 진압이 무리라는 것을 절감하고 군대를 출동시켰다. 군대는 행정권과 사법권을 모두 장악하고 반란에 동조한 민간인에 대해 즉결 처분하거나 군사재판에 회부하였다. 이승만 정권은 계엄과 같은 물리적 조치를 통하지 않고서는 국민적 저항을 진압할 수 없을 만큼 취약한 상태에 있었다.

정부는 여순사건을 국가와 정권의 위기 상황으로 인식하고 계엄을 선포했지만, 그것에 대한 이해가 없었다. 그럼에도 계엄은 발포되었다는 사실 자체만으로 진압과 학살에 결정적인 영향을 미쳤다. 진압군은 이른바 부역자를 색출하면서 가담의 여부나 경중을 엄밀히 따지지 않고 의심되는 사람이 있으면 조사나 재판 없이 즉결 처분하였다. 군대가 이럴 수 있었던 것은 규정 자체가 모호하고 자의적으로 사용될 수밖에 없는 계엄령 때문이었다.

계엄 하 군대가 통할하는 사법권 대상에는 군인은 물론 민간인도 포함되어 있었다. 군의 사법 행위는 즉결 처분과 군법회의 두 가지 방식으로 진행되었지만, 부역자 색출은 일반적인 법 절차 없이 현지 지휘관의 명령에 따라 자의적으로 진행되었다. 학교 운동장에 모인 사람들 사이로 그어진 선은 생과 사의 갈림길이었고, 부역자 혐의를 받은 사람은 주변의 손가락질 하나로 죽음의 길에 들어서야 했다. 계엄은 현지 지휘관이 권력을 남용하여 즉결 처분이 가능하게 만든 일종의 살인 면허장과 같은 것이었다.

계엄은 발포 당시 군대의 자의적 집행과 국민의 기본권 제약이 문제였지만, 더 근본적인 것은 계엄이 해제된 뒤에도 사회적 영향력이 사라지지 않고 지속된다는 데 있었다. 계엄 하 군대는 평상시 군사 작전을 수행하는 역할에서 벗어나 행정과 사법 권력을 독점하며 전 사회를 장악해 들어갔다. 그 과정에서 국가 위기라는 이름으로 새롭게 만들어진 '예외적' 사례들은 이제 '일상적' 문제가 되어 군대라는 조직을 뛰어넘어 전 사회의 기본적 이념으로 자리 잡게 되었다.

한편 1948년 12월 1일 국가보안법이 제정되었다. 국가보안법은 준전시 상태에서 내려졌던 계엄을 평시로 연장하는 수단이자, 전장(戰場)의 논리를 일상의 영역으로 파급시키는 효과를 발휘했다. 여순사건을 계기로 만들어진 국가보안법은 이후 독재정권을 보위하고 민주화운동을 탄압하는 수단으로 활용되었다.

국가보안법은 한국 사회를 반공이데올로기로 구성하는 데 중요한 역할을 했지만, 막상 국회에서 논의될 때는 조문에 대한 면밀한 검토 없이 한 달 만에 통과되었다. 국가보안법이 빠른 시간에 탄생할 수 있었던 것은 여순사건이 가져온 위협이 단지 이승만 정권에 한정되는 것이 아니라 국회를 포함한 체제의 위기로 다가왔기 때문이었다. 소장파 의원들이 국가보안법의 남용에 대한 문제를 제기했지만 다수의 주장이 되지는 못하였다.

국가보안법은 제정 직후 국민을 범법자로 양산하는 최대의 법이 되었다. 1949년 1년 동안 전국에 국가보안법으로 검거된 사건과 사람은 46,373건 총 118,621명이었다. 전국의 교도소를 가득 채운 '범죄자'들은 일반 형사법이 아니라 국가보안법 위반자들이었다. 국가보안법 위반 사범은 1949년 기준 전체 수형자의 70%에 달하여 교정시설은 수용인원을 초과한 상태에 이르렀다. 이들 중 많은 수는 1950년 6월 한국전쟁 발발을 전후하여 형무소 재소자 학살의 피해자가 되었다.

국가보안법 사범이 양산된 이유는 그 법이 '행위'를 기준으로 한 것이 아니라, '목적'을 갖고 있는 것만으로도 처벌할 수 있다는 점을 조문화하였기 때문이었다.

일종의 '목적죄'에 해당하는 국가보안법은 다른 형법과 다르게 범죄의 '실행'이 아니라, 어떤 '목적'을 가졌다는 이유만으로 처벌할 수 있는 독특한 형태를 띠었다. 이것은 국가가 의심의 혐의만 있으면 국민을 언제든 체포·구금 할 수 있다는 것으로서, 그 발상은 여순사건 진압 과정에서 보인 '손가락 총'과 같은 전장의 논리에 기반을 둔 것이었다.

국가가 배타적 폭력을 합법적으로 사용할 수 있도록 사회 구성원들로부터 인정을 받으려면 법적 외양을 띠어야 한다. 그런 점에서 계엄이 준전시 과정에서 군대의 폭력을 합법화해 주었다면, 국가보안법은 그 이후 검찰과 경찰의 폭력을 공인해 주는 수단으로 작용했다. 계엄이 군대가 사법과 행정적 기능을 무소불위로 사용할 수 있게 만드는 법적 수단이었다면, 국가보안법은 전쟁 논리를 일상생활에서 관철시킬 수 있도록 만든 또 다른 법적 장치였다.

3) 학교의 병영화와 국민보도연맹의 결성

여순사건 이후 교육 현장의 가장 큰 변화는 학도호국단의 창설이었다. 문교부와 국방부는 "시국 수습과 공산주의 세력에 대비"한다는 목적하에 1949년 4월 22일 학도호국단을 창설하였다. 학도호국단은 대통령-문교부-학장(교장) 계통으로 명령 체계가 이어지는 조직으로서 전국의 모든 중등, 고등, 대학생들이 포함되었다. 1949년 12월 말 현재 전국의 중학교 이상 1,146개교, 총 35만 명이 단원으로 참여하였다.

학도호국단은 이승만 정권이 전국의 학교와 학생에게 반공주의를 주입하는 전달 벨트였다. 학생들은 이 조직을 통해 군사훈련과 반공교육을 받았으며 관제 데모와 각종 집회에 동원되었다. 또한 학도호국단은 학생들에게 국가 지상주의를 불어 넣으며 군사 문화를 자연스럽게 습득하도록 만들었다. 1980년대까지 명맥을 유지해 온 학도호국단은 여순사건 이후 등장했지만, 수십 년 동안 학원 생활의 근간을 이루며 반공주의를 교육하고 학생들의 신체를 동원하는 데 활용되었다.

한편 대중들에 대한 반공화 작업은 좌익 전향자에 대한 국민보도연맹을 통해서도 이루어졌다. 보도연맹은 1949년 4월 20일 좌익 전력을 가진 사람들을 사상적으로 개조한다는 취지로 창설되었다. 보도연맹은 법률이나 훈령에 근거해 만들어진 단체가 아니라, 반공 검사 오제도의 제안에 따라 만들어진 임의단체 성격의 관변단체였다. 그로 인해 지방에서는 가입시켜야 하는 숫자가 상부로부터 할당되어 사상과는 무관한 사람들이 연맹원으로 들어간 경우도 많았다.

보도연맹은 포섭과 포용을 강조하던 초기 활동과 달리 한국전쟁이 발발하자 그 성격이 완전히 뒤바뀌었다. 정부는 적에게 동조할 가능성이 있는 적성 분자들을 사전에 제거한다는 방침을 세우고 보도연맹원들에 대한 대대적인 예비검속을 실시했다. 예비검속은 인민군에 대한 협조의 가능성을 이유로, 1950년 7월 초순 서울을 제외한 거의 모든 지역에서 연맹원들에 대한 학살로 이어졌다. 보도연맹이 전국적 조직이었고 가입한 맹원의 수가 대략 30만 명 정도 되었던 만큼 학살의 양상은 대규모로 이뤄졌다.

보도연맹원 학살은 단일 사건으로 한국전쟁 시기 가장 많은 민간인이 희생당한 사건이었다. 이것은 개인의 우발적 실수가 아니라 군경에 의해 계획적이며 조직적으로 이루어진 사건이자, 적에게 협조할 것을 우려하여 취해진 예방적 성격의 학살이었다. 정부는 보도연맹을 통해 공산주의 활동을 반성하고 대한민국의 품에 안긴 사람들을 포용하겠다고 말했으나, 전쟁이 발발하자 가장 먼저 그들을 죽인 것이다.

보도연맹의 활동과 학살은 국민을 향한 '포섭'과 '배제'의 기제가 어떻게 작동했는지 보여준다. 정부 수립 직후 보도연맹원은 국민과 비국민 사이의 경계선에 있는 존재였다. 이들은 비국민에서 국민이 되기 위해 인고의 시간을 감수해야 했다. 그런데 전쟁이 발발하자 '포섭'과 '배제'의 경계선이 다시 설정되었고, 그것은 '전향'에서 '학살'로 이어지는 길로 이어졌다.

즉 보도연맹원은 '포섭'과 '배제', '전향'과 '학살' 사이의 유동적 존재였다. 국가는 이들을 '학살'하는 방식으로 국가 구성원에서 '배제' 시킴으로써, 자신들이 갖고 있는 권능을 다시 한번 시현 하였다. 국가는 전쟁이라는 비상적 상황에서 생명을 좌우하는 생사여탈권을 행사함으로써 자신이 갖고 있는 힘을 드러냈다. 국민들은 전국에서 벌어진 보도연맹원 학살을 목격하며 공포에 떨었고, 국가에 복속하는 것만이 유일한 생존의 길이라는 점을 재확인하게 되었다.

3. 반공 국민의 탄생과 지역민의 '기억투쟁'

1948년 8월 15일 대한민국 정부가 수립되었다. 정부가 수립되었지만, 국민은 일정하게 규정된 영역에 거주하는 인민에게 자동으로 주어지는 자격은 아니었다. 국가와 국민의 관계에서 볼 때, 특정 국가의 구성원으로 인식하는 '국민 정체성'은 대개 국가가 규정한 정치·사회·문화적 내용을 획득할 때 비로소 주어지는 경우가 많았다. 국민이라는 정체성은 일정한 영역 안에 거주하는 인민이 스스로 규정하는 것이 아니라, 타자와의 차이를 인식하고 바라보는 과정 속에서 상대적으로 형성되는 것이었다.

일제하 국민과 비국민을 가르는 기준이 천황에 대한 충성이었다면, 새롭게 출범한 대한민국은 해방과 탈식민을 표방한 만큼 누가 대한민국 국민이 될 자격이 있는지 비전을 제시할 필요가 있었다. 그런 점에서 1948년은 대한민국이 일제와 미군정에서 벗어나 명실상부한 국민국가를 만들어가는 첫해였다. 이승만 정권은 미군정 하에서 정치적 대립을 겪은 '인민'들을 하나의 '국민'으로 통합시키는 과제에 직면했다. 그 과정에서 정부는 통합의 이데올로기로서 자유주의나 민주주의가 아닌 반공주의를 내세우며 국민국가 건설에 나섰다. 이승만 정부는 남북의 대치와 인민의 지지가 미약한 조건에서 외부의 적대적인 타자를 '적'으로 설정하며 대중들을 하나의 '국민'으로 통합시켜 나가고자 했다.

그런데 내부 통합을 위한 외부의 '적' 만들기는 38선 너머 북한만을 의미하는 것은 아니었다. 냉전체제의 하위구조인 분단국가로 출발한 대한민국은 외부와의 경계뿐만 아니라 내부의 타자를 구분하는 경계선을 설정하였다. 외부의 '적' 만들기는 내부로 연결되어, 한편으로는 '국민'이라는 집단적인 동일성을 만들어 내면서도 다른 한편으로는 차별과 배제에 의한 '비국민'을 양산해 냈다. 대한민국의 '국민 만들기'는 내부의 일상 속에 내재한 불온한 것들을 타자화시키면서 시작되었다.

이러한 상황 속에서 여순사건은 이승만 정부에게 '적'의 정체를 만천하에 폭로하는 계기가 되었다. 이승만 정권은 공식적으로 설정한 '적'인 북한 대신 봉기한 지역주민 전체를 '적'으로 돌리며, 누가 '국민'으로 인정받을 수 있는지 '심사'했다. 반란의 주체들과 협력자들은 '국민'으로 인정받지 못하는 대신 학살을 통해 절멸되었다. 이들이 사라진 연후에야 대한민국은 온전한 '반공국가'가 될 수 있었고, 대중들은 비로소 '반공국민'이 될 수 있었다. 대한민국의 정체(政體)가 아직 확고하게 자리매김하지 못한 상황에서, 여수와 순천지역에 가해진 국가폭력은 국가의 수립과 국민 형성 과정에서 결정적인 역할을 수행하였다.

그로 인해 여순사건을 겪은 지역민들은 1980~1990년대 진상규명 운동이 벌어지기 이전까지 과거를 망각하거나 침묵을 강요받으며 살아왔다. 그렇지만 지역민들의 여순사건에 대한 '기억투쟁'은 겉으로 전면적으로 드러나지는 않았지만,

물 밑에서 도도한 흐름을 이어갔다.

전남 동부 지역민들의 여순사건에 대한 집단적 '의지'가 처음 드러난 사건은 1963년 대선이었다. 박정희는 5·16 군사쿠데타 이후 민정 이양 약속을 저버리고 1963년 대선에 나섰다. 이 선거에서 민정당의 윤보선 후보는 박정희가 여순사건과 관련이 있다며 사상논쟁을 제기했다. 윤보선은 대선 과정에서 박정희의 좌익 전력과 사상 문제를 집요하게 공격했다.

선거 결과 박정희는 윤보선의 집요한 색깔 공세에도 불구하고 근소한 차이로 승리했다. 박정희는 470만 2,640표(46.6%)를 얻었고, 윤보선은 454만 6,614표(45.1%)를 획득했다. 표 차이는 불과 156,026표밖에 되지 않았다. 박정희가 승리할 수 있었던 요인 이면에는 야당의 텃밭이었던 호남에서 거둔 30만 표 차이의 승리가 중요한 역할을 했다. 당시 『경향신문』은 "윤 씨의 보루인 호남 표가 예상외로 박 씨에게 압도적으로 기울어진 것은 윤 씨가 박 씨를 '빨갱이'로 몰아친 데 기인한 것 같다. 과거 수많은 사람이 아무런 이유 없이 '빨갱이'로 몰려 희생당했던 기억이 생생하게 살아난 것으로 보인다"고 분석했다.

야당 총재 시절 김대중 또한 당시 박정희의 승리는 사상논쟁으로 인한 호남 민심의 지지 때문이라고 밝힌 바 있다.

> 윤보선 씨가 그때 실수한 것은 박정희 씨를 빨갱이로 몬 것입니다. 미군정 3년 동안 무고하게 빨갱이로 몰린 사람들, 특히 전라도 사람들이 반발해서 박 대통령을 밀어주었어요. 윤보선 후보는 서울, 경기, 강원, 충북, 충남에서 이겼어요. 남쪽에서만 졌지요. 경상도는 박 대통령 고향이라고 하지만 전라도에서 35만 표나 나왔어요. 그때 윤보선 씨에게 15만 표 차로 이겼는데 산술적으로 보면 전라도 표가 박 대통령을 만들어 준 거죠. 그러나 대통령 되자마자 전라도를 차별해서 우리나라를 이 꼴로 만들었어요.

지역민들이 1960년대 박정희에게 자신을 투영하고 투표로써 지지 혹은 심판한 것은 심연에 자리 잡고 있던 여순사건에 대한 작은 대항 기억들과 속삭임 속에 전해진 이야기의 힘 때문이었다. 이승만 정권은 여순사건 직후부터 전남 동부지역을 '반란지구'로 설정하고 지역민에게 '빨갱이' 이미지를 덧씌우기 위한 형상화 작업을 진행하였다.

이에 대해 지역 내 향토사학자들은 국가의 일방적 선전과 매도에 맞서 기존 인식을 비틀고 작으나마 균열을 내기 위한 대항 기억들을 만들어 왔다. 지역에서 여순사건과 관련해 처음으로 언급한 책은 1952년 여수교육청에서 발간한『여수향토사』였다. 이 책의 집필자인 김낙원은 1962년 개정판을 내며 국군의 무차별적인 진압과 무고한 시민들에 대한 학살을 사실 그대로 기록했다.

> 죽음과 삶의 양극이 갈라지는 어마어마한 순간이다. (…) 반란군은 진압되고 이로부터 가담자의 적발과 처단 단계로 들어갔다. (…) 소위 백두산 호랑이로 위명이 높은 김종원 사령관이 추상같은 일본도를 휘두르며 중앙 교정의 버드나무 밑에서 참수 즉결 처분을 단행하던 것도 바로 이때이다. (…) 교정 북쪽의 교사(校舍) 뒤에서는 즉결 처분의 총성이 무자비하게 들려오고 교정 안에서는 뼈가 부러지도록 두들기는 고문에 못 견디어 비명을 지르다 못해 신음하는 아우성 소리! (…) 이 같은 참변 속에서도 시민의 가슴을 더욱 태우게 한 이변이 있었으니 (…) 만성리 터널 넘에서 수다한 적발자를 총살시킨 일이 그 하나다.

이러한 기록은 1980년대 민주화 공간이 차츰 열리면서 여수지역에서 발간된『여수·여천 향토지』(1982), 『여수·여천 발전사』(1988)에 서술된 대항 기억으로 이어졌다. 특히『여수·여천 발전사』를 집필한 김계유는 진보적 역사 대중 잡지인『역사비평』에 논문을 실으며 여순사건을 세상 밖으로 공론화시키는 데 일조하였다.

지역 내 대항 기억은 유가족을 중심으로 주변에 조금씩 말을 하면서 아픔을 치유하고 연대와 공감의 틀을 마련해 가는 계기로 작용하였다. 그 이야기들은 '망각'을 강요당했던 세월 속에서 잠시 침잠하기도 했지만, 사람들의 입에서 입으로 전해지며 1980년대 민주화가 되었을 때 조금씩 세상 밖으로 나오기 시작했다.

05 문학과 구술사로 보는 여순사건

최현주 국립순천대학교 국어교육학과 교수

1. 여순사건과 문학적 형상화

역사는 유사한 방식으로 반복된다. 사회구성체의 구조적 모순이 완벽하게 해소되지 않는 한 그 모순은 스스로 매개가 되어 유사한 사건을 반복적으로 발생시키기 때문이다. 적어도 한반도의 근현대사의 전개 과정에서 이러한 역사의 평행이론은 매번 발생하는 사건들에 동일한 방식으로 적용된다. 동학혁명으로부터 1차 의병, 2차 의병, 소작쟁의 투쟁, 광주 학생의거, 여수·순천 10·19사건(이하 여순사건), 그리고 5·18민주화운동에 이르기까지 호남을 역사적 공간으로 삼은 사건들은 동일한 양상으로 계속되어 왔다.

이러한 사건들은 모두 한국 사회구성체의 가장 근본적인 모순들을 매개로 하여 발생하였다. 한국 사회구성체의 기본모순은 이미 1894년 갑오년 고부에서부터 시작된 동학혁명에서 의제화되었다. 척양척왜(斥洋斥倭)·제폭구민(除暴求民)이 바로 그러한 의제를 압축적으로 보여주고 있다. 당시 전봉준을 비롯한 동학군에 주도적으로 참여한 민중들은 조선후기 사회의 근본적 모순을 외세의 침탈과 봉건적인 지배계급의 억압과 수탈로 보았다. 당대 깨우친 민중들이 목숨을 바쳐 부르짖은 의제가 바로 지금도 강조되어야 할 반제·반봉건이었다. 그리고 그러한 반제 반봉건의 의제는 의병투쟁, 광주학생의거를 거쳐 1948년의 여순사건, 1980년의 5·18민주화운동으로 반복되었다.

여순사건을 일으킨 주체들의 구호가 다름 아닌 '동족상잔 결사반대·미군 즉시 철퇴'였다는 점에서 무섭도록 놀라운 한국 근현대사의 평행이론을 확인할 수 있다. 이는 여순사건이 단지 몇몇 선동적인 군인들의 즉흥적인 봉기가 아니었음을 증명하는 것이기도 하다. 14연대 군인들의 봉기는 반제·반봉건을 원하는 각성한 민중들의 염원이 도화선으로 작동한 것이었다. 당시의 민중들이 원하는 것은 분단 없는 민족국가 건설이었다. 그럼에도 국토는 남북으로 분단되었고 남한의 정권은 미국의 제국주의적인 세계 체제 전략의 첨병 역할에 한정되었다. 미군정은 일제의 식민잔재를 청산하기는커녕 일제의 하수인들을 다시 공무원과 경찰·군인으로 우대하였다. 뿐만 아니라 이승만 정권은 친일파 지주들의 이익을 보장하는 방향의 토지개혁을 실시함으로써 해방된 조국의 국민이라는 민중들의 자부심과 요구를 철저히 짓밟고 말았던 것이다. 여순사건의 발생이 바로 제국주의와 봉건주의에 대한 민중의 저항, 즉 반제·반봉건으로부터 구조적으로 기원하였음을 여기서 확인할 수 있다.

특히 해방 후의 정치 사회 경제적 혼란과 남한 만의 단독 정부 수립 과정에서 "법적 역사적 정의가 실종하고 정의의 실현을 요구하는 민중들이 국가폭력에 의해 희생되는 배리(背理)"[1]가 발생하였다. 이같은 배리의 상황은 아감벤이 천착한 법의 공백 상태라 할 수 있는 예외상태를 불러왔다. 예외상태는 공법과 정치적

---

[1] 서승, 「아시아인권의 지각생—여순사건」, 여순사건 특별법제정을위한국회토론회 자료, 2020, 6쪽.

사실 사이의 불균형, 법률적인 것과 정치적인 것이 교차하는 모호하고 불확정적인 경계선에 자리[2]한다. 이는 법(헌법)의 공백상태[3]를 불러오게 되고 헌법에 보장된 국민의 생명권과 기본권을 정지시킨 상태로 독재자는 이를 활용하여 국민을 통제하고 억압하고 학살을 자행하였다. 당시 제주4·3과 여순사건에 자행된 무자비한 불법 민간인 학살이 바로 이런 예외상태를 이용한 독재자에 의한 국가폭력의 실체를 보여준다. 그리고 국가보안법과 계엄법의 제정, '빨갱이'로 표상되는 혐오담론 등을 통해 권위적이고 억압적인 통치체제를 구축해나갔던 것이다. 더욱 문제인 것은 이러한 예외상태를 이용하여 형제와 적을, 내부와 외부를 구별 불가능하게 만들어 서로 이웃한 사람, 심지어 가족들까지도 믿지 못하게 분열시켜 놓은 채로 쌍방의 폭력을 불러 일으켰다는 점이다.

그런데 아직도 여순사건의 역사적 실체에 대한 국민적 공감이 제대로 이루어지지 못한 형편이다. 그러한 원인 중의 하나가 여순사건의 비극성에 대한 국민의 공감을 이끌어낼 대표적인 여순사건 관련 문학 작품이 부재하기 때문일 것이다. 제주4·3사건을 대표하는 현기영의 「순이삼촌」의 예에서도 볼 수 있듯이 제주4·3사건을 소재로 한 시, 소설, 영화가 많이 창작되어 제주4·3사건의 역사적 실체와 아픔에 대한 국민적 공감이 광범위하게 형성되어 있는 반면에 여순사건의 문화예술적 창작의 성과는 아직 미미하다고 할 수 있다.

문학 부분에서도 여순사건을 형상화한 작품들은 그다지 많지 않은 것이 사

---

[2] 조르조 아감벤, 『예외상태』, 새물결, 2009, 14쪽.
[3] 제헌헌법 제9조 ①모든 국민은 신체의 자유를 가진다. 법률에 의하지 않고는 체포, 구금, 속박, 심문, 처벌과 강제노역을 받지 아니한다. 제10조 모든 국민은 법률에 의하지 아니하고는 거주와 이전의 자유를 제한받지 아니하며 주거의 침입 또는 수색을 받지 아니한다. 당시 계엄법 제정이 안 된 상태에서 선포된 계엄령(48.10.22.)에 의해 여수와 순천의 민간인 다수가 군법회의, 법적 절차를 거치지 않은 즉결처분에 의해 희생되었다. 계엄법은 1949.11월에 제정되었으니 당시 진압군의 민간인들에 대한 체포와 조사, 즉결처분 등은 불법적인 것이자 헌법의 기능을 정지시킨 반헌법적 폭거였다.

실이다. 이태의 『여순병란』과 『남부군』, 전병순의 『절망 뒤에 오는 것』, 김승옥의 「건」, 문순태의 『피아골』, 서정인의 「무자년 가을 사흘」 등이 있었지만 여순사건의 역사적 실체와 의의를 총체적으로 형상화내지 못하였을 뿐만 아니라 많은 독자들의 관심을 불러모으지 못하였다. 또한 나종영의 「여수동백」, 박두규의 「여순동백」 등의 시와 더불어 양영제의 소설 『여수역』, 백시종의 소설 『여수의 눈물』이 최근 출간되어 여순사건의 역사적 의의를 대중들에게 알리려고 노력했지만 여순사건의 문학적 형상화는 아직도 미진한 편이라 하겠다.

이는 어쩌면 아감벤이 제시한 '레비의 패러독스', 즉 학살을 문학적으로 재현하는 행위에 대한 아포리아적 질문과 깊은 연관이 있다. 학살에 대해 쓴다는 것은 왜곡과 오인의 가능성, 바꿔 말하면 재현 행위로부터 비롯될 지시대상에 대한 해석적 판단과 윤리적 판단에 대한 책임을 감수해야 한다는 의미를 갖고 있[4]기 때문일 것이다. 아우수비츠나 5·18민주화운동과 다를 바 없는 여순사건의 역사적 비극성 앞에서 많은 작가들이 재현 원리와 재현 윤리 사이에서 고민하면서 이를 작품화하는 데 쉽게 나서지 못했을 것으로 추론된다.

한편 이름없는 자들에게 이름을 부여하는 현재화 작업으로서의 소설적 형상화는 말할 수 없는 자들에게 현재의 살아있는 목소리를 부여하는 윤리적 결단을 동반한다. 하지만 랑시에르는 작가의 미메시스적인 행위, 자신의 목소리를 타인의 목소리인 것처럼 위장하는 소설의 말하기 방식의 한계[5]를 지적한다. 이는 과거의 역사를 현재화하는 역사 서술, 역사를 소설로 형상화하는 작업의 난해함을 지적한 것으로 역사소설의 창작이나 그 이전의 역사의 날 것 그 자체를 구체화

---

4 김명훈, 「'학살은 재현될 수 있는가'라는 질문을 역사화하기: 1980년대 후반 소설의 정치적 무의식과 '거창사건'」, 『동악어문학』 제79집, 2019, 16쪽.
5 자크 랑시에르, 『역사의 이름들-지식의 시학에 관한 에세이』, 울력, 2011, 95쪽.

하기의 어려움을 통찰한 것이기도 하다.

2. 희생양(호모 사케르), 말하지 못한 하위주체들

지금부터 70여 년 전 여수와 순천의 민중들은 자신의 안위와 편안함보다는 사회의 구조적 부조리로 인해 억압당하고 수탈당하는 존재들, 생존의 절대적 위협을 받는 이들을 위해 몸을 던졌다. 그로 인해 많은 이들이 희생되었고, 그들은 좌익으로, 빨갱이로, 건강한 사회를 해치는 절대악으로 규정되어 이 땅에서의 존재의의를 부정당했다. 그리고 국가라는 물리적 권력집단은 누구도 그들을 기억하거나 말할 수 없도록 주홍글씨라는 낙인을 박아놓았다.

그들은 우리 시대의 호모 사케르(Homo Sacer)[6]이다. 『호모 사케르』란 책을 쓴 조르조 아감벤은 호모 사케르의 유래로 고대 로마사회에서 육체적으로 살아 있지만 법적으로 존재를 인정받지 못한 자들을 예시로 끌어온다. 그들은 시민사회의 구성원으로 인정받지 못하였으며, 극단적인 경우 누군가가 그들을 살해할지라도 그 살인자는 처벌받지 않았다고 한다. 이러한 존재들을 우리는 호모 사케르, 희생양이라고 부른다. 불의한 권력집단은 희생양들을 분리하고 구별 짓는 것과 동시에 그들에 대한 희생을 요구하고 실행하는 과정을 통해 자신들의 권력을 지켜내고 재생산해왔던 것이다.

실제로 여순사건 이후 이승만 권력은 국가보안법과 계엄법을 제정하여 자신

---

[6] 호모 사케르란 사람들이 범죄자로 판정한 자를 말한다. 그를 희생물로 바치는 것은 허용되지 않지만 그를 죽이더라도 살인죄로 처벌받지 않는다. 사실 최초의 호민관법은 "만약 누군가 평임 의결을 통해 신성한 자로 공표된 사람을 죽여도 이는 살인이 되지 않는다"는 점을 명기하고 있다. 이로부터 나쁘거나 불량한 자를 신성한 자(호모사케르)라 부르는 풍습이 유래한다.(조르조 아감벤, 『호모 사케르-주권 권력과 벌거벗은 생명』, 새물결, 2008. 156쪽.)

의 정치적 반대파들을 좌익, 공산주의자로 몰아 억압하거나 처단하였다. 뿐만 아니라 좌익의 경향이 있는 이들을 전향시킨다는 이유로 보도연맹을 조직하여 6·25전쟁 직후 엄청난 학살을 자행하였다. 해방직후부터 6·25 전쟁기간동안 국가폭력에 의한 남한 지역의 민간인 희생자는 몇몇 연구자에 따라 다르기는 하지만 50만에서 114만 명에 이른다[7]고 한다. 이처럼 여순사건과 6·25전쟁을 전후해서 많은 국민들을 희생양으로 삼고 정치적으로 악용한 이승만과 이후의 보수 권력집단은 이러한 국가폭력 시스템과 장치들을 통하여 사회를 통제하고 자신의 정치적 반대파들을 희생양으로 삼아 왔던 것이다.

이처럼 여순사건의 희생자들은 호모 사케르이자 말할 수 없는 자들인 하위주체들이었다. 그럼에도 희생양이 되어야 했던 하위주체들의 발화는 결코 기득권 사회에 수용되지 않을 뿐만 아니라 광기나 이단의 소음으로 폄하되었다. 권력자들의 발화가 아닌 것들은 진리치에서 멀어져 있는 것이거나 시끄러운 소음이거나 말도 안 되는 헛소리로 치부되어 왔던 것이다. 그래서 자신들의 삶을 자신들의 언어로 말할 수 없었던 하위주체들은 망각되었거나 망각을 강요당한 존재들이다.

여순사건의 하위주체들 또한 마찬가지이다. 그들의 아름다운 목소리는 어디에서도 들을 수 없다. 그들은 말하고 싶어도 말할 수 없었고, 오히려 침묵을 강요당했다.

> 양민들의 손발은 좌우도 없이
> 철삿줄 동앗줄에 단단히 묶이고
> 죄명도 알 수 없는 바윗돌까지 채워져
> 한 가닥의 흔적조차도 남기지 말라는 듯

---

[7] 한성훈, 「한국전쟁 민간인 학살의 진상을 찾아서」, 『여성과 평화』 2, 한국여성평화연구원, 2002, 254쪽.

> 뱃전을 뚫고 가는 총소리 한방 한방
> 수많은 가슴에서 솟구치는 선혈을
> 여기 깊은 바다 속에 빨갱이로 수장시켰다.
> 물길의 행로를 이미 잘 알고 기획한 자들의
> 무지막지한 흉계와 총칼 앞에서
> 힘없이 죽은 자는 죄인이 되고
> 죽인 자는 어처구니없는 정의가 되었다.
>
> 수천 수만 명의 손톱이 빠지고 발가락도 찢겨나갔다.
> 검푸른 파도가 아가리를 벌리고 오직 침묵만을 강요했다.
>
> —「애기섬 수장터」 부분[8]

 위의 시는 여수 앞바다 애기섬에서 발생한 민간인 학살을 형상화하고 있다. 죄없는 선량한 양민을 죄인으로 만들어 학살하고, 오히려 학살한 자는 정의가 되는 역설적 상황, 그런 불의한 상황에도 결국은 침묵을 강요당하고 침묵해야만 하는 하위주체들, 여순사건의 희생자들의 아픔을 노래한 시이다.

 이처럼 정의롭지 못한 권력집단은 철저히 침묵을 강요하였고, 혹시라도 이러한 상황에 대한 진실의 말들을 광기어린 외침이나 시끄러운 잡담으로 치부하였다. 그로 인해 여순사건과 관련된 많은 이들은 침묵을 택하였다. 말할 수 없었고 말하지 않았다. 그런 이유로 말하지 못한 채 하위주체들은 잊혀 갔고, 사람들의 기억에서 사라져갔다.

---

8 김진수, 『좌광우도』, 실천문학사, 2018, 28~29쪽.

3. 언어로 표현할 수 없는 사건에서 마주한 진리

1948년 10월 19일 여수 앞바다에 첫 총소리가 울리면서 시작된 사건 앞에서 대부분의 이들은 공포에 휩싸였다. 살기 위해서, 죽음으로부터 벗어나기 위해서, 총부리를 겨누고, 누군가의 총부리에 겨누어지면서 극단의 공포가 여수와 순천, 전남 동부지역을 휩쓸었다. 어쩌면 그것은 사건의 폭력성 혹은 혁명의 열기 때문이었을지도 모르고, 죽이고 죽는 광기의 상황 때문이었을지도 모른다. 하지만 그 사건의 공포로 인해 누구도 말할 수 없었다.

> 이대로 죽는 거다. 별 수 없다. 펄쩍펄쩍 뛰고 몸부림쳐봐야 아까 모두가 그랬듯이 그런 대로 죽어지는 것이다. 기왕이면 단정히 죽어주자. 죽은 뒤 저 많은 시민들이 증언해주겠지. 억울하게 쓰러진 청춘이었다고. 거연히 어머니가 거기서 달려오신다. 양팔을 벌리시고 뭐라 하시는지 들리지 않는구나. 하마터면 벌떡 일어날 뻔했다.
> 너무도 허망한 일생. 아무 것도 해보지 못한 채 아무도 사랑해보지 못하고 이대로 죽어버리다니. 불끈 일어나 저쪽 실습지 쪽으로 도망칠까? 어차피 죽는다. 일어서서 다시 한번 억울하다고 외쳐볼까? 반항하는 줄 알고 더 빨리 쏘아버리겠지.[9]

위의 문면은 전병순의 소설 『절망 뒤에 오는 것』의 일부분으로 진압군의 총부리 앞에서 죽음을 마주한 여수여중 교사인 주인공 '서경'의 심리를 드러내고 있다. '서경'은 아무 죄도 없이 죽음 앞에 놓인 자신의 처지에 경악하고 절망한다. 말로 표현할 수 없는 절대적 공포 앞에서 '서경'은 아무 말도 할 수 없었다. 이처럼 당시의 많은 이들은 죽음의 이유도 알지 못한 채 죽음을 맞이해야만 했다.

그런데 바디우는 진리를 경험하기 위해서는 사건에 마주해야 한다고 주장한

---

9 전병순, 『절망 뒤에 오는 것』, 일신서적, 1994, 27~28쪽

다. 그 사건이란 지금껏 알고 있는 언어로는 표현할 수 없는 경험을 동반하는 것이어야 한다. 바디우에 의하면 모든 진리의 체제는 현실 속에서 그 진리 고유의 명명할 수 없는 것 위에 토대를 세운다.[10] 현실의 언어로 표현하거나 말할 수 없는 사건을 마주침으로써 과거의 지나간 진리는 무의미해지고 새로운 진리가 떠오른다는 바디우의 언명을 전제한다면 여순사건이야말로 1948년 한반도나 한민족이 지향해야 할 진리에 마주한 사건이라 이름 할 수 있을 것이다.

여순사건으로 인해 그동안 진리라고 여겨졌던 수많은 개념들, 이를테면 민족주의, 사회주의, 국가, 국토, 애국심 등의 개념들은 폐기되고 새롭게 모색되어야만 했다. 당시의 사태를 설명했던 지배담론들은 삶과 죽음의 경계에 선 여수 순천의 존재들에게는 무의미한 것이었다. 그럼에도 당대의 권력자들은 허망한 이데올로기를 끌어와 사태를 설명하고 여수 순천의 민중들을 반도로 폭도로 빨갱이로 규정하였고, 여수와 순천 등의 남도를 반란의 땅이라는 낙인을 씌웠다.

당시 여수 순천의 민중들이 겪은 죽음 앞에서의 공포와 광기는 그 누구도 기존의 알고 있는 언어로는 표현할 수 없는 것이었다. 바디우의 표현대로 사건 그 자체였다. 당대의 민중들이 가지고 있던 조국, 민족, 국가라는 개념을 전제로 한 진리치로는 여수 순천에서 발생한 폭력적인 사태에 대해 설명하거나 표현할 수 없었던 것이다. 여수와 순천의 민중들이 자신이 가지고 있던 참과 거짓, 옳음과 그름, 선과 악의 개념들로는 당시 발생한 수많은 사태들을 이해하거나 설명할 수 없었다. 국민을 지키고 보호해야 한 군대가 국민을 이유도 없이 무차별적으로 학살하는 사태를 당시 민중들은 어떤 진리치와 개념으로 이해할 수 없었던 것이다. 민중들이 경험한 미증유의 폭력과 절망과 공포를 설명하기 위해서는 새

---

10 알랭 바디우, 『비미학』, 이학사, 2011, 50쪽.

로운 언어와 새로운 진리치가 필요했던 것이며, 그런 점에서 여순사건은 여전히 지금도 한반도에서 살아가는 우리들이 새로운 시대를 열어나가야 할 진리를 탐색하고 규정하는 임계점으로 작동하고 있다고 할 수 있다.

4. 부재하는 아버지에 대한 그리움의 시적 형상화

여순사건의 국가폭력으로 인한 상처는 희생자보다는 살아남은 자녀들의 몫이었다. 아버지나 어머니의 부재는 가족의 해체를 불러왔다. 이는 가난과 배고픔, 교육기회의 박탈, 좋은 직장으로의 취업의 제한, 그리고 또다시 계속된 궁핍으로 이어졌다. 이 과정에서 부정한 권력집단이 만들어놓은 국가보안법이나 연좌제는 이들의 삶의 굴레를 더욱더 나락으로 떨어뜨렸다. 하여 그들에게 남은 것은 나라다운 나라에서 온전한 국민으로 살아가지 못하고 있다는 열패감과 더불어 개인의 삶의 불안과 소외감으로 인한 정체성과 자존감의 상실뿐이었다. 그런 과정에도 불구하고 그들은 국가와 사회에 대한 적대감보다는 자신보다 약한 자들을 보듬고 사회의 어두운 곳에서 힘들어하는 자들과 함께 살아가려는 의지를 잃지 않았다.

사회적 약자, 소수자로 살아온 여순사건 유족들의 70여 년 이상의 한맺힌 삶 속에 그들에게 가장 간절했던 것은 부재하는 아버지에 대한 그리움이었다. 대부분 아버지의 얼굴을 보지 못하였기에 아버지를 거의 기억하지 못하였고, 그나마 한두 장의 사진으로 아버지의 기억을 대신하였다. 오미옥의 「안부」는 이러한 아들들의 아버지에 대한 간절한 그리움을 노래하고 있다.

> 처마 밑에 숨겨둔 사진 한 장마저 불태우고
> 뭉툭해진 가슴에 당신 이름을 달고

> 어머니마저 먼 길 떠나버린 세상에서
> 가난하고 외롭게 살아온 세월 동안
> 수백 번 불러보던 아버지
>
> 서리서리 당신이 그리울 때
> 만나러 가야 할 시간이 다가올 때
> 개똥밭에 굴러도 좋은 이승에서
> 당신을 꼭 만나고 싶었다
>
> 백발선사가 되어 오시려는지
> 눈물꽃 되어 오시려는지
> 백 년 후라도 기다리고 싶은 당신
> 허기진 그리움도 죄가 되어
> 맘대로 당신을 그리워해보지 못한 지난 삶
>
> 오미옥 – 「안부」부분

　이 시에서 화자는 '숨겨진 사진 한 장마저 불태'웠음을 고백한다. 부조리하고 무자비했던 권력으로부터 제2, 제3의 피해를 받지 않으려는 당시 민초들의 힘겨운 안간힘을 잘 보여주는 대목이다. 그리고 화자는 '오직 가슴에 당신 이름'을 담고 가난하고 외로운 세월 동안 '수백 번' 아버지를 부르면서 그리워했다고 토로한다. 그러면서 "허기진 그리움도 죄가 되어 / 맘대로 당신을 그리워해보지 못한 지난 삶"을 안타까워한다. 그런데 화자는 두 번째 연에서 현실화할 수 없는 불가능한 꿈, 그래서 더욱 안타까운 아버지에 대한 그리움, 그것은 곧 "개똥밭에 굴러도 좋은 이승에서 / 당신을 꼭 만나고 싶"다는 소망을 제시한다. 이미 70의 나이를 넘어 곧 아버지를 '만나러 가야 할 시간이 다가'오지만 저승이 아닌 바로 지금 이곳에서 아버지를 만나고 싶다는 것이다. 이는 고려가요 〈정석가〉에서 "구운 밤 닷되를 심어 싹이 나거든 그대를 만나겠다"는 화자의 시적 역설에 다름 아니다.

| 제1부 | 여순사건에 대한 이해

실현불가능한 임과의 만남, 즉 임에 대한 그리움을 현실화시켜 놓고 싶은 강렬한 의지가 오미옥의 이 시에서도 주요한 시적 발상의 기원이 되고 있다. '백 년 후라도' 아버지, 당신을 기다리겠다는 시적 화자의 역설적 의지와 그리움이 빛난다.

이같은 아버지에 대한 그리움이 맺히고 맺혀 현실에서 만나고 싶다는 역설에 도달하는 또다른 시가 이종형의「침묵을 흔들어 깨우는」이다. 이 시에서도 아버지가 '사라진 연유를' 누구도 속 시원히 이야기해주지 않았으며, '쉬쉬, 입 닫고 귀 막아 살아온 세월'이었기에 화자의 아버지에 대한 그리움은 지극하고 지극할 뿐이다. 그런데 문제는 화자인 아들이 여순사건으로 돌아가셨던 아버지보다 더 나이들고 말았다는 점이다. 여순사건 당시 아버지들은 20~30대에 돌아가셨지만 살아남은 아들들은 지금 70, 80을 훌쩍 넘긴 나이가 되고 말았기 때문이다. 지금 여순사건 유족들의 가장 기막힌 설움의 고갱이다. 여기서 시상은 더욱 고양된다. 혹여라도 죽어서 '서천꽃밭 언덕길에서 서로 마주쳐도' 늙은 아들이 젊은 아비를 '얼굴 못 알아보고 그냥 스쳐 지나가면 어떡하나'라는 것이다. 이는 '늙은 아들은 젊은 아비를 그렇게만 기억할 수밖에 없는 나날' 때문이었으리라. 불가역의 시간이 아들을 죽은 아비보다 늦게 만들었으니 어찌 서로 알아볼 수 있을 것인가? 시인의 상상력과 현실인식의 감각이 벼리고 벼린 칼날과 같다.

> 누구도 아버지가 사라진 연유를 속 시원히 얘기해주지 않은 채
> 쉬쉬, 입 닫고 귀 막아 살아온 세월이었던 거라
> 아들이 아비보다 더 나이 들어
> 서천꽃밭 언덕길에서 서로 마주쳐도
> 자칫 얼굴 못 알아보고 그냥 스쳐 지나가면 어떡하나
> 늙은 아들은 젊은 아비를 그렇게만 기억할 수밖에 없는 나날이었던 거라
> 　　　　　　　　　　　　　이종형 –「침묵을 흔들어 깨우는」 부분

늙어버린 아들이 젊은 아버지를 죽어서마저 알아볼 수 없을지도 모른다는 두려움 때문에 아들의 아버지에 대한 무한한 그리움은 과거를 더 이상 현재로 돌이킬 수 없는 시간의 불가역성앞에서도 이를 현실화시키고자 하는 역설적 열망으로 강화된다.

5. 자연과 산천이 기억하는 역사의 비극

죽은 자는 말이 없다. 하여 죽은 자는 증언할 수 없는 자이다. 그럼 산 자는 증언할 수 있는가? 여수 형제묘와 만성리, 순천의 수박등과 신전마을, 구례의 산동과 간문천변, 광양의 반송쟁이, 그리고 고흥·보성 등등의 공간에서 벌어진 학살을 산 자들은 온전히 증언할 수 있는가? 여순사건의 상처와 진상이 온전히 규명되고 치유될 수 없었던 이유가 바로 여기에 있음이다.

김경윤은 「당산나무의 비명」에서 죽은 자와 산 자들이 증언할 수 없었던 역사적 비극의 참상을 '당산나무'라는 객관적 상관물을 통해 증언하고 있다. 이 시에 형상화된 '동구 밖 당산나무' 또한 말도 못한 채 억울하고 힘든 삶을 살아온 사람들, '처방전 없는 슬픈 속병을 앓으며 살아온' 사람들을 대신하여 그들의 '비명을 나이테에 새기고/묵묵히 푸른 잎으로 울음을 토하고 있다'. 푸른 잎으로 존재함으로, 살아있음으로 말못해온 사람들의 속병과 비명을 대신하는 '당산나무'야말로 여순의 역사적 비극성을 상징하는 객관적 상관물이다. 이는 정지용이 자신의 어린 아들의 죽음을 '차고 슬픈 것이 어른거리는' 병실의 '유리창'이라는 객관적 상관물로 제시한 것을 떠올리게 한다. 아들의 영혼으로 추론되는 '차고 슬픈 것'이 어른거리는 '유리창'이야말로 죽은 아들로 인한 슬픔의 정서를 환기시키는 절묘한 객관적 상관물인 것이다. 김경윤의 이 시에서의 '당산나무' 또한 여순사건의 비극, 한 마을에서 학살된 많은 희생자들과 살아남은 가족들의 비명과 울음을 대체하는 객관적 상관물인 셈이다.

> 동구 밖 당산나무는
> 처방전 없는 슬픈 속병을 앓으며 살아온
> 한 마을 사람들의 비명을 나이테에 새기고
> 묵묵히 푸른 잎으로 울음을 토하고 있다
>
> 말도 못 한당께 나 살아온 세상 억울하고 힘들고…
> 〈중략〉
> 비명(悲鳴)도 없이 죽어 비명(碑銘)도 없이 사라진
> 사람들의 기멕힌 이야기가 강물로 흐르는
> 그 마을에 가면
>
> 아직도
> 산수유 피면 노란 꽃으로 오고
> 동백이 피면 붉은 꽃으로 오는
> 사람들의 비명이 들린다
>
> 김경윤 - 「당산나무의 비명」 부분

때문에 산 자와 죽은 자의 온전한 증언을 자연, 나무라는 생명체, 이 시의 결구에서는 '산수유의 노란 꽃'과 '동백의 붉은 꽃'이 대신하고 있음을, 하여 그 비극은 사람의 아픔을 넘어 자연을 통해 영구히 살아 남아 잊혀지지 않을 것이라 시인은 노래하고 있는 것이다.

자연물이라는 대상을 객관적 상관물로 여순사건의 비극성을 형상화하는 방식은 주영국의 「풀무덤」에서 동일하다. 그의 시에서의 객관적 상관물인 '풀'은 바람보다 먼저 눕고 바람보다 먼저 일어서는 김수영의 「풀」과도 시적 함의를 공유

하고 있다. 하지만 주영국의 이 시에서의 '풀'은 민중을 함의하면서도 국가폭력의 무지비한 양상을 투사해내는 데 더 깊은 의미의 자장을 형성한다. 이 시에서 화자는 예초기로 잡초를 제거하면서 자신도 또다른 가해자일지도 모른다는 씁쓸한 통찰에 다다른다. 어쩌면 이러한 시인의 통찰은 근대국가의 형성과정이 정원의 관리과정과 유사하다는 어느 정치학자의 지적에 맞닿아 있다. 사실 근대민족국가는 한 민족의 순수한 인종적 일관성을 유지하기 위해 다른 인종, 민족을 철저히 구별하고 배제하고 심지어는 학살하였다. 이는 유태인 학살로도 증명되는 바이다. 또한 사회내부적으로도 국가형성에 장애가 되는 소수자들을 구별하고 사회적으로 격리하고 배제하였는데, 이러한 근대국가의 관리 방식이 잡초를 제거하고 키가 크거나 작은 나무들을 베고 이식하는 정원 관리 방식과 너무나 유사하다고 할 것이다. 주영국 시인은 예초기로 풀을 베면서 대한민국의 국가형성기에 무수한 민간인 학살의 대상이 되었던 희생자들이 '정원국가'라는 허울과 폭력으로 스러져갔음을 날카롭게 제시해내고 있다.

> 예초기 날 아래 죄 없는 풀들이
> 죽어 두서없이 날아가는 것처럼
> 나도 팔월의 가해자여서
> 운동장에서도 죽고, 막다른 골목에서도 죽고
> 그해 시월의 남쪽 군사들은 왜
> 방아쇠울에 굽은 검지를 걸고 애먼
> 풀들을 향해 마구 갈겨댔던 것일까.
> 그때부터 순천만 서쪽은 더 붉어지고
> 서걱이던 갈대의 노래 더 깊어지고
> 여순의 모든 지명에서는
> 누른 화약 냄새가 났다
>
> 주영국 – 「풀 무덤」 부분

이처럼 시인은 '풀'이라는 객관적 상관물을 통해 그해 시월의 참혹한 국가폭력의 현장을 고발하고 있다. 운동장에서, 막다른 골목에서 '애먼 풀들을' 향해 '마구 갈겨댔던' 시월의 남쪽의 참상이, 비극적 역사가 올연히 도드라진다. 하여 시인은 "순천만 서쪽은 더 붉어지고 / 서걱이던 갈대의 노래 더 깊어지고 / 여순의 모든 지명에서는 / 누른 화약 냄새가 났다"고 형상화하고 있다.

6. 민중의 수난과 생명에의 의지
   – 문순태의 『피아골』

여순사건을 제재로 한 소설 『피아골』은 1부 〈딸의 이야기〉, 2부 〈아버지의 이야기〉로 구성되어 있다. 1부는 지리산 피아골에서 태어난 딸 만화(萬花)가 무당인 할머니의 죽음 이후 서울에 사는 어머니 김지숙을 따라가 살았던 내력이 서술되고 있다. 만화는 할머니와 같은 무당이 되고 싶었지만 어머니를 따라가 서울에서 성장하게 된다. 하지만 결혼과 이혼 후 다시 고향인 피아골로 되돌아온다. 그의 귀향의 궁극의 이유는 어쩌면 부재했던 아버지에 대한 그리움 때문이었다. 그러면서 동시에 대면하지 못했던 아버지의 삶의 실체를 알고 싶었던 것인지도 모른다. 그리고 아버지 찾기란 자신의 뿌리 찾기이면서 자신의 가족사에 대한 온전한 규명을 목적으로 하는 것이다. 그래서 1부의 이야기는 2부 아버지 배달수의 이야기에 대한 암시와 복선으로 작동한다. 그리고 2부에서는 딸 만화가 할머니와 살아야만 했던 이유, 어머니 김지숙이 왜 딸을 버리고 서울로 재가를 할 수밖에 없었던 이유를 해명하는 서사가 전개된다. 하지만 작가가 초점을 두고자 한 이 작품의 핵심서사는 여순사건의 비극적 양상과 피아골 민중의 뼈아픈 수난사이다. 그런 점에서 소설 『피아골』의 심층의 주제는 2부 〈아버지의 이야기〉에 집중되어 있다.

2부에 등장하는 아버지 배달수는 피아골에서 대대로 살아왔던 포수 집안의 자손이다. 그의 10대조 할아버지는 정유재란 때 왜병들에 맞서 싸우다 순절하신 분이고, 그의 할아버지 '배문출' 또한 포수였는데 한말 2차 의병에 참가하여 돌아가셨다. 그의 아버지 '배성도'도 기미년 만세운동이 일어나자 집을 몰래 빠져나간 후 돌아오지 않았던 포수였다. 그런 가족사의 내력으로 그의 할머니와 어머니는 배달수가 포수가 되는 것을 극력 반대한다. 그럼에도 그는 날이 새면 산으로 올라가 짐승을 사냥하는 것을 좋아한다. 그는 결국 올무로 곰을 사냥하다 큰 부상을 입은 후 총을 무척 갖고 싶어하게 된다.

> 군청 담벽에 큰 벽보가 붙어 있었는데, 사람들이 웅성웅성 벽보 앞에 걸음을 멈추어 섰다. 국방경비대를 모집한다는 벽보였다. 벽보를 보는 순간 배달수의 머리에는 총이 떠올랐다. 국방경비대에 들어가면 총을 가질 수 있게 될 것 같았다.〈중략〉
> 곧 총이 지급되었다. 그는 몇 번이고 총을 쓰다듬기도 하고 입을 맞추기도 하였다. 그는 마치 자신의 어느 한 부분, 말하자면 팔이나 다리 같은 한 분신을 되찾은 기분이었다. 총을 갖게 되자 당장 지리산으로 가고 싶었다.[11]

위의 글에서와 같이 배달수는 군청 벽보에 붙은 국방경비대 모집 광고를 보고 군대에 입대하면 총을 가질 것이라는 기대로 국방경비대에 들어가게 된다. 그는 단지 사냥을 위한 총이 필요했던 것이다. 그는 나중에 아내가 된 김지숙에게도 "나는 이편도 저편도 아니로구만요. 나는 좌익이 뭔지 우익이 뭔지 모르고, 그저 총이 갖고 싶어서"라고 자신의 처지를 설명하기도 한다. 특히 14연대 봉기가 일어난 10월 19일 밤에도 그는 지리산에서 멀리 떨어진 제주도로 간다는 소

---

[11] 문순태, 『피아골』, 정음사, 1985, 210~211쪽.

리를 듣고 꿈이 이루어지는 것이 아득하게 멀어진다고 생각한다. 제대로 된 학교 교육을 받지 못한 배달수는 자신의 처지와 상황에 대해 제대로 인식하거나 설명해내지 못한다. 자신이 어쩔 수 없이 빨치산이 되어 저지른 살육의 상황에 대해 제정신이 아니었다거나 혼을 빼앗겨버린 일로 치부할 뿐이다. 하여 그는 그 상황을 자신 스스로도 납득할 수 없는 것으로 변명할 뿐이다. 하지만 이같은 배달수의 상황인식 수준은 당시의 민초들, 당대의 역사와 현실에 대해 무감각하거나 무지했던 이들의 일반적인 의식 수준이었을 것이다. 남북분단이나 이념의 갈등에 대해 전혀 알지 못한 채 그저 살아남아야 한다는 본능적 판단만이 당시의 민초들의 인식과 판단의 최종심급이었을 수도 있다.

루카치가 언명한 바와 같이 심각한 내전의 상황에서도 일반 국민, 민중들의 생활은 계속되는 것이 역사적 현실이라는 점에서 『피아골』은 여순사건을 전후한 당대 민중들의 있는 그대로의 삶과 처지를 제대로 형상화해내고 있는 셈이다. 배달수의 이러한 무지와 무감각의 특징들이 "어떤 정신적·이념적 알맹이를 담지 않은 소설기법"이라거나 "반역사주의적이거나 반이성주의적인 태도"의 소설가로 문순태를 평가하는 이유가 될 것이다. 하지만 문순태가 지향한 바는 인간 중심의 의식을 뛰어넘는 생명존중의 의식 혹은 사상이라 할 것이다. 민중과 생명의 가치를 중심에 놓는다면 6·25 전쟁도, 이념의 갈등도, 통일운동도 결국은 적과 동지를 가른 무분별한 살육에 다름 아닐 뿐이다. 문순태가 궁극으로 지향한 바는 모든 생명의 가치를 존중하는 평화로운 민중의 세상이었을 터이다.

7. 여순사건의 비극성과 작가의 원체험
– 서정인의 『무자년의 가을 사흘』

『무자년의 가을 사흘』의 시·공간적 배경은 1948년 여순사건이 발생한 순천에서의 사흘이다. 등장인물은 주인공인 소학교 6학년 '어린이', 아버지가 빨치산인 이웃집 친구 '봉수', 좌익에 협조하는 인물이자 천재적인 우등생인 중학교 4학년 '용완이 형' 등이다. 이 소설에서는 소학교 6학년인 주인공 '그'를 초점 화자로 삼아, 어린이의 시선으로 여순사건의 폭력성과 비극성을 고발하였다.

『무자년의 가을 사흘』은 순천 출신으로 열세 살의 어린 나이에 여순사건을 실제로 경험한 서정인의 원체험을 근간으로 삼고 있는 작품이다. 소설에서 제시되고 있는 바와 같이, 서정인은 아주 어린 나이였음에도 진압군에 의해 검거되어 북초등학교[현 순천북초등학교]로 잡혀갔다가 밤에 풀려난 경험을 하였다. 서정인이 경험한 진압군에 의해 자행된 무자비한 폭력은 후반부에 잘 서술되어 있다.

이 작품에서는 여순사건이 발발한 날의 교실 풍경으로부터 시작해서 3일 만에 진압군에 의해 순천이 점령되고, 이후 발생한 비극적 폭력의 양상을 어린이의 시선으로 드러내고 있다. 다음의 구절들에 여순사건 당시의 폭력성과 비극성이 잘 나타나 있다.

> 군인들은 이틀 전, 비켜, 하고 총질을 해대던 군인들과 똑같은 군대였다. 똑같은 철모, 똑같은 군복, 똑같은 소총, 똑같은 낯짝, 그들은 북쪽으로 이동했다. [중략] 벗은 장정들이 손들을 뒤로 묶이고 굴비두름처럼 줄줄이 엮여서 군인들에게 끌려 나갔다. 드르륵 드르륵 총소리들이 간단없이 들려왔다. 그들은 경찰관 옷과 금테 모자를 쓴 사람이 군인들과 섞여서 사이좋게 설치는 것을 보고 세상이 또 한 번 뒤집힌 것을 깨닫기 시작했다. 그는 배가 고팠다. 아침나절에는 그럭저럭 구경거리도 많고 해서 배고픈 줄 몰랐는데, 점심때가 겹치자 차츰 지루하고 허기가 지기 시작했다. 그는 머리가 텅 비어서 아무것도 알 수 없었다. 처음에는 죽는 사람들은 물론 죽이는 사람들도 들뜨고 격했는데, 나중에는 차츰 죽이는 사람들은 물론 죽는 사람들도 허리가 아프고 놀이가 시들해졌다.[12]

---

12 서정인, 『무자년의 가을 사흘』, 아시아, 2013, 102~103쪽.

서정인 소설의 독특함은 전통적인 소설의 서술 방식과의 차별성으로부터 기원한다. 서정인은 에피소드의 인과 관계를 바탕으로 서사 전개를 진행시켜가는 기존의 사실주의 소설의 계열과는 다르게 사건의 인과율을 무시하고, 작중 인물들의 무질서한 내면과 말장난스러운 대화를 서사의 핵심으로 삼는다. 서정인의 소설은 당대인의 삶과 사회적 정황을 사실적으로 드러내기보다는 사회 주변부 인물들의 낯선 인식과 시각과 내면을 주로 제시한다.

그런데 이 작품은 서정인의 어린 시절의 원체험을 서사의 근간으로 삼았다는 점에서 그동안의 서정인의 소설적 특징들로부터 약간 비켜 서 있다고 할 수 있다. 이 소설에서도 인물들의 장황한 대화나 말장난스러운 방식의 내적 독백 등이 제시되기도 하지만, 서사적 무게 중심은 비극적인 현실을 제시하는 데 있다. 『무자년의 가을 사흘』은 작가의 독특한 소설 서술 방식을 통해 여순사건 당시의 비극성을 잘 나타내고 있는 작품이라는 점에서 평가할 만한 의의를 갖는다.

8. 왜곡된 역사와 국가폭력의 비극성
– 백시종의 『여수의 눈물』

백시종의 『여수의 눈물』은 작가가 5살 무렵 여수에 살면서 직접 겪었던 원체험으로서의 여순사건을 소설화한 것이다. 경남 남해에서 태어난 그가 어머니의 고향인 여수에 와서 살게 되는데, 특히 여수에서의 성장 과정에서 여순사건을 경험하였다. 이러한 경험의 기억이 유년 시절의 커다란 충격으로 작가 백시종에게 각인되었던 것 같다. 『여수의 눈물』의 첫부분 「작가의 말」에서 작가가 술회한 것처럼 여수 출신의 작가로서의 부채의식으로부터 기원한 소설쓰기의 결과물이 바로 이 작품이었던 셈이다.

> 1948년 10월 18일, 나는 여수 공화동에 있었다. 여천 군청청사 뒤쪽이 내가 살았던 터전이다. 〈중략〉 이른바 '여수반란사건'의 현장이었다. 우리 나이로 다섯 살이고, 만으로 네 살짜리 철부였지만 나는 그날 새벽 콩 볶는 총소리를 들었고, 포승줄에 묶인 채 총살당하는 제복 입은 남자들의 죽음도 보았으며, 태극기인지 인공기인지 구분되지 않았지만, 어쨌든 깃발을 흔들며 환호하는 군중들 속에 나도 끼어 강물 흘러가듯 그렇게 휩쓸려가기도 했다.[13]

그간 여순사건을 소재로 한 소설들이 있었지만 서정인의 『무자년의 가을 사흘』을 제외하고는 작가의 원체험을 바탕으로 한 소설을 찾기란 쉽지 않다. "비록 역량이 부족하고 필력이 모자란다 하더라도, 반드시 내 어린 시절, 그 참혹한 날로 돌아가 그날의 잿빛 하늘과 비극의 순간순간을 가능한 있는 그대로 재현해 내리라"[14]라는 그의 고백이 바로 이 작품의 창작의 기원이 되었던 것이다. 그런 점에서 비록 아주 어린 시절의 기억이지만 여순사건에 대한 원체험과 여수에 대한 익숙한 장소성이 제시되고 있는 이 작품의 여순문학으로서의 가치와 의의는 매우 높다고 하겠다.

이 소설에서 주요한 서사를 이끌어가는 인물은 주인공 화자 서병수이다. 그는 서울 사립대학의 미술 전공 교수이자 화가인데, 정년퇴임후 고향 여수의 폐교에 개인 작업실을 만들고자 여수를 찾게 된다. 그가 여수에서 여순사건의 진상규명에 열정을 쏟고 있는 초등학교 친구 김귀석을 만나게 되면서 어린 시절 체험했던 여순사건의 실체를 알아나가게 된다. 사실 그에게 여순사건의 실체 찾기란 자신의 어두웠던 과거의 정체와 숨겨진 가족사의 비밀을 규명하는 작업이기도 하다.

---

13 백시종, 「작가의 말」, 『여수의 눈물』, 문예바다, 2020, 5쪽.
14 위의 글, 9쪽.

그의 아버지는 여순사건 이후 빨치산의 일원에게 암살을 당하게 되고, 어머니는 주인공의 형제들을 데리고 고향인 여수를 몰래 떠나 서울에 와서 엄청난 부를 축적하게 된다. 그에게 여순사건은 반란 사건이었고 아버지를 죽음으로 몰아가 가족해체의 비극을 가져온 하나의 사건이었을 뿐이다. 그러나 여수에서 여순사건 당시의 진압군이었던 황말암과 그의 손녀 황미라, 친구 김귀석의 작은아버지 김찬구를 대면하면서 여순사건의 실체를 발견해 나간다. 그리고 그동안 독립투사로 알았던 아버지의 부끄러운 과거와 죽음의 진실을 깨닫게 된다. 익숙하게 알았던 역사적 사실의 실체와 진실이 서로 조응하지 못하는 현실을 비로소 주인공 서병수가 깨닫는 가운데 서사는 종결된다.

다른 여순사건 소재 작품들보다 이 작품이 선취한 성과는 그동안의 학계와 시민사회가 탐색해낸 여순사건에 대한 역사적 진실 규명의 성과를 그대로 수용하여 작품에 반영했다는 점이다. 반란이라는 그간의 반공이념의 인식틀을 깨뜨리고 여순사건이 국가폭력에 의한 반인륜적 민간인 학살이었으며, 이러한 국가폭력에 대한 민중들의 항쟁이었음을 작품에 반영한 것은 그간의 여순 문학과는 다른 성과인 셈이다.

9. 양영제의 『여수역』과 여순사건 문학의 전망

여순사건을 본격적으로 다룬 양영제의 장편소설 『여수역』[15]은 귀향의 내적 형식을 빌려 1948년, 지금으로부터 70여 년 전 발생한 여순사건의 실체, 특히 정통성을 상실한 국가 권력이 무고한 민간인들에게 폭력을 행사한 비극적 양상을 형

---

15 양영제, 『여수역』, 바른북스, 2017.

상화해내고 있다. 이 작품은 여순사건에 대한 그동안의 침묵을 깨뜨리고 여순사건과 국가폭력의 문제를 문학적으로 형상화해냈다는 점에 큰 의의를 갖는다. 여순사건의 문학적 형상화에서 가장 중요한 것은 여순사건이 여전히 여수와 순천 등의 지역공동체가 해결해야 할 현재진행형의 과업임을 밝히고 있는 점인데, 이러한 과제를 작가는 여수라는 구체적인 공간과 장소성을 매개로 하여 이 작품에서 치밀하게 형상화하고 있다. 소설에서 제시되고 있는 여수의 많은 공간들이 여순사건의 실체를 드러내주는 장소성을 획득해내고 있다. 여수역 광장 - 귀환정 - 새마을 동네 - 번영상회 - 신월동 - 형제묘 - 여수 엑스포역 등의 공간의 명칭이 장의 제목으로 제시되면서 각각의 공간에 새겨져 있는 여순사건의 비극성이 효과적으로 드러나고 있는 것이다.

이 소설에서 귀향의 여로와 함께 서사를 추동하는 핵심은 바로 주인공의 어린 시절의 추억과 기억이다. 하지만 주인공 '훈주'의 유년시절의 추억과 기억은 다른 귀향소설의 주인공의 그것들처럼 아름다웠던 것만은 아니다. '훈주'에게 있어서 여수에 대한 기억은 수많은 학살과 죽음의 이미지로 전경화되어 그의 내면을 가득 채우고 있다. 그럼에도 그는 공동체 구성원들의 화해를 위해서 무엇보다도 중요한 것이 비극적 역사를 잊지 않고 기억하는 것임을 이 작품에서 피력하고 있다.

작가는 여순사건의 문제를 단지 미국의 자본주의 세계 체제 전략이나 당시 권력집단의 폭력성과 권력욕만 탓해서는 안 될 것임을 반복해서 주장하고 있다. 작가는 이 소설을 통해 여순사건의 진상규명과 희생자 명예회복을 위해서는 가해자였던 외부의 적을 설정하고 비판하는 것도 중요하지만 지금 우리가 해야 할 책임과 의무에 대한 자기반성의 필요성을 제기한다. 이 작품이 가지고 있는 궁극의 의미는 여순사건이 지나간 과거의 역사가 아니라 여전히 현재성을 가지고 우리 모두가 지금 해결하고 책임져야 할 사건임을 강조하고 있다는 점이다.

이 작품은 여순사건이 지나간 과거의 역사만이 아니라 지금 우리가 해결해야 할 한번도의 수많은 의제들의 중층적 핵심 고리의 역할, 즉 한반도가 당면한 역사적 과제를 해결하기 위한 시금석으로서의 현재적 가치를 강조하고 있다. 그리고 이 점이 여순사건을 소재로 한 문학적 형상화가 이루어져야 당위적 이유가 되기도 한다. 이 작품을 계기로 여순사건의 문학적 형상화가 충분히 이루어져서 여순사건의 역사적 실체 규명과 더불어 한반도의 역사적 과제가 해결될 단초가 되어야 할 것이다.

10. 구술사로 살펴본 여순사건

여순사건의 역사적 진실과 피해자들의 참상에 대한 구술채록은 여수와 순천의 시민단체들에 의해서 처음 시작되었다. 국가폭력의 책임이 있는 국가가 아닌 민간에 의해 처음 여순사건의 구술 채록이 이루어진 것이다. 순천지역의 '전남동부지역사회연구소'는 1990년 6월 발간한 『지역과 전망』 제2집부터 제4집까지에 「내가 겪은 여순사건」이란 제목으로 여순사건 관련자들의 증언을 채록하여 연재하였다.

이러한 민간에 의한 여순사건 구술채록 작업은 여수에서도 비슷한 시기에 이루어졌다. '여수지역사회연구소'는 1997년 3월부터 1998년 9월까지 여수지역의 피해 실태를 조사하는 과정에서 여순사건 관련자와 피해자 53명을 대상으로 한 구술 채록을 '내가 겪은 여순사건'이란 제목으로 『여순사건 실태조사보고서 제1집-여수지역편』에 수록하였다. 여기에는 여순사건 당시 중앙동에서 열린 여수군인민대회에서 연설했던 것으로 알려진 정기순, 당시 군경측 관련자들인 여수경찰서 정보과 형사 최명균, 14연대 7중대장 김정덕의 증언이 게재되어 있다는 점에서 그 가치가 높은 구술자료라고 하겠다.

한편 국사편찬위원회에서는 2004년부터 근현대사와 관련된 인물, 사건에 대한 구술자료를 수집하였는데, 이와 관련하여 선휘성에 의해 수행된 2004년의 「지역민이 체험한 여순사건」, 박병섭에 의해 2010~2011년에 수행된 「지역민이 겪은 여순사건」 등 여순사건에 대한 증언 채록 사업이 이루어진 바 있다.

여순사건에 대한 본격적인 구술채록 작업은 순천대학교의 '여순연구소'에 의해 이루어졌다. '여순연구소'는 2019년 순천시 여순사건 구술채록 사업, 2020년 구례군 여순사건 구술채록 사업, 2021~2022년 전라남도 여순사건 유족 증언 녹화사업을 진행하면서 530여 명에 가까운 여순사건 관련자와 피해자의 구술채록의 성과를 올렸다. 여순연구소는 이를 바탕으로 총 6권의 유족증언집을 발간하였다. 2019년 『나 죄없응께 괜찮을거네』, 2020년 『한번도 불러보지 못한 그리운 이름 아버지』, 2021년 『몸서리 나는 세상이라 참말로』, 2022년 『70여 년, 하루하루가 목숨같은 시간이여』, 2022년 『한 풀고 눈 감으면 좋으련만』, 2023년 『나는 아버지 얼굴을 몰라요』 등의 유족증언집이 발간되면서 그동안 여순사건에 관심을 갖지 못하거나 제대로 그 진실을 알지 못하던 대중들이 여순사건의 역사적 실체와 피해자들의 상처와 아픔을 공감하는 계기가 되기도 하였다.

1) 역사의 대리보충으로서의 구술자료

벌거벗은 생명들인 피해자들이 말하지 못하고 침묵하는 것은 기존의 지배담론에 의해 강요된 것이고, 그것이 투사 내면화된 결과이다. 국가폭력의 피해자들이 말하지 못하거나 말하지 않는 것은 지배적인 언어로 말하지 않았을 때 부담해야 할 도덕 윤리적 책임을 넘어 정치적 책무에 부과되는 생명권의 지속 여부와도 깊은 연관이 있다. 결국 지배담론을 넘어서거나 위반하는 발화는 개별적 존재의 생명이나 생존권의 단절과 깊은 연관이 있다는 것을 피해자들은 이미 생리적 감각을 통해 정치적으로 내면화하고 있었던 것이다.

한 개인의 삶에 있어서의 기억의 작용과 효과는 한 국가나 사회에 있어서의 기억의 의미 보다 더 크고 강력한 것이 될 수도 있다. 아감벤은 무의미한 죽음으로 치부되어온 숨겨진 역사를 밝혀내는 것, 잊혀진 것들을 기억해내는 것이 바로 살아남은 자의 소명임을 강조[16]한 바 있다. 더구나 근대 이후 극단의 전쟁과 살육으로 점철된 우리 현대사를 기억하고 환기해내는 것, 그 역사적 실체와 의의를 밝혀내는 작업은 우리 모두의 과제라 할 수 있다.

『기억의 공간 - 문화적 기억의 형식과 변천』을 저술한 알라이다 아스만은 "기억과 역사가 결코 동의어가 아니며 기억은 항상 현재 활성화되고 있는 현상이며 영원한 현재에서 체험한 구속력이지만, 그에 반해 역사는 과거의 재현에 불과하다[17]"고 주장하기도 하였다. 역사라는 보편자가 가진 탈마법화의 일을 대리보충하는 것이야말로 기억의 작업이고 효과일 것이다. 그런 점에서 기록되고 기억되는 현재의 공식역사가 아니라 누구에게도 말할 수 없었던 가려지고 잊혀진 역사가 말해지고 기록될 당위를 요구받는다. 현재 기록되어 있는 공식역사가 아니라 말할 수 없는 자들의 말들에 의해 새로운 역사의 대리보충이 필요한 이유다. 공식적인 기록의 역사를 구술의 역사로 대리보충하는 작업이 한국현대사의 당면과제인 것이다.

---

[16] 아감벤은 기억과 증언의 노력이 "무의미한 죽음을 정당화하려는, 즉 도무지 납득이 가지 않는 것에 의미를 되돌려주려는 무의식적 요구로부터 비롯된 것"임을 밝히고 있다.(조르조 아감벤, 『아우슈비츠의 남은 자들, 문서고와 증인』, 새물결, 2012, 37쪽-39쪽 참조)
[17] 알라이다 아스만, 『기억의 공간 - 문화적 기억의 형식과 변천』, 그린비, 2020, 179쪽.

사실 대부분의 역사적 사실은 그 인과관계를 실증할 자료에 의존하는 경우가 많다. 그리고 그러한 자료들은 문자에 의해 기록된 것들이다. 이처럼 기록된 자료들만이 역사자료로서의 정당성을 인정받는 것이다. 하지만 승리한 자들에 의해 기록된 것들만이 그 역사적 실체를 온전히 증명하지는 않는다. 오히려 말할 수 없었고 기록할 수 없었던 이들의 가려진 역사 또한 역사의 한 단면을 보여준다. 말하고 싶어도 말할 수 없었고 기록하고 싶어도 기록할 수 없었던 자들, 이들은 대부분 국가폭력의 피해자들이다. 엄혹한 국가 권력에 의해 부모가 죽임을 당하고, 반역자 혹은 부역자라는 낙인 속에서 자라난 국가폭력의 유족들은 제대로 교육 받지 못하여 말하고 기록할 수 없었다. 따라서 국가폭력의 실체를 제대로 밝혀내기 위해서는 당시에 기록된 자료와 더불어 국가폭력의 피해자들의 증언을 채록하여 구술자료화하여야 한다. 이러한 자료들이 여순사건의 실체적 진실을 밝히는 대리보충의 역할을 할 것이기 때문이다.

2) 여순사건 구술 채록을 통한 역사적 실체의 규명

한국의 근대사는 폭력을 기원으로 하여 시작되었다. 갑오년의 동학혁명이나 1945년 8·15해방을 근대사의 기점으로 삼기도 하지만 이같은 근대화의 단초에는 모두 벌거벗은 생명을 대상으로 한 비극적인 폭력이 핵심적인 기제로 작동되었다. 아우슈비츠 학살로 상징화된 지난 세기를 '폭력의 세기'라 명명하였던 한나 아렌트에 빗대지 않더라도 이미 우리의 근·현대사는 벌거벗은 생명들의 피로 물들여진 폭력과 죽임의 역사였다. 근대국가 권력의 기초였던 인민, 국민, 민중들은 정통성을 상실한 권력들에 의해 헌법에 보장된 기본권인 생명권과 안전권을 철저히 박탈당한 채 벌거벗은 생명들로 내몰리고 죽어서도 말이 없는, 혹은 말할 수 없는 호모사케르가 되어야만 했던 것이다.

그런데 육체적으로 죽은 자들뿐만 아니라 정신적으로 죽은 자들은 자신의 말을 쉽게 하지 못한다. 그들은 모두 자신의 아픔과 상처를 재현하고 설명할 수 있는 언어를 갖지 못했기 때문이다. 특히 정신적으로 죽은 자들은 자신의 정신적 죽음이라는 거대한 상처, 혹은 충격이나 공포로 인해 자신이 가지고 있던 말들을 상실한 자들이다. 혹시 그들이 말을 한다고 하더라도 그들의 발언은 항상 공식 역사 혹은 삶의 실체로부터 미끄러질 뿐이다. 그래서 유족들의 구술자료는 자칫 비과학적이고 비문법적인 것으로 치부되면서 그 누구로부터도 쉽게 이해되거나 해석될 수 없다. 여기에 구술 채록 작업의 어려움 뿐만 아니라 이를 대중들에게 읽히는 작업도 무척 어려운 일이 될 수 밖에 없다.

여순사건의 관련자와 피해자의 구술 자료에도 이와 같은 한국 근·현대사의 비극적 역사가 고스란히 드러난다. 70여 년 동안 엄혹한 국가권력에 의해 말하고 싶어도 말할 수 없었던 피해자들이 구술 채록의 과정에서 자신들의 상처를 말하게 된 것이다. 그들이 간직한 상처의 세세한 내력과 전말이 기실은 한국 근·현대사의 역사 그 자체였다. 특히 여순사건을 다룬 구술자료에는 아버지의 죽음과 부재, 이로인한 가족의 해체 양상의 그대로 드러난다.

아버지는 왜 잡혀가신거에요?
아버지가 야학을 해서 동네사람에게 공산주의 교육을 시켰다고 남로당원이라고 지서에서 잡아간 거지. 내가 짐작컨대 아버지가 무식한 사람이 아니니까 절대 나는 그런 사람이 아니다라고 반항을 했고 어머니가 나를 업고 면회를 가니까 아버지가 나는 절대 죄인이 아니니까 풀려날 것이다 하고 믿은 거지. 그러고 어머니는 평생 혼자 사시다 돌아가신거야. 아버지가 장평 지서에서 심한 구타 고문을 해도 아니라고 하니까 장흥경찰서로 넘어갔다가 검찰로 넘어가버린 거야. 검찰에서 또 취조를 하는데 장평지서에서는 직업이 농업인으로 되어 있었는데 장흥검찰청에서는 남로당원으로 덮어쓰기를 한거야. 어머니가 나를 업고 면회를 가니 아버지가 나는 절대 죄가 없다고 하니 어머니를 그것을 믿은 거야. 어머니는 아버지 오기만을 기다리다가 살아가기가 힘드니까 할아버지가 너의 친정에 가서 살아라. 보성 웅치 자기 친정으로 친정살이로 간거야. 그래서 나는 외갓집에서 크고 학교를 다닌 거지.

아버지는 그 후 목포교도소로 수감되신 거죠?
우리 아버지는 절대 아니라고 하니까 목포교도소로 넘겨분거지. 거기로 어머니가 면회를 가니 아버지가 절대 아니라고 하니 어머니는 아버지 말을 백프로 믿고 끝까지 곧 살아올 거 같다 하고 평생을 살다 돌아가신 거야. 내가 학교 다닐 때 우리 어머니가 한달에 한번씩 돌아가신다 할 정도로 아프세요. 할머니가 어머니 약을 사오라고 하면 내가 달려가서 사다드리고 그 고통스러운 어머니 삶을 생각하면 지금도 가슴이 아프고 눈물이 나와요. 내가 결혼하고 애 낳고 보니까 왜 우리 어머니가 그렇게 아프셨는가 이유를 알것대요. 어머니가 그렇게 살아오셨어요.[18]

위의 여순사건의 유족인 정○○ 씨의 구술 자료에는 불가항력의 국가폭력으로 인해 죽어야 하는 이유도 모른 채 죽어가야 했던 아버지의 비극적 죽음에 관한 사실들이 구술자료에 그대로 기록되어 있다. 구술자 정○○ 씨의 아버지는 여순사건 당시 전남 장흥군 장평면에서 야학을 열고 있었는데 여순사건이 발생하고 야학에서 동네 사람들에게 공산주의 교육을 시킨다는 이유로 지서로 잡혀갔다. 그 후 장흥경찰서에서 농민으로 분류되어 검찰로 넘어갔는데 재판을 받으면서 남로당원으로 분류되어 목포교도소에 수감되었다. 그 후 6·25전쟁이 발발하고 목포교도소에서 아버지의 행적은 알 수 없게 되었다. 아마 6·25전쟁 직후 발생한 형무소학살사건으로 정○○ 씨의 아버지는 희생된 것으로 추정될 뿐이다. 그 후 아버지를 잃고

---
[18] 여순10·19증언집6, 『나는 아버지 얼굴을 몰라요』, 순천대 10·19연구소, 2023.

홀로 된 어머니는 정○○ 씨를 친정으로 데리고 가 살게 되었다고 한다. 아무 이유도 없이 경찰에 잡혀가 돌아오지 않는 남편을 기다리며 살아온 정○○ 씨 어머니의 삶도 참으로 힘들고 고통스러운 삶이었다. 명확한 범죄 혐의도 없이 재판에 넘겨져 국가폭력의 희생자가 된 정○○ 씨의 아버지와 같은 사례는 여순사건의 대표적이고 일반적인 경우라 하겠다.

아버지는 한 가족의 가장이었으므로 아버지의 죽음이나 부재는 곧바로 가족의 해체로 이어졌다. 가장인 아버지의 죽음은 바로 한 가족 경제의 파탄을 초래하였으므로 가족들의 생계에 엄청난 위기를 불러왔다. 당장 생존을 위한 먹고사는 것의 위기뿐만 아니라 자녀들이 교육받을 기회를 박탈당하기도 하였다.

또한 가장이자 남편의 죽음은 여성유족들의 삶에도 결정적인 영향을 끼쳤다. 남편의 죽음 이후 혼자 남게 된 20대의 젊은 아내들은 남겨진 한 두 명의 자녀를 키우기 위해 엄청난 고통을 감수해야 했다. 이는 경제적인 빈곤과 더불어 한 가족의 존폐와 연동된 것이었다. 20대의 젊은 여성이었기에 시가나 친정 부모의 재혼에 대한 압박으로 어린 자녀들을 두고 재혼해야 하는 경우도 많았다. 특히 아들을 둔 젊은 엄마들은 그럼에도 가정을 지키고 아들들을 헌신적으로 키워내는 경우가 많았지만 딸만을 둔 여성들은 대부분 재혼을 택하기도 하였다. 여기에 여순사건 여성 유족들의 수난이 더욱 크게 부각될 수밖에 없다. 여성 유족들은 홀로 남겨진 엄마가 재혼을 많이 하였고 그로 인해 어린 딸들은 친척집을 전전하면서 제대로된 교육도 받지 못하였다. 그리고 9살, 10살의 어린 나이에 남의 집의 애기업개로 혹은 식모로, 그리고 조금 성장해서는 공장 노동자나 버스 차장 등의 일을 하면서 힘든 세월을 견뎌야만 했다.

아버지와 어머니가 그리 된 것을 언제 최초로 아셨어요?

인제 외할머니한테서 자라니까 기억으로는 그 때 대여섯 살 때 정도였던 거 같아요. 애들이 외숙모 더러 엄니엄니 그러잖아요. 글먼은 나도 엄닌 줄 알고, 엄니라고 그랬어요. 그리고 외할머니 보고 "할머니 왜 엄니는 있는데 아부지는 없어?" 그러니까 "이효", 한 숨을 푹 쉬면서. 우셔요. "이 몹쓸 세상을 만나서 어미 아비가 다 없어졌으니". 그래요. 그 때는 무슨 소린 줄 모르고 엄니는 있는데 왜 아버지는 없냐. 그것만 물었어요. 그러니까 외할머니가 우시면서 "그것이 니 외숙모다". 그래요. 나하고 한동갑짜리 외사촌과 "울엄니여" 서로 그러고 자랐어요.

학교는 다니셨어요?

학교는 못 다녔어요. 뭐 부모가 있어야 어쩌고저쩌고 하제. 외사촌이 국민학교 들어가고 얼마 안 돼서 그러니까 여덟 살 되던 해 10월 달인가, 11월에 집을 나왔는데. 걔 입학해가꼬 학교 가면 샘이 많아지고 쫓아갔어요. 마룻바닥에 엎드려 공부를 하니까. 선생님이 짠했던가봐. 바깥으로 나가라는 소리를 못해. 처음에는 철이 없어서 의자에 덥석 앉았는데 "여기가 너 자리야", 하면서 바닥에 앉으라고 하더라구. 거기서 조금 배우다 애기를 보러 갔잖아요. 학교는 그것 밖에는 몰라.

외가집에서 사시다가 어디로 가셨나요?

8살 때 지금 생각하면 학구 같애. 구례 가는 곳. 거기 철도에 다닌 분인데, 그때 집안네 누구라고 한 것 같은데. 잘 모르겠어요. 거기 어린애가 하나 있었는데, 떡애기여 애기가. 거기를 가서 나도 미운 여덟 살인데, 애기를 업자 퐁당 빠져 이마가 깨졌어요. 피가 나고. 애기가 애기를 업다보니 먼 힘이 있겠냐고. 그러면서 뒷날 안 되겠다고. 좀 더 키워서 보내라 하면서, 외할머니를 부르더라고. 외할머니는 또 며느리 눈치 봐야지. 손주들 많지. 안절부절 하면서 신풍 그쪽으로 날 보내드라고. 잔심부름도 하고. 애기도 보라고 〈중략〉 아무튼 몇 군데를 그러고 다녔어요. 여남은 살 열두살 되니까 밥하는 것도 배우고, 뭐하는 것도 배우고 다 배우고 그러드라구요. 그 쪼그만 게 뭘 시켜도 할 줄 알아야지. 주인 마음에 안 차지. 그

> 때 온 팔이고 발이고 동상이 걸리고, 고생도 엄청 했고. 그때 생각하면 뒤로 돌아가는 생각은 하기도 싫어요. 뒤로 돌아가라 하면 못 가. 절대로 못 가요.[19]

위의 여순사건의 여성유족 이○○ 씨의 구술자료도 참으로 가슴 아픈 삶의 생생한 기록이라 할 수 있다. 이○○ 씨의 부모님은 여순사건 당시 이○○ 씨의 외할아버지, 외할머니와 함께 살고 있었다. 이○○가 태어난 지 얼마 되지 않아 여순사건이 발생하였고 어머니와 아버지는 이웃들의 모략에 의해 순천경찰서로 끌려갔다가 순천 외곽 지역의 공동묘지에서 군인과 경찰에 의해 학살당하였다. 갑자기 고아가 된 이○○ 씨는 외할머니집에서 살게 되었고 외숙모를 어머니로 알고 어린 시절을 보내게 되었다. 그러다가 학교에 가게 될 8살부터는 외사촌들처럼 학교에 가지 못하고 남의 집 애기업개로, 식모와 같은 힘겨운 삶을 살게 되었다. 국가폭력으로 갑자기 부모를 잃고 고아가 되어 학교 교육도 받지 못한 채 사회적으로 가장 최하위층의 삶을 전전해야 했던 여순사건 여성 유족들의 고통스럽고 힘겨웠던 삶을 위의 구술자료는 생생하게 보여주고 있다.

이처럼 여순사건에 관련된 유족들의 구술 자료야말로 공식 역사에 기록되지 못한 한 맺힌 유족들의 상처와 아픔을 있는 그대로 생생하게 기록하고 제시하는 것이라 할 수 있다. 이러한 구술 자료들을 통해 여순사건의 실체와 진상규명, 그리고 유족들의 한 맺힌 삶에 대한 공감이 이루어져야 할 것이다.

---

[19] 여순10·19증언록, 『나 죄 없응께 괜찮을 거네』, 순천대 여순연구소, 2019.

제2부

여순사건 특별법 이해와 다양한 시선

06 | 여순사건 특별법과 지역사회 / 박종길

07 | 다시 읽는「여수·순천 10·19사건 진상규명 및
희생자 명예회복에 관한 특별법」/ 김소진

08 | 여순사건 특별법 제정과 과제 / 유상수

09 | 여순사건을 보는 다양한 시선과 목소리
박발진 / 박종길 / 정미경 / 장경자
강성정 / 문수현 / 신 강 / 장윤호

06 여순사건 특별법과 지역사회

박 종 길 여수지역사회연구소 소장

머리말

2021년 6월 29일, '여수·순천 10·19사건 진상규명 및 희생자 명예회복에 관한 특별법안'(이하 여순사건 특별법)이 사건 발발 73년 만에 제21대 대한민국 국회를 통과했다. 역사의 달력에 또 하나의 사건을 굵게 아로새겨야 할 시간이다. 사건 발발 73년 만이며, 50주년을 계기로 1998년 여수지역사회연구소(이하 여사연)가 공론화를 시작한 지 23년, 16대 국회부터 21대에 이르기까지 특별법 추진 20여 년 만에 비로소 여순사건 특별법이 제정되었된 것이다.

본고는 여순사건 발발 후 여수를 중심으로 한 지역사회의 여순사건을 바라보는 시각의 변화와 진상규명 활동의 태동, 과거사 정리를 위한 진실화해위원회의 설립과 활동 등 여순사건 특별법이 제정되기까지의 과정을 살펴보고자 한다.

| 제2부 | 여순사건 특별법 이해와 다양한 시선

1. 여순사건의 공론화 과정

1) 한국전쟁 후 여순사건 공론화

여순사건이 휩쓸고 간 뒤 전남동부지역에서 '여순사건'은 지역사회의 금기어였다. 마치 천형을 받은 것처럼 '여순반란사건'이라는 오명을 덧입고 사건 발발 이후 50년의 세월 동안 침묵을 강요받아야만 했다.

정부 수립 초기 이승만 정권은 대한민국을 '반공 국가'로 만들기 위해 제주 4·3사건과 여순사건을 최대한 활용했다. 압도적인 물리력을 동원한 국가폭력을 사용했던 당시 군경은 즉결처형장에서 사건에 가담한 시민을 총살하거나 개머리

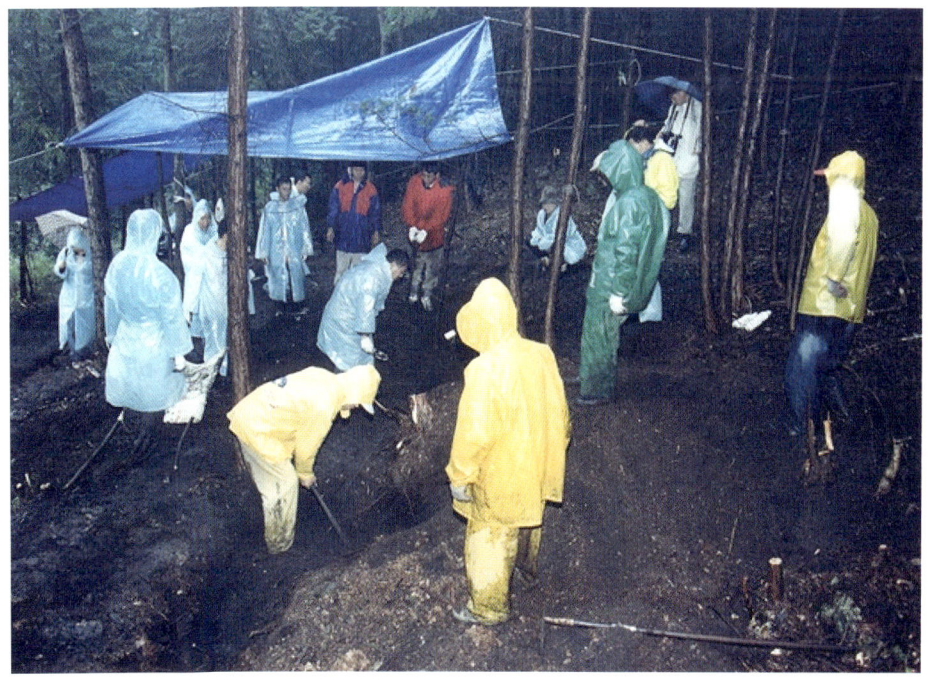

현장 발굴된 위치가 일반적으로 물 빠짐이 좋은 양지바른 곳이 아닌 음지 계곡이었으며, 사건 당시 여러 주민들이 목격한 장소였다.

판, 참나무 몽둥이, 체인으로 타살하였으며, 군도를 이용한 참살, 죽창을 이용한 척살, 수장 등이 동원되기도 했다.

또, 법제적 폭력도 가했다. 위헌적인 계엄령 발포와 1948년 12월 1일 국가보안법 공포·시행으로 피아식별이라는 군사 작전의 발상을 여순사건 이후에도 지속적으로 적용했다. 이에 더해 연좌제를 통해 학살된 희생자의 유족들을 수십 년간 옮아맸다.

여순사건 이후 물리적, 법적 폭력이 광범하게 사용되면서, 여수를 비롯한 전남 동부 지역민들에게는 사건에 대해 무서운 침묵을 강요당했고 국가로부터 '포섭'보다는 사회적 천형처럼 민족 구성원으로서 철저히 '배제'당했다. 여수시민을 비롯한 전남 동부 지역민들은 사회·문화적인 측면에서 진행되는 일상적 삶에 대한 통제도 이어졌다. 전국적으로 실시된 '유숙계' 제도를 통해 지역사회 감시체제를 만들었고 사건 발생 직후 다양한 영역의 문인, 언론인, 종교인들은 현지를 방문해 '빨갱이'라는 무시무시한 적을 창출해 냈다.

여순사건에 대한 진압 후 이승만 정부의 군경은 협력자 색출과 빨치산 토벌을 이유로 수많은 민간인을 학살하였다. 2022년 여순사건 특별법 시행으로 수집된 국가기록원 등의 자료를 비롯해 지금까지 드러난 관련 자료에 의하면, 당시 정부가 발표한 계엄령에 의해 진행된 군법회의 재판은 1948년 10월 30일에서 1949년 1월 19일까지 총 17차례의 진행되었다. 내용을 살펴보면 총 3,715명의 혐의자가 군법회의에 회부되어 재판을 통해 1,035명은 석방되고 2,680명의 판결이 확정되었다. 판결 내용은 사형 또는 무기징역에서부터 20년, 5년, 1년 형을 받고 형무소에 갇혔고 사형 집행은 광주를 시작으로 여수와 순천 등에서 1949년 1월까지 진행되었다. 사형집행자 외에 형무소에 갇혔던 여순사건 관련 수형자 대부분은 한국전쟁이 발발하자 인민군에 동조하리라 판단한 이승만 정부에 의해 학살되었다.

이와 함께 1948년 11월까지 14연대 군 출신을 대상으로 하는 대전에서의 군사재판에서도 700여 명이 재판을 받고 사형되거나 수감되어 한국전쟁 이후 대부분이 처형된 것으로 드러나고 있다.

여순사건 이후 희생된 사람들을 바라보는 지역사회의 분위기를 전해주는 에피소드가 있다. 1952년 4월 25일 선거를 치루고 5월 5일부터 활동을 시작한 여수시의회에는 기초의원 20명이 선출되었는데 자유당 13명과 무소속 7명이었다. 하지만 여순사건과 한국전쟁을 겪으며 폐허가 되어버린 도심의 재건과 억울하게 죽어간 희생자들의 이야기가 알려지면서 진상규명의 목소리도 이어져 의회 운영에는 어려움이 많았다. 특히 여순사건과 관련된 이야기는 금기시되었지만, 의회의 쟁점 사항마다 상호 불신과 묵은 감정들이 중첩되며 의회 운영이 순탄치 않았다고 한다. 이런 분위기가 이어지는 중에 한번은 의회에서 쟁점 사항이 생겨 갑론을 박하는 중에 한 의원이 신상 발언을 통해 이렇게 말했다고 한다. **"여러분이나 지금 발언을 하는 나나 (여순사건 처리 과정에서) 사람이 못나서 죽지 않고 살아남았는데 왜 작은 이해관계로 우리가 지금 다투고 있는가? 제발 다투지 말고 서로 이해를 통해 잘해보자"**라는 자조 섞인 말로 당시의 분위기를 대신했다고 한다. 이렇듯 당시에도 시민 대부분은 전남 동부지역의 뛰어난 인재들이 여순사건으로 억울하게 희생되었다고 인식하였다.

2) 1960~70년대의 공론화 과정

이승만 정부는 반공국가로서 체제를 공고히 하면서 한국전쟁의 종전을 맞이했다. 1955년 4월 1일 〈지리산 입산금지령〉이 해제되면서 빨치산 토벌 과정도 마무리되었다. 하지만 전쟁 후의 어수선한 사회적 분위기가 이어지면서 여순사건과 관련 희생자가 있는 가족들은 연좌제의 시행을 통해 공무원 임용기회 박탈, 해외 취업, 국영기업이나 일반기업의 취업 시 신원조회를 통한 불이익 등으로 고통받아야만 했다. 여순사건의 내용도 '여수·순천반란사건'이라 불리며 반란이라 규정되었고, 희생자 대부분은 공산당이나 빨갱이란 누명을 써야했다.

1960년 4·19혁명이 일어나자, 한국전쟁 전후 억울하게 희생되었던 피학살자 유족들이 유족회를 조직하고 진상규명 및 책임자 처벌을 요구하는 목소리가 높아졌다. 국가를 상대로 고소·고발이 이어졌고, 합동위령제가 개최되었으며, 국가는 일부 지역 유족회에 지원금을 지급하기도 했다. 이어서 4대 국회의「양민학살진상보고서」의 편찬을 통해 경상남북도와 전라남북도의 일부 지역의 희생자가 알려졌는데 전남의 경우 한국전쟁 시기인 1950년 12월부터 다음해 1월 14일까지 전남 함평 월야면의 350명, 해보면 128명, 나산면 46명 등 총 524명의 희생이 조사되는데 그쳐 여순사건이 일어난 전남동부지역은 조사가 되지 않았다.

이러한 진상규명의 목소리도 1961년 5·16군사쿠데타를 통해 정권을 장악한 박정희 정권에 의해서 중단되었다. 군사정권은 경남북의 한국전 피학살자 유족을 중심으로 진상규명 활동을 펼치던 전국 피학살자유족회에게 "북측을 이롭게 했거나 좌익 용공 의식을 고취했다"라는 이유로 8개 유족회 간부 27명에 대하여 사형에서 무기징역과 함께 15년형, 5년형 등을 선고하였고, 포고령을 근거로 그동안 수집한 진상규명 관련 서류 일체를 모두 압수하여 폐기하고 말았다.

이 시기에 소설가 전병순은 한국일보가 모집한 장편소설 현상모집에 여순사건을 주제로 한「절망 뒤에 오는 것」이란 소설로 입선하여 1962년 3월 6일부터 10월 19일까지『한국일보』에 연재하였고 1962년 여류문학상을 받았다.

박정희 군사정권의 위력은 1979년 김재규 중앙정보부장의 10.26 대통령 시해 사건이 일어나기까지 18년간 지속하였다. 그러나 이 사건을 기회로 삼았던 당시

| 제2부 | 여순사건 특별법 이해와 다양한 시선

보안사령관 전두환 세력은 12·12군사쿠데타로 정권을 장악하였다. 이렇게 박정희에 이어서 계속 군사정권으로 이어지고 말았다. 여순사건이나 한국전쟁 시기의 민간인 학살과 같은 군인들과 관련있는 민간인 희생사건의 진상규명을 염원하는 유족들이 목소리를 내기에는 여전히 어려운 암울한 시기였다.

3) 1980~90년대 공론화 과정

1980년대 후반 사회적으로 민주화의 바람이 거세지자, 지역사회의 원로를 중심으로 여순사건을 재조명하자는 이야기가 많아지기 시작했다. 시작은 '여순반란사건'이란 명칭의 개정부터 거론되기 시작했다. 재조명의 요점은 〈여순반란사건〉이란 명칭을 〈14연대 반란사건〉으로 하자는 여론이 많았다. 내용을 살펴보면 '여순반란'이란 명칭은 여수와 순천의 시민이 일으킨 반란이란 의미이니 이미 거론되었던 '여순병란(兵亂)'이나 '여순군란(軍亂)'과 같은 의미로 14연대 군인이 일으킨 반란이란 의미를 강조하여 〈14연대 반란사건〉으로 하자는 제안이 호응을 얻었다. 대표적인 인물은 당시 여수문화원장이었던 문정인 씨와 여수의 향토사학자인 김계유 씨였다. 1992년 2월 20일 경향신문 기사를 보면 **'여순반란이라 부르지 말아야~ 14연대 반란사건으로 기록되야'** 한다며 '여순반란사건 개칭추진위를 구성하여 3만 명의 서명 작업을 펼쳐 교육부나 문화부에 제출한다.' 하였고, 서명운동의 취지를 **"이 지역의 젊은 세대까지도 당시 사건이 여수 순천지역 주민들이 정부를 상대로 봉기를 일으킨 것으로 잘못 알고 있어 지역 이미지가 크게 실추되었다"**고 표현하였다. 김계유 씨는 1992년 8월 27일 동아일보 기고문을 통해 **'여순반란 명칭 바로잡자 - 진상 밝혀 지역 불명예 씻어주길'** 이라는 제목으로 지역 여론을 환기하였다.

특히 학생 시절부터 여순사건의 진상규명 활동의 필요성을 인식하고 있던 문정인 원장은 1987년 9월 취임 이후 1988년부터 여수문화원에서 여순사건 관련 자료 발굴 및 관련 연구 자료 입수를 위한 공개 활동을 시작하면서 우선 1988년에는 명칭 개정 필요성을 제기하였다. 이러한 연구 활동의 성과는 1990년 12월에 발간한 여수문화 제5집에 「제14연대 반란 편」이란 소제로 사건 당시의 신문자료와 문교부가 파견한 현지조사반장이던 정비석 등의 여순낙수를 수록하였고, 고은성, 김경열, 최재성 등의 여수 출신 성균관대 동문회 모임 해일(海溢)의 회지에 실렸던 여순 관련 논문 기고문과 반충남, 김계유, 신양남, 박수인 등의 여수지역 인사들의 기고문도 수록하였다. 문화원의 여수문화 특집편은 오랫동안 숨죽였던 여순사건 관련 숨겨졌던 이야기를 드러내기 시작한 의미 있는 시도였고, 이를 계기로 뜻있는 시민들이 여순사건 진상규명 활동의 필요성이 동부지역 전체에 확산하는 계기가 되었다고 본다.

한편, 순천지역에서는 1989년 4월 19일 '전남동부지역사회연구회'가 창립되어, 1992년 '전남동부지역사회연구소'로 이름을 바꾸고 순천지역의 시민사회 활동을 주도하며 여순사건 진상규명을 위한 증언 채록 활동을 시작하였다. 당시의 채록내용은 기관지『지역과 전망』1집~5집까지 수록하여 여순사건의 이해를 도왔다.

사건 당시 봉기군의 지리산 입산으로 빨치산 유격전 활동이 전개되었던 구례에서도 1980년대 후반부터 사건의 진상을 알려야 한다는 사람들을 중심으로 모임이 결성되어 구례지역에 배포하는 계간지를 발행하면서 사건의 내용을 채록하여 르포기사 형태로 잡지에 수록 발간하였다. 당시 사건을 취재하고 글을 연재했던 윤광섭 씨는 구례 광의면 출신의 교사 신분으로 마을을 돌아다니며 사건의 내용을 취재하고 이야기를 구성하여 여순사건의 진상을 알렸다.

4) 지역의 피해 조사 활동 – 여수를 중심으로

| 여수지역 |

1987년 6월 항쟁은 대통령직선제 개헌 등 민주화를 요구하며 전국적으로 전개된 대규모 시민 항쟁으로 당시의 시민들이 전두환 군부세력에게 얻어낸 승리는 한국 사회의 독재적이고 비민주적이던 여러 가지 문제점을 되돌아보게 하였다.

그중에는 여순사건도 포함되었다. 당시 여수에서의 시민 항쟁을 주도했던 시민들을 주축으로 1995년 여수지역사회연구소가 창립되었다. 당시 여수·여천지역사회연구소라는 이름으로 창립한 연구소는 창립 배경과 취지를 다음과 같이 밝히고 있다.

> 지방화 시대의 구체적인 모습은, 1995년도 후반부터 그 실질적인 모습을 본격화하면서 지방자치 시대의 새 장이 열리기 시작한 것이다. 이는 곧 국내 정세를 새로운 정치 지형인 본격 지방시대에 몰입되게 함으로써, 사회운동 전반에 걸친 지각 변동을 강제하는 형태인바, **80년대의 민족·민주·반체제 운동의 전국 사안 중심의 운동에서, 90년대의 환경·문화적 지역 사안 중심의 운동으로의 전환**이 그것이며, 더 이상의 문제만을 위한 **문제제기식 운동이 아닌 대안 제시형 운동으로의 전환** 또한 그것이며, 지금까지의 **중앙정치 일변도 중심의 인물에서 지방정치 중심의 인물 부각과 태동은 또 하나의 정치 모델을 제시**하고 있는 신사고에 다름 아니다. 이제 인물은 중앙에서 지방으로의 위치 이동과 더불어 지역에서의 역할은 지금부터라도 무엇보다 먼저, 인물을 키워야 하며 인물을 키움에서도 기존의 여타 정당을 기웃거리는 정치 철새가 아닌, 한 부문에 걸쳐 꾸준한 관심과 고민이 1~2년에 걸친 연구 성과로 이어져, 지역의 전문가와 권위자로서의 위상이 정립되어 틀 매겨지는 이가 곧 우리의 인물로 주목받아야 할 것이다.
>
> 따라서 한국의 지방화 시대와 지방정치, 이는 어떠한 형태로든 지방정치 과정

> 에 있어서 행위 주체인 기업, 주민, 정치인 그리고 관료 등이 각자에게 기대되는 역할을 정당하게 수행하고 있는가? 지방의 정책 결정 과정은 이들 행위 주체들의 영향력을 제대로 행사할 수 있도록 충분히 제도화되어 있는가? 라는 각 행위 주체 사이의 이해관계와 이들의 활동으로 지방정치는 규정된다 보임에 이들 행위 주체들을 어떠한 형태로든 연합 쎅타 방식으로 묶어 세워야만 지방정치는 활성화될 수 있다. (이하 생략)

이와 함께 활동 계획으로 5개 위원회 활동 중 하나인 지역사문화연구위원회 활동 중 우리 고장 문화답사, 우리 고장 제 이름 찾기와 함께 여순사건을 연구하여,「사건 백서」3개년 사업을 기획하였다.

사업계획의 기획 의도는 "다가오는 1998년은 여수·순천 10·19사건 50주년이 되는 해로써 현대사의 질곡 속에 여전한 지역의 아픔으로, 치유하지 못한 역사 문제에 대해서 이제 어느 일방의 선언이 아닌 객관적인 자료와 사실을 토대로 한 진상규명의 실태와 백서 사업을 통해 이 사건의 올바른 인식이 주어지길 기대하며, 또한 학계에 정식으로 이관하여 본격적인 사건의 진상과 사관의 쟁점이 되었으면 하는 바람으로 '95년 12월부터 3개년 사업을 기획한다."고 하고 있다.

'여순사건 재조명은 여수지역에 필요한 사업'이라는 회원들 간의 인식이 싹트기 시작하였다. 당시 연구소의 사업계획에는 "여수항쟁 진상규명"이 들어있어 사건의 진상규명을 위한 기본적인 공부를 하고 어떤 사업을 펼쳐나갈지를 고민하였던 것을 알 수 있다. 그 후 당시 30대 젊은 회원들 중심으로 여순사건 공부 모임이 만들어졌고, 이 모임에서 여순사건과 관련된 소설이나 서적들을 탐독하고 토론하는 활동을 하였다.

구체적으로 무엇을 해야 할지를 고민하고 있던 1997년에 여순사건 분과에 변화가 일어났다. 여수지역 답사자료를 구하고 있던 당시 직장에 다니던 필자가 회원으로 참여하였다. 필자는 인터넷에 고향인 화양면 지역 홈페이지를 개설하고 고향에 관한 자료를 편집하여 올리는 과정에 개인적인 호기심으로 고향의 여순사건 관련 희생자 명단을 틈틈이 조사하여 그 명단을 갖고 있었다. 고향인 화양면 안정마을은 여순사건 당시 모스크바로 불리던 희생자가 많았던 마을로 10여 명의 관련 희생자가 있었다. 어려서부터 부모님 세대가 모이면 쉬쉬하며 말하곤 했던 이야기가 궁금해서 당시 사건으로 목숨을 잃었던 사람들이 누구인지를 알아보았고, 태어난 마을의 이야기를 알고 나니 옆 마을도 궁금하여 또 조사하고, 그렇게 30여 개의 마을을 틈틈이 돌아다니며 면 지역 피해자 86명의 명단을 만들었다.

이 명단을 여사연 여순사건 분과 모임에 공개했는데 이를 여수지역 전체로 확대해 조사해보자는 의견이 모았다. 이를 계기로 여사연의 본격적인 여순사건 피해자 실태조사가 시작되었다.

1998년 초가 되면서 여순사건 분과의 사업계획에 실태조사 사업계획을 세우고 당시 팔순의 이환희 이사장과 이중근 선생 등 원로 회원까지 참여하면서 여수 지역 전체 조사를 여러 회원이 지역을 분담하여 조사했다. 여름방학을 이용해서는 김병호, 김갑인, 김태문 등 교사들도 많이 참여하였고 삼산면, 남면, 화정면 등 접근이 어렵던 섬 지역 마을도 빼놓지 않고 꼼꼼히 조사하여 10월까지 884명의 희생자가 조사되었다. 조사를 통해 피해자의 윤곽뿐 아니라 수십 군데의 학살지도 알려졌는데 학살 후 암매장 했던 곳도 호명동뿐 아니라 국동, 민드래미재, 둔덕동 큰골, 만흥동을 비롯해 남면의 하삼도 부근 해상과 율촌지서, 화양지서 등 여러 곳이 있었다.

조사된 내용은 기존에 알려지던 이야기보다 훨씬 충격적이었다. 그동안 여순사건 희생자 대부분은 사건을 일으킨 좌익에 의해 저질러졌고 공산당과 빨갱이의 합작품이라던 정부의 발표를 뒤집는 내용이었다. 증언의 내용은 어제의 일처럼

시민과 함께 읽는 여순사건

너무나 구체적이었고 여순사건이 왜 진실규명이 되어야 하는지 그 이유를 사건을 직접 보고 겪었던 지역민들은 눈물로 호소하며 알려주었고 침묵할 수밖에 없었던 수많은 사연을 들려주었다. 여순사건은 부활하며 현재도 진행 중이란 사실을 알게 되었다.

실태조사를 통해서 여순사건의 실체를 알기 시작한 회원들은 진상규명이 꼭 필요하다는 분위기가 고조되자 마침 그해가 1998년 사건 발생 50년이란 상징성을 띠고 있어 50주년 기념식을 하자는 회원들이 많았다.

여세를 몰아 회원들의 월례회를 통해 여순사건 기념식을 하겠다고 언론에 공표하자 예상치 못했던 복병이 나타났다. 소위 호국 안보단체라는 이름의 재향군인회를 비롯하여 6·25 참전 단체, 경우회와 청우회 경찰 관련 단체 등이 연합으로 자신들의 명예를 욕보이며 새빨간 거짓말로 여론을 호도한다고 하는 동시에, 여사연을 빨갱이 단체로 매도하며 비난 성명을 쏟아냈다. 여사연의 대표와 활동하던 개인 회원의 전화번호까지 알아내어 협박성 발언도 서슴지 않았다.

지역사회에서의 이와 같은 분위기를 타개하기 위해서는 상황을 반전시키는 것이 필요했다. 숙고 끝에 숨겨진 암매장지를 드러내어 무고한 시민의 희생을 보여주자는 안을 선택하여 1998년 10월 12일, 호명마을 '돌종지'라는 곳에서 여순사건 관련 민간인학살 피해자로 추정되는 암매장 유골을 발굴한다.

그리고 이 상황을 널리 알리며 땅속에 묻힌 여순사건의 진실을 드러내기 시작했다. 연구소는 민간인학살 피해자 발굴을 통해 '여순사건'은 '여수 14연대 군인이 일으킨 반란으로 남로당 소속 군인들과 결탁한 지방 좌익세력들이 여수시민들을 무참히 학살한 사건'에서, 사건 발발 후 '국군이 초토화 작전이라는 핑계로 진압된 여수에서 비무장 민간인들을 다수 학살한 사건'으로 접근 시각을 바꿔 버린다.

그리고 '여순사건 실태조사보고서 제1집(여수지역 피해 실태)' 발간과 1998년

| 제2부 | 여순사건 특별법 이해와 다양한 시선

보고서 : 연구소는 민간인 학살 피해자 암매장지 발굴을 통해 충격적인 반전을 만들어 낸 뒤 '여순사건 실태조사보고서 I (여수지역 피해실태)' 발간과 1998년 10월 19일 사건 발발 50주년을 맞아 보고서 발표 행사를 개최한다.

10월 19일 사건 발발 50주년을 맞아 보고서 발표 행사를 개최한다. 이후, 여순사건은 수십 년간 치밀한 국가폭력의 공포 때문에 드러내지 못했던 진실을 역사의 현장 위에 조금씩 드러내기 시작했다.

사건 발발 50년 만에 여순사건 학살 피해자 암매장지를 최초로 발굴하고 발굴 위치를 특정하기까지의 과정은 다음과 같다. 발굴지로 선택한 호명동 고개는 여순사건 피해자 실태조사를 하면서 인근의 둔덕동 용수마을 주민들을 통해 알게 되었다. 사건 발발 후 며칠 동안 한밤중에 호명동 고개에서 학살이 이어졌다. 차량으로 사람들을 실어가는 장면을 엿본 주민들은 이곳에서 100여 명이 넘는 사람들이 희생되었을 것이라고 증언하였다. 1990년대 초반 남해화학으로 가는 큰 도로가 확장되면서 여러 구의 유골이 발견되었던 사례도 알려주었다.

용수마을에 이어 호명동 고개를 넘어 다녔던 자내리와 호명동 주민들을 조사하는 과정에서 당시 소달구지에 주민들의 짐을 싣고 고개를 넘어 여수장을 매일 넘나들었던 호명동 음지마을의 이순실 씨를 통해 더 구체적인 장소를 알 수 있었다. 음지에 계곡이라 암매장이라는 확신을 더욱 갖게 되었다. 그렇게 장소를 특정하고 여순사건 50주년 행사를 기획하면서 모인 성금으로 발굴이 진행되었다.

호명동 암매장지 발굴을 통해 드러난 사실은 그동안 암매장이나 불법적인 학살이 없었다는 사람들의 말이 거짓이었다는 것을 전 국민이 알게 되었다는 점과 여순사건 희생자의 진상규명이 왜 필요한지를 보여주었다는 것이다.

당시 50주년 행사를 개최하던 1998년에도 소위 호국보훈단체라는 보수단체의 방해로 여순사건 진상규명을 촉구하는 행사를 치르지 못할 처지까지 놓였던 상황

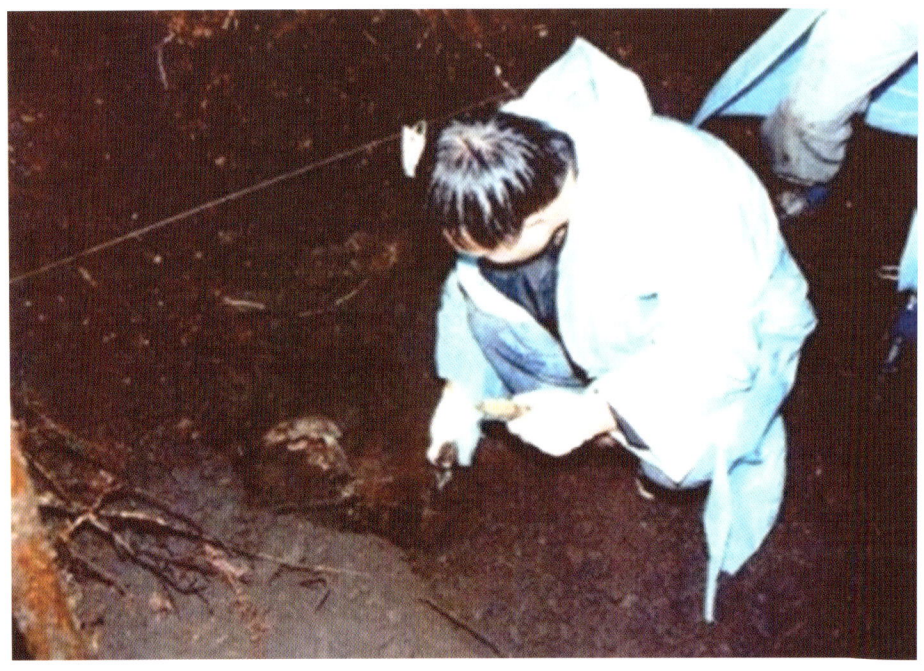

한밤중에 호명동 고개에서 학살이 이루어졌는데 차량으로 사람들을 실어가는 장면을 본 주민들의 말에 의하면 이곳에서 100여 명이 넘는 사람들이 희생되었다는 이야기를 들었다.

| 제2부 | 여순사건 특별법 이해와 다양한 시선

이었다. 암매장 유골 발굴로 학살의 진실을 일부나마 알게 되었던 시민들의 여론으로 보수단체의 입과 저지하려는 행동을 막을 수 있었다.

여수 호명동 암매장지 유골 발굴은 여사연과 여수시민이 이루어 낸 여순사건 진상규명 활동의 시발점이자 촉진제가 되었던 사건이다. 당시 발굴된 유골은 두개골 2구와 두개골 없이 엉킨 형태로 정강이뼈와 주변의 뼈였다. 먼저 발굴된 위치가 일반적으로 물 빠짐이 좋은 양지바른 곳이 아닌 음지 계곡이었으며 사건 당시 여러 주민이 목격한 장소였다. 또 일부 사람들은 이곳에서 가족들이 시신을 수습하기도 했던 곳이었다.

여사연은 여순사건 50주년 1년 뒤인 1999년 10월에 또 한 번의 유골 발굴을 진행했다. 두 번째 발굴이 진행된 장소는 봉계동 '큰골'로 골짜기 이름 때문에 대곡이라 부르던 마을 부근이었다. 이곳도 첫 발굴지인 둔덕동과 가까운 거리에 있었는데 현재 시티파크 골프장과 여천장례식장이 있는 지역이다. 지금은 주변이 매립되어 계곡의 형태가 보이지 않지만 큰 골짜기라 부를 만큼 깊은 계곡이었다. 이곳 역시 주민들의 증언이 있었는데 특히 화양면 안정마을의 이 모씨는 총살 당시 죽지 않고 상처만 입고 살아나 대곡마을 주민이 보름간 벽장에 숨겨서 살려줬던 사실도 알게 되었다.

이곳도 계곡이라 발견된 유골은 훼손 상태가 심했는데, 계곡을 뒤져서 2구의 유골을 발굴하였다. 봉분도 없었고 물이 흐르는 지역이라 발견된 것이 기적이었다. 당시 2차 발굴 후에는 처음 발굴되었던 호명동 지역 유골과 함께 석천사에서 위령제를 지내고 여수시립묘지에 여순사건 희생자 묘를 만들었다.

당시 유골 안장에는 이전에 호명동에서 발굴되었던 유골을 1년간 보관해 주었던 석천사의 진옥스님의 도움이 컸다. 또한 여수무속인 협회 등 여러 단체와 개인이 위령제에 무료로 참여해 50여 년간 억울한 누명으로 희생된 원혼을 위한 성대

여순사건 희생자의 묘 : 1/2차 발굴 후 호명동 유골과 함께 여수시립묘지에 희생자 묘지를 만들었다.

한 추모 행사가 되도록 도와주었다. 이 행사를 통해 여순사건이 특정 단체만이 아닌 여수 지역민이 참여하고 만들어가는 여순사건 진상규명 활동으로 확대되었다고 할 수 있다.

| 순천지역 |

여수와 비슷한 시기에 순천지역에서도 여순사건 재조명에 많은 사람이 관심을 두기 시작했다. 1989년 4월 19일 '전남동부지역사회연구회'가 활동을 개시했다. 이후 1992년 '전남동부지역사회연구소'(이하 동사연)로 이름을 바꾼 동사연은 1년마다 여순사건 증언 채록과 관련 논문 등을 기관지『지역과 전망』에 실었다. A5 크기에 30~40여 페이지의 분량으로 컴퓨터 프린터를 이용하여 만들어진『지

역과 전망』 1집~5집은 초기 여순사건을 알리는 데 중요한 역할을 하였다. 이어서 1998년 10월 29일부터 11월 4일까지 여순사건 50주년 사진전을 개최하고 동사연 여순사건연구위의 활동 자료집 1집도 발간하였다.

50주년 여순사건 행사를 계기로 동사연과 여사연의 교류도 활발하게 진행되었다. 이즈음 현대병원의 위계룡 원장은 후원자의 역할을 담당하며 두 도시의 여순 관련 관계자들이 모일 수 있도록 장소를 제공하고 협의체가 구성되도록 도움을 주기도 했다.

| 구례지역 |

구례지역에서도 1980년대 말부터 여순사건 재조명 사업이 진행되었다. 구례지역에서 교사로 있던 윤광섭 씨는 고향인 광의면 등 구례지역의 여순사건 피해 사례를 조사하여 지역에서 펴내는 계간 잡지에 수차례 관련 내용을 발표하였다.

여순사건 당시 산간 지역이라는 이유로 주민들이 집을 버리고 이주한 소개지역이 많았던 구례는 희생자 중심의 유족회가 비교적 일찍 구성되어 활동했다. 산동면의 중동국민학교 희생자와 박찬근 초대 구례유족회장이 결성했던 봉성산 희생자가 대표적인 모임으로 1980년대에 조직되어 활동하였다.

2. 유족회의 구성

여순사건유족회가 결성된 것은 50주년 여순사건 행사가 성공적으로 치러진 이후였다. 1998년 여순사건 행사 이후 피해실태조사서에 수록된 여수지역 희생자 유족들이 모임을 통해 유족회의 구성이 시작되었다. 피해 실태조사 시 확인된 유족 중 모임이 가능한 사람들을 여사연에서 연락하여 회원을 한분 두분 모았다. 처음에는 대부분 유족이 어려운 살림살이라 대표를 맡을 만한 사람이 없어 유족회 구성이 어려웠다. 유족회 발족까지 지지부진한 상태가 이어지다가 2년이 지난 2000년 6월까지 3회에 걸친 유족 모임을 한 뒤에서야 여수유족회가 결성되었다.

순천지역 유족회는 장준표 회장을 중심으로 구성되었는데 구성원 중에는 이웃 광양과 보성 출신 유족회원도 함께 참여하였다.

구례지역 유족회가 발족한 것은 여수나 순천보다 빨랐다. 구례유족회장이었던 박찬근 씨는 경찰 출신으로 아버지가 1948년 11월 19일 구례경찰서에 수감되었다가 학살되고 봉성산에 매장되었는데 당시 함께 매장된 72명의 유족을 중심으로 유족회를 구성하여 활동 중이었다. 구례 산동면에서는 사건 당시 중동국민학교 교장선생님이었다는 임○○ 씨의 아들인 군 장성 출신 임 모씨가 조직한 유족회도 1990년대 초반에 구성된 적이 있었다고 박찬근 회장은 증언했다.

여수와 순천지역 유족회가 만들어지고 기존의 구례유족회가 결합하면서 6월 12일 〈여순사건유족연합회〉가 공식적으로 출범하였다. 유족연합회는 전국유족회 성격을 가진 모임으로 이때 구성된 유족회원들이 힘을 모아 제1기 진실화해위원회가 만들어지기 전까지 서울에서 시위하거나 지역 행사의 주체로서 등장하기 시작했다.

2000년도는 앞에서의 여순사건 지역 유족회의 발족과 함께 전국적으로 유족회의 활동이 전개되는 전기를 맞기도 한 시기이다. 이는 한국전쟁 전후로 희생된 전국의 민간인 피학살자의 모임이 공식 출범했기 때문이다. 2000년 9월 7일 〈한국전쟁 전후 민간인 피학살 진상규명 범국민위원회〉(이하 범국민위원회)란 명칭으로 출범한 범국민위원회는 서울 여의도에 있는 기독교연합회관 대강당에서 모임을 갖고 공식 출범하였는데 이 모임 결성 이후에 진행된 위원회의 노력으로 제

1기 진실화해를 위한 과거사 정리위원회가 만들어졌다. 또한 한국전쟁 전후에 일어났던 민간인학살과 인권탄압 등 과거사정리 기본법의 제정을 통해 진실화해위원회의 활동이 시작되었다.

2003년 3월 19일에는 한국전쟁 전후 민간인학살 진상규명 통합특별법 제정을 촉구하는 1천인 선언이 있었고, 2004년에는 과거사진상규명 범국민위원회가 결성되어 전국 1,000여개 단체가 참여하였다. 이후 2005년부터 진실·화해를위한 과거사정리위원회가 발족하여 2010년 12월 30일까지 활동하였다.

한편, 유족회의 구성이 완료되자 1998년부터 이어왔던 위령제도 유족회가 함께하는 합동위령제가 될 수 있었다. 이렇게 2003년까지 3개 지역 유족회가 참여하는 합동위령제가 여수에서 열리게 되었다.

이어서 2003년부터 2007년까지 유족회의 합의로 이전까지 여수에서만 개최되었던 합동위령제를 순천(2003)-광양(2004)-구례(2005)-고흥(2006)-보성(2007) 순으로 지역별 순회 위령제로 개최하게 되었다. 이때까지 광양, 고흥, 보성은 결성된 유족회가 없었으나 순회 위령제 과정에서 유족회에 참여할 유족을 모아 유족협의회에 참여할 수 있었다.

2008년 여순사건 60주년을 맞아 지역별로 순회하던 위령제를 여수에서부터 다시 개최할 계획이었다. 그러나 순천유족회가 지역에서 따로 위령제를 개최하겠다며 이를 번복하였다. 유족협의회는 실질적인 해체 순서에 이르게 되어 그렇게 2008년부터 2016년까지는 지역별로 개별위령제가 개최되었다.

2016년 개별유족회 활동의 한계와 문제를 인식한 여사연이 다시 유족회에 의견을 개진하여 여수, 순천, 광양, 구례, 보성 5개 유족회가 여순사건유족협의회로 재건하기로 하고 공동대표 중 상임대표를 지역별로 순번으로 하여 1년 임기로 진행하도록 회칙을 개정했다.

다음은 2016년 이후 역대 회장 명단이다.

◎ 1기 구례 박찬근 (2016년)
◎ 2기 여수 황순경 (2017년)
◎ 3기 광양000 (2018년) (순천 차례이나 광양과 순번을 바꿈)
◎ 4기 순천 정병철 (2019년)
◎ 5기 구례 이규종 (2020년)
◎ 6기 보성 박성태 (2021년)
◎ 7기 구례 이규종 (2022년)
◎ 유족연합회 1기 구례 이규종 (2022년)

3. 시민사회단체의 공동대책위원회 결성

1998년 여순사건 50주년 행사가 끝난 뒤 여수와 순천지역 시민사회 단체를 중심으로 여순사건 진상규명과 명예회복을 위한 공동대책위원회의 구성이 필요하다는 의견이 모이기 시작하였다. 이러한 지역사회의 움직임이 일어나자 여사연은 여수지역공동대책위 결성을 제안하고 각 단체의 참여를 촉구했다.

2000년 7월 11일 결성된 대책위는 먼저 공식 명칭을 〈여순사건 진상규명과 명예회복을 위한 여수지역공동대책위원회〉로 하고 사업개요와 내용을 다음과 같이 정했다.

• 사업의 개요
  본 사업은 여순사건과 관련하여 법과 재판이라는 절차도 없이 초법적인 상태에서 무고하게 희생된 민간인 대량학살(genocide)에 대한 진상규명과 명예회복을 위해 국가권력의 인권유린 차원에서 여수지역을 비롯한 전남동부

지역의 피해실태를 조사 연구함으로써 정보의 공유를 통한 전남동부지역간은 물론 전국 네트웍을 형성하여 한국정부에 대해 무고하게 학살된 민간인들의 진상규명과 명예회복을 위한 특별법을 청원제정하여 본 사업을 조직적으로 체계화하여 지속화하는데 있다.

• **사업의 내용**
① 학술연구발표회 및 피해실태 조사 연구 사업
② 전남동부지역 및 전국 네트워크 구성 사업
③ 진상규명과 명예회복을 위한 특별법 제정 사업
④ 피해 유족 중심의 유족협의회 구성 지원 사업
⑤ 여순사건 역사기행 사업
⑥ 추모식을 위한 다양한 이벤트 사업
⑦ 기타 본 사업의 목적 달성을 위해 필요한 제반 사업

대책위에 참가단체로는 새시대공단연합/여수YMCA/여수YWCA/여수시민협/여수지역사회연구소/전교조여수지회/여수환경운동연합/여수사랑청년회가 참여했고 이환희(여수지역사회연구소) 상임대표를 위시하여 각 단체를 대표하는 공동대표와 운영위원장 등이 함께 했다.

여수지역 공동대책위 결성에 이어 2000년 10월 11일에는 여수와 순천지역 20개의 시민사회단체가 참여하는 전남동부지역공동대책위원회의 결성도 이어졌다.

4. 여순사건 추모위령사업 및 학술세미나 실시

1) 추모 위령제

여순사건 추모위령사업은 1998년 여수에서 시작되었다. 여수 호명동 암매장지 발굴 이후 여수지역의 여순사건 재조명을 해야 한다는 시민의 여론이 거세지자, 여순사건 추모 행사를 방해하려던 호국보훈단체의 반발이 잠잠해졌다. 1998년 10월 19일 여순 50주기를 맞이하여 여사연은 추모식, 세미나와 함께 사진작가 이경모의 『격동기의 현장』에 수록된 사진을 제공받아 여순사건 사진전시회를 개최하였다.

이어 1999년에는 봉계동 장개골 암매장지를 추가로 발굴하였다. 전년도 호명동에서 발굴되었던 암매장 유골은 어떻게 처리해야 할지 고심하였는데 다행히 석천사에서 보관을 허락하여 1년 동안 잘 보관할 수 있었다. 장개골 암매장지에서는 물이 약간 흐르는 계곡 부근과 돌로 만들어진 다무락에 가까운 암매장지에서 2구의 암매장 유골을 발굴하였다. 발굴된 유골은 여수시가 제공한 여수시립묘지에 안장하기로 하고 석천사와 여수 무속인 협회의 도움으로 천도제와 위령제를 지냈다. 위령제 이후에는 장례식과 같은 운구행렬을 만들어 운상하고 묘지와 묘비도 마련하여 제막식도 진행했다. 행사에는 여수지역 시민단체와 청년단체가 함께하여 지역민이 함께 추모하는 행사가 되어 의미가 깊었다.

2) 학술세미나

2000년~2002년에도 위령제와 함께 학술세미나가 개최되었으며 역사순례도 함께 이어져 사건의 진상을 잘 몰랐던 시민들도 여순사건 유적지를 둘러보고 진상을 알아보는 시간이 되었다. 2000년 10월 20일 순천대학교 지역개발연구소가 주최하고, 동사연과 여사연 공동 주관으로 〈여순사건 제52주년 학술회의: 여순사건의 진상규명과 명예회복을 위한 새로운 해법〉(안종철, 노영기, 홍영기 발제)이란 주제로 학술회의가 개최되었다. 전문가를 초청하여 여순사건이 발생한 배경과 내용에 대해서 알아보며 감춰졌던 진실에 조금씩 다가가기 시작했다.

특히 2002년 10월에 여수에서 열렸던 54주년 기념행사는 동아시아 지역 민간인 희생을 당했던 대만과 오키나와의 피해사례와 광주5·18민주항쟁 및 제주4·3사건의 경험을 공유하고 인권과 평화의 가치를 알아보는 〈동아시아 평화인권 국제학술회의〉가 진행되어 여순사건 공론화가 더욱 확장되었다.

동아시아 평화인권 국제학술회의가 시작된 것은 재일 한국인 정치범으로서 19년간 한국에서 옥살이한 서승 씨와 대만에서 34년간이라는 긴 세월을 감옥에서 보낸 린슈양 씨가 1995년에 만나면서부터였다. 두 사람 모두 국가 당국에 의한 가혹한 박해에 저항해 온 분들로, "한국과 대만에서 거듭되온 실로 엄청난 민중 수난의 역사는 한국전쟁을 분수령으로 동아시아에 형성된 냉전구조와 깊이 관련된 것이며, 그 진상 해명과 희생자의 존엄성을 회복하기 위해서는 동아시아 지역 민중의 공동작업이 꼭 필요하다는 점과 또한 지금까지 긴장과 대립이 지속되는 것은 물론 민중 박해가 계속하여 존재하고 있는 동아시아에서, 진정한 '평화와 인권'이 옹호되는 국제질서를 이루어내기 위해서는 민중들의 연대 행동이 절실하게 요구되고 있다는 점" 등을 공통적으로 인식하게 되었다.

이후 한국전쟁이 발발한 1950년 전후의 냉전구조 형성기부터 현재에 이르는 동아시아 국가권력에 의한 민중의 수난과 이에 대한 저항의 역사를 발굴하는 공동작업이 시작되어, 그 성과가 5회에 걸친 국제 심포지엄에서 보고되었다.

한국을 비롯하여 일본, 대만 오키나와 4개국의 '국가폭력과 인권'에 대한 인권학술회의 국제네트워크에서 한국위원회에는 30명의 운영위원이 구성되었는데,

이중 공동대표로 강만길(상지대 총장), 윤영규(전교조 위원장), 한승헌(전 감사원장, 동학농민혁명기념사업회 이사장), 사무국장으로는 이영일(여수지역사회연구소 소장)이 맡게 되었다.

5회 대회 기간까지 대회의 발자취를 간략히 살펴보면 다음과 같다.

- 제1회 대회 : 국민당 군벌이 수만 명의 민중을 학살한 「2·28사건」의 50주년이 되는 1997년에 대만에서 개최
- 제2회 대회 : 제주도에서 민족통일을 염원하는 민중의 봉기를 미군과 반공테러단이 탄압하여, 무려 제주도민의 1/9인 3만 명 이상이 학살되었다고 전해지는 사건, 이른바 「4·3사건」의 50주년이 되는 1998년에 한국 제주에서 개최
- 제3회 대회 : 세계 제2차대전 이후 냉전기부터 현재까지 미군기지의 존재로 인하여 주민들이 엄청난 희생을 강요당해 온 오키나와에서 1999년에 개최
- 제4회 대회 : 22년 전 민주화운동에 대한 군사 탄압으로 엄청난 사상자를 낳고 많은 사람이 체포된 5·18민주항쟁 20주년을 기념하여 2000년에 한국 광주에서 개최
- 제5회 대회 : 조선전쟁, 미일안보조약, 샌프란시스코 강화조약 50주년을 기념하여 2002년 1월에 일본 교토에서 개최
- 제6회 대회 : 한국현대사의 최대 비극인 여순사건 54주년을 기념하여 2002년 10월 한국 여수에서 개최

앞의 이들 과거 5회에 걸친 심포지움에는 매회 한국, 대만, 오키나와, 일본 각지에서 300명이 넘는 학자, 인권운동가, 유족과 시민 등이 참가하여 4~5일간 열성적인 보고와 토론을 거듭하였다.

총 7회의 공인·비공인대회 중에서 4회를 한국에서 열렸는데 이는 그만큼 한국에서의 국가폭력과 집단학살에 대한 인권유린이 극심하였다는 반증이라 할 수 있

다. 특히 여순사건 54주년을 기념하여 2002년 10월 17일부터 20일까지 4일간 개최된 제6회 동아시아평화인권국제학술회의에서는 총 6개 세션에서 14개의 논문이 발표되었다. 여수대회의 목적과 의의는 근대 이후 강대국 중심의 동아시아 냉전체제를 극복하고, 동아시아의 평화로운 국제질서를 수립하는데 기여하기 위하여 개최되었다. 이 대회는 20세기를 지배한 전쟁과 폭력의 시대와 결별하려는 동아시아 시민과 민중의 공통된 염원을 담은 것으로, 특히 근래에 한국에서 진행되고 있는 한국전쟁 전후 민간인학살의 진상규명과 특별법 제정 운동을 주된 테마로 삼았다.

여수대회의 일정 및 프로그램은 참고할 수 있도록 본 원고 뒤에 제시해 두었다. 본 대회는 국내외 학자, 운동가, 피해 유가족 300명이 참석한 가운데 '학살, 청산, 화해'를 주제로 개최되었다. 동아시아 인권·평화를 위한 국제회의 한국위원회, 「동아시아 냉전과 국가 테러리즘」 국제심포지엄 일본사무국, 동아시아 평화와 인권 국제심포지엄 오키나와사무국, 「東亞冷戰與國家恐怖」 國際討研會台灣秘書處에서 공동 주최하였고, (사)여수지역사회연구소와 한국전쟁전후민간인학살진상규명범국민위원회가 주관하였으며 국가인권위원회, 전라남도, 여수시, 여수대학교, 여수문화방송, 오마이뉴스 등이 후원하였다.

3) 문화예술인의 참여

2004년부터는 여수민예총을 비롯해 문화예술인들도 여순사건 진상규명 활동에 참여하기 시작했다. 여수민미협은 전남동부지역에 활동하는 미술교사를 중심으로 구성된 예술인 단체로 여순사건을 주제로 10월 행사에 미술 작품을 선보였다. 음악, 연극인도 여순사건을 주제로 작품을 만들어 공연무대에 올렸고, 추모

예술제를 통해 여순사건의 참상을 알리고 진실규명 활동에 참여하기 시작했다. 2005~2007년 참여 작가로는 당시 민미협 회장을 맡았던 김태완, 박진희 부부를 비롯해 정채열, 안철수, 선호남, 김정만, 백무현, 박종선, 박대용, 장창익, 박경남, 김영훈, 김선수, 김복동, 김병택, 김동수, 이은경, 이의후, 조병연, 윤석우, 윤석현 작가 등이 활동하였으며, 2008년에도 류성빈, 박용빈, 조정태, 허용철 작가 등이 작품을 내놓았다. 이후 여순사건 유족인 박금만 화백이 여순사건을 주제로 한 작품을 연달아 발표하여 큰 울림을 주었고 2022년에는 그동안 소극적이던 예총 산하 여수미협에서도 강종래 화백의 대작을 비롯해 김현애, 박정명, 김명숙, 황주일, 이정철, 서명덕, 김수자, 정원주, 박미경, 김시형, 이정자, 이의후, 김연엽, 주일남, 최운희, 정현영 작가 등이 기획전시에 작품을 선보였다.

    미술인들과 함께 50주년부터 적극적인 작품 활동을 해 온 문학인들도 많았는데 우선 이병주의 『지리산』이나 조정래의 『태백산맥』, 이태의 『남부군』, 정지아의 『빨치산의 딸』 등이 초기 여순사건의 진실을 알려주는 길잡이 역할을 했다. 이후 지역 작가인 김배선의 『조계산의 눈물』이나 정숙인의 『백팩』 등은 지역민의 시선으로 바라보는 여순사건을 보여주기 시작했다. 시인들의 참여도 활발히 진행되었는데 주로 여사연의 행사나 발간물의 권두시로 많이 창작되었다. 문병란, 조계수, 신병은, 김진수, 박두규, 나종영 작가 등이다. 특히 2008년에는 전국 민예총 작가회의를 주축으로 한 문학예술제를 여수에서 개최하여 전국의 문학인들에게 여순사건을 알리는 좋은 계기가 되었다.

    연극계에서도 지역 연극인들이 꾸준히 여순사건을 극화한 작품을 예술제에서 선보였고, 이후 문화예술인의 참여 영역이 확대되면서 음악인들의 참여가 활발해졌다. 여순사건을 주제로 한 시에 곡을 붙이는 작업과 사건 당시부터 불려져 금지곡이 되었던 음반을 CD로 만들어 시민들에게 배포하였고, 음악 작품은 오페라로 음악극으로 형식을 달리하며 많은 작품이 창작되기에 이르렀다.

문화예술인 중심으로 진상규명 활동이 주도되었던 제주 4·3의 사례를 부러워했던 초기에 비해 현재 여순사건을 주제로 한 문화예술인의 작품활동은 매우 풍성하게 진행되고 있다.

5. 여순사건 특별법 제정을 위한 노력

1948년 10월 19일에 시작된 현대사의 비극은 73년이 지난 지금도 아물지 않은 상처로 피 흘리며 우리를 향해 울부짖고 있다. 침묵을 강요당했던 시간을 뒤로 하고 이제 진실의 창을 열어야 할 때이다.

제주4·3사건을 진압하라는 군의 명령을 부당하다고 여긴 14연대 군인들은 몇 가지 선택지를 놓고 고민했으나 결국 봉기를 선택한다. 젊은 군인들은 '애국 인민에게 호소함'이라는 성명서에 '동족상잔 결사반대'와 '미군 즉시 철퇴'라는 내용을 담았다. 이는 32년 뒤인 1980년 광주학살을 지시한 전두환 정권에 복종한 군대와는 상반되는 모습이다.

이후, 한국 현대사는 격랑 속으로 빠져든다. 이승만 정부는 국가와 군대라는 조직을 동원해 여수뿐만 아니라 한국전쟁 당시에는 전국적으로 수많은 민간인을 불법적으로 집단학살하는 만행을 저지른다. 이로부터 한국사회는 소위 여순체제라고도 부를 수 있는 반공체제를 유지하며 오늘에 이르고 있다.

여순사건은 1만 명이 넘는 민간인 피해자(1949. 11. 전라남도 11,131명)가 발생했고, 피해 범위도 전남, 전북, 경남에 이르는 광범위한 사건이다. 하지만 국가의 공식적 기록이나 조사는 57년이 지난 뒤에야 시작된다.

2005년 5월 3일 국회를 통과한 '진실·화해를 위한 과거사정리 기본법'에 따라 같은 해 12월에 설치된 진실·화해를위한과거사정리위원회(이하 진화위)의 활동이 사건의 진상규명을 위한 정부 차원의 첫 조사였다.

그러나 전국의 민간인학살사건 1,222개에 파묻혀 구체적인 사건의 진실을 밝힐 시간과 조사인력 및 예산이 부족해 진화위는 부랴부랴 사건을 매듭짓는다. 사건 발생으로 고통당한 유족들은 제한된 시간 때문에 닫혀버린 진실의 문 앞에서 두 번 통곡했다.

제1기 진화위의 활동이 시작되면서부터 그동안 숨죽였던 피학살자 유족들도 목소리를 내기 시작했다. 그러나 제1기 진실화해위원회에 접수된 여순사건 희생자 사건은 시작부터 여순사건으로 통합되지 못하고 형무소재소자, 보도연맹, 적대세력, 군경학살 등 사건으로 분류되고 또 여수, 순천, 광양, 구례, 보성, 고흥 등 지역으로 분류되면서 이미 한계를 안고 있었다. 이렇게 분류된 여순사건 관련 사건을 하나로 묶어서 심의할 여순사건 특별법이 새롭게 제정이 되어야만 했다. 이런 지역 여론을 반영하여 18대 국회에서 2011년 2월 1일 김충조 외 18명의 국회의원이 〈여수·순천 10·19사건 진상규명 및 희생자명예회복에 관한 특별법〉을 발의하였으나 당시 한나라당의 반대로 제정에 실패했다. 이어 2012년 5월에 시작된 19대 국회에서는 김성곤 의원 등 여야의원 16명이 참여한 〈여순사건 특별법〉 발의가 이어졌으나 제1당인 새누리당의 반대로 법안 통과는 불발되었다. 이어 20대 국회에서도 2019년 6월 정인화 국회의원의 대표 발의로 〈여순사건 특별법〉이 국회 행정위원회까지 상정되었지만 제정되지 못하고 불발에 그치고 말았다.

여순사건의 피해를 크게 입었던 전남 동부 지역민의 열화와 같은 염원에도 불구하고 특별법 제정은 지지부진하게 진행되다 마침내 결실을 이룬 것은 제1기 진실화해위원회가 종료된 지 11년이 지난 2021년 6월 31일이었다.

제21대 국회에서 유족과 시민·사회단체의 끈질긴 노력으로 제정된 '여순사건

| 제2부 | 여순사건 특별법 이해와 다양한 시선

특별법'은 '여순사건'의 진실을 밝히고 희생자들의 명예를 회복시킬 수 있는 최초이자 마지막 수단이다. 역사가 우리에게 맡긴 '여순사건 특별법'을 효과적으로 활용해야 하는 이유이다.

돌이켜보면, 제주4·3사건이 없었으면 여순사건도 없었을 것이다. 제주가 역사의 진실이라면 여순사건 역시 역사의 진실이어야 한다. 여순사건은 제주4·3사건 연장선의 역사이지만 이제야 진실의 창을 여는 것이다. 여순사건은 남북분단사의 마지막 남은 민족사의 금기요, 과제이다.

1998년 10월, 여순사건 50주년에 여수시 호명동에서 관련 희생자 암매장 학

지난 2001년 6월 21일 국회 앞에서 이자훈 서울유족회장과 여수지역사회연구소 이영일 이사장이 시위를 하고 있다.

살지를 전국 최초로 발굴해 세상에 알리며 강요된 침묵을 깼고, '여순사건'과 '여순사건 특별법' 제정을 위해 수년간 노력을 기울인 여수지역사회연구소 이영일 이사장의 말이다.

> 여순사건 특별법 제정을 위해 20여 년간 함께 투쟁해 온 유족회와 시민사회 모두에게, 특별히 법 제정 사실을 모르고 이미 고인이 되어 유명을 달리하신 유족들께 감사의 말씀을 드린다. 또, 법 제정을 위해 그동안 노력한 전남 동부지역 국회의원들께도 고마운 말씀을 전한다. 여순사건은 남북 분단사의 마지막 남은 민족사적 금기이며 과제를 풀기 위해 새로운 역사를 위해 큰 걸음을 내딛고 있다는 말씀을 드리고 싶다.

여순사건 특별법은 너무 늦게 제정·공포됐다. 직접 피해를 보았던 이해 당사자들은 거의 돌아가셔서 제대로 된 진상규명 활동도 증언자가 없어 미흡할 수밖에 없다. 그렇지만 이제라도 최선을 다하는 진상규명활동을 통해 역사적 진실만이라도 제대로 규명했으면 한다.

피해자 유해 발굴지 대부분은 개발이나 관련자의 사망으로 발굴이 어려운 여건이다. 여수의 경우 만성리 형제묘는 발굴을 통해 혼백을 위로하고 피해 규모를 확인하는 진상규명 활동이 이루어져야 할 것이다. 형제묘 이외에도 애기섬 학살지의 진상조사와 그동안 알려진 여러 학살지의 실태를 정확하게 규명하고 기록하는 작업 등 이 모든 일은 정부 주도하에 국가가 진행해야 할 몫이다. 이러한 일들이 진행되는 부분에서 우리가 해야 할 몫이 있다면 적극적으로 참여해 역사적 진실규명 활동에 참여하는 일이다. 특별법은 제정·공포 되었지만 조사방법, 기간, 규모 등이 턱없이 부족하여 기간 안에 활동을 마무리하기 어려운 여건이다. 부족한 법률안은 계속 보완하는 입법 개정이 필요하고 시행령도 많은 부분이 보완되어야 한다.

| 제2부 | 여순사건 특별법 이해와 다양한 시선

여사연은 25년이 넘는 기간 동안 민간의 영역에서 꾸준하게 여순사건 진실규명 활동을 펼쳐왔다. 앞으로도 진실규명 활동과 함께 여순사건이 역사에 바르게 기록되고 피해자들이 위로될 수 있도록 최선을 다할 것이다. 여순사건 50주기인 1998년부터 특별법이 통과된 2021년까지 여수지역사회연구소가 여순사건 관련 행사를 진행했던 내용은 표로 정리하여 글 뒤에 실어두었으니 참조를 바란다.

6. 맺는말

여순사건은 대한민국 건국 초기에 발생하여 한국 현대사의 방향을 바꾼 획기적 사건이자 대한민국의 국가 성격을 형성한 중요한 사건이다. 여순사건으로 무고한 민간인이 대량 희생되었지만, 피해자들은 수십년 동안 입을 열지 못한 채 억울한 삶을 살아야만 했다.

여순사건의 '여'자도 꺼내지 못했던 시절에 마치 하늘의 벌을 받은 것처럼 여수와 순천은 '여순반란사건'이라는 오명을 덧입고 사건 발발 이후 50년의 세월 동안 강요된 침묵 속에 가라앉아 있었다. 이 기나긴 50여 년의 어둠을 뚫고 여순사건의 공론화에 성공하여 기어이 독자적인 특별법 제정을 이루어 냈던 것이다.

여사연은 여순사건을 본격적으로 공론화하기 위해 활동했다. 1997년부터 여수·순천지역 피해자실태조사와 자료집 발간, 여순사건 50주년에 처음으로 위령제 등의 행사 공론화, 여순사건유족회 조직, 30여 차례 국내외 학술심포지움 개최, 칼마이던스 사진집 등 관련 자료 20여 권 발간, 20여 년간 5차례의 특별법 제정을 위해 법안 마련과 국회 발의 의원 조직 등이 그것이다.

또한, 여순사건의 진상규명을 위해 유족회를 조직하였다. 여순사건 유족회는 전국의 민간인학살 여타 유족회와는 달리 연구소가 피해실태조사를 하면서 유족들의 소재를 파악하여 일일이 연락하여 조직해 낸 비자발적 조직이다.

1998년 여순사건 50주년 행사를 하면서 여수유족회를 구성했고, 이어서 순천지역 피해 실태조사를 하면서 순천지역의 유족들을 찾아내 유족의 모임을 조직화하였다. 유족 모임이 확대되자 여수에서만 지내던 위령제는 2003년 제55주년에 순천에서 지내게 되었고 2004년 구례, 2005년 광양, 2006년 고흥에 이어 2007년 보성까지 여순사건의 상흔이 컸던 전남 동부지역 6개 시군을 모두 돌면서 사건의 진상을 알리고 유족회도 구성하였던 것이다.

현재는 여수, 순천, 광양, 구례, 보성, 고흥, 서울 7개 유족회가 협의회를 구성하여 적극적인 활동을 하고 있다. 반란과 빨갱이의 멍에에 억눌려 유족회마저도 쉽게 구성하지 못했던 시절이 있어 지금은 격세지감을 느낀다.

유족의 아픔을 모두 치유하고 희생자의 명예를 회복해야 할 특별법과 시행령은 조사기간과 기구의 구성 등 그동안 진행된 제주 4·3사건이나 5·18광주민주화운동 등과 비교해도 턱없이 부족한 요건을 안고 있어 정해진 기간 내에 진상규명 보고서와 피해자실태조사가 완료될지 우려되는 대목이다. 지금도 주어진 시간은 활동 종료를 향해 가고 있다. 여순사건 진상규명과 역사바로세우기를 위해 잠시도 게을리하지 못하는 이유이다.

| 제2부 | 여순사건 특별법 이해와 다양한 시선

[참고자료 1]

〈제6회 동아시아평화인권국제학술회의 프로그램(2002.10.17~10.20.)〉

　○ 특별세션
　· 제1세션 : 전쟁, 학살, 문학 (20:00-22:00)
　　- 사회 : 임헌영(중앙대) - 발제자 : 조정래(작가), 현기영(작가)
　· 제2세션 : 동아시아 평화와 역사인식
　　　　　　(부제 : 고이즈미 북한 방문에 대한 동아시아 정세)
　　- 사회 : 서중석(성균관대)
　　- 발제자 : 한국 - 양미강, 일본 - 사카모토 유이치(九州國際大學)
　　　　　　중국 - 영유목(중국사회과학원)

● 제3일(10월 19일/토) 오전 학술회의
　· 제1세션(09:00~12:30) - 동아시아 냉전체제의 형성과 탈식민화의 좌절
　　- 사회자 : 일본 - 고바야시 도모코(小林知子;후쿠오카 교육대학;조선현대사)
　　　　　　대만 - 陳明忠
　　- 발표자
　　　* 일본 - 동경재판이 심판한 것과 심판하지 않는 것(內海愛子(우쓰미 아이코 : 게이센女學院大學)
　　　* 한국 - 한반도 냉전체제의 형성과 남한의 탈식민화 좌절(강정구:동국대)
　　　* 오키나와 - 일본 복귀운동에 새겨진 좌절〈1950년 전후 오키나와의 탈식민지화 시도〉(도리야마아쓰시)
　　　* 중국 - 제2차 세계대전후 동아시아냉전체제 형성과 전쟁책임 청산의 영향으로부터 중국의 예(영유목 : 중국사회과학원)
　　　* 대만 - 전후 대만 정신사의 변화〈대만 과거 식민지 문제의 입장에서〉(증건민 : 대만사회과학연구회)

○ 오후 학술회의
· 제2세션(13:30～15:00) - 동아시아 냉전형성에서의 미국과 캐나다의 역할
  - 사회자 : 한국(장상수 : 순천대)
  - 발표자
    * 일본 - 피로 얼룩진 미국의 '정의'를 폭로한다〈조선전쟁시기의 미군세균전현지조사보고서〉(모리 마사타카 : 日本軍による細菌戰の歷史事實を明らかにする會事務局長)
    * 캐나다 - 들러리: 캐나다와 유엔임시한국위원단(존 프라이스 : 빅토리아대)
· 제3세션(15:20～18:10) - 한국의 과거 청산과 특별법 제정 운동
  - 사회자 : 대만(吳澍培:대만지구정치수난인호조회대표)/한국(하종문 : 한신대)
  - 발표자
    * 한국 - 한국의 과거청산에 관한 특별법 제정과 그 이후〈독재정권에 의한 국가폭력과 과거청산의 문제〉(이철호 : 한영대학)
    * 한국 - 민간인학살 통합특별법 제정운동의 경과(김동춘:성공회대)
  - 토론자 : 한국(장완익 : 변호사) / 일본(야마모토 신이치(山本 眞一 : 변호사)
  - 자유토론
○ 한국 민간인학살의 실태(20:00～22:30) 사회(한홍구 : 성공회대)
    * 영상 증언 : 전국 민간인학살의 피해 실태
    * 유족 증언

● 제3일(10월 19일/土) : 학술회의와 현장 순례
  ○ 오전 학술회의
  · 제4세션(09:00～10:20) - 전쟁과 여성 그리고 현재
    - 사회자 : 일본(다케우치 마스미; 모모야마학원대학) / 한국(강정숙 : 한국정신대연구소)

－ 발표자
　　　　* 한국 – 여성 빨치산과 국가폭력(최기자 : 한양대)
　　　　* 한국 – 국가폭력과 월북자 가족(조성미 : 이화여대)
　　　－ 토론자 : 대만(馮守娥 : 대만지구정치수난인호조회부녀대표) / 한국(박광
　　　　　주 : 부산대)
　・ 제5세션(10:30～12:30) – 여순사건의 진상과 민간인 학살
　　　－ 사회자 : 한국(정근식 : 전남대)
　　　－ 발표자
　　　　* 한국 – 여순사건과 민간인학살(김득중 : 국사편찬위원회)
　　　　* 한국 – 여순사건과 4·3항쟁에서의 민간인 학살(김창후 : 제주4·3연구소)
　　　　* 한국 – 여순사건과 군대의 변화(노영기 : 조선대)
　　－ 토론자 : 일본(樋口雄一 : 조선사연구회) / 한국(김영범 : 대구대)
　　○ 여순사건 역사순례(13:30～17:30)
　　　　* 제14연대 주둔지 → 중앙초교 학살지 → 만성리 학살지 → 보도연맹관련
　　　　애기섬 학살 → 호명동 암매장지 → 여순사건 희생자 묘소 참배

● 제4일(10월 20일/일) 오전 학술회의
　・ 제6세션(09:00～11:00) – 종합토론 및 평가 : 화해는 가능한가?
　　　사회 : 이영일(한국위원회 사무국장)
　　　　* 학술회의 6년간의 종합 평가
　　－ 발제 및 지정토론자 : 한국 – 강창일 /일본 – 서승 / 오끼나와 – / 대만

시민과 함께 읽는 여순사건

[참고자료 2]

여수지역사회연구소 활동 참조표

년도	주 요 내 용 (여수를 중심으로)	비고
1997~	여수지역사회연구소 피해실태조사 실시	최초 시민단체 조사
1998	여수시 호명동 유해 발굴 (10.13) 여순사건 50주기 추모행사 개최 (10·19. 추모식, 세미나, 사진전시회) 여수KBS, 여수MBC 다큐멘터리 제작·방영 (10·19) 여순사건 피해실태조사 보고서 제1집 여수편 발간 (10·19)	여수
1999	여수시 호명·봉계동 유해 발굴 (9월) MBC문화방송 '이제는 말할 수 있다' 여순사건편 제작 지원 (10.13) 여순사건 51주기 추모행사 개최 (10·19. 위령제, 묘지·묘비 제막식) 여순사건 자료집 제2집 발간 (10·19)	여수
2000	여순사건 진상규명과 명예회복을 위한 여수지역공동대책위 결성 (7.11) 한국전쟁전후 민간인피학살 진상규명 범국민위원회 공식 출범 (9.7) 여순사건 진상규명과 명예회복을 위한 전남동부지역공대위(준) 결성. (10. 11. 여수순천 총 20개 시민사회단체) 천도제 (석천사) 여순사건 52주기 추모행사 개최 (10·19~28. 위령제, 학술세미나, 역사순례, 청소년토론회) 여순사건 실태조사 보고서 제3집 순천 외곽지역편 발간 (12.20)	여수
2001	여순사건 진상규명 및 명예회복에 관한 특별법안 발의 (4. 6 김충조 국회의원 외 39인) 여순사건 유족연합회 출범 (6. 12) 여순사건 53주기 추모행사 개최 (10·19~21. 위령제, 학술세미나, 역사순례)	여수
2002	여순사건유족회 정기총회 (5.12) ※ 총회와 위령제를 지역별로 매년 순회하여 개최하기로 결정 제6회 동아시아평화인권국제학술회의 여수대회 개최 (10.17~20) (국제학술대회 / 사진전 / 역사순례 / 위령제 / 추모공연)	여수
2003	한국전쟁 전후 민간인학살 진상규명 통합특별법 제정을 촉구하는 1천인 선언 (3.19) 중앙초등학교 유해발굴 여순사건 55주기 추모행사 개최 (10.18~26. 합동위령제-순천, 학술세미나, 추모공연, 인권영화제)	순천
2004	과거사진상규명 범국민위 결성 (전국 1,000여개 단체) 여순사건 56주기 추모행사 개최 (10.5~22. 합동위령제-구례, 그림사진전시, 마당극, 역사강좌)	구례

년도	주 요 내 용 (여수를 중심으로)	비고
2005	포괄 과거사법 제정 진실·화해를위한과거사정리위원회 발족 (12. 1) 여순사건 57주기 추모행사 개최 (10.15~25. 합동위령제-광양, 사진그림전시회, 학술세미나, 공동수업, 평화인권예술제, 풍물극, 인권영화제, 역사강좌, 역사순례)	광양
2006	여순사건 논문집 발간 여순사건 58주기 추모행사 개최 (10.11~21. 합동위령제-고흥, 사진그림전시회, 공동수업, 역사순례, 심포지엄, 인권영화제)	고흥
2007	진실화해위원회 여순사건 직권조사 의결 여순사건 59주기 추모행사 개최 (10.18~25. 합동위령제-보성, 사진그림전시회, 공동수업, 역사순례, 인권영화제)	보성
2008	진실화해위원회 진실규명 결정 전남 동부지역 민간인 희생사건(1) 27건 (6.24), 구례지역 여순사건 186건(7.8) 여순사건 60주기 추모행사 개최 (10.1~26. 위령제-여수·순천·구례, 서울 학술심포지엄, 평화인권예술제, 큰 굿한마당, 토론회, 문학예술제, 인권영화제, 공동수업, 그림사진전시회, 역사순례, 위령탑 건립 기금 모금행사)	여수 (신월동 한화여수공장) 순천 (팔마체육관 위령탑), 구례
2009	진실화해위원회 진실규명 결정 순천지역 여순사건 258건(1. 5), 전남 국민보도연맹사건 (8.18), 고흥지역 여순사건 43건(11. 10), 보성지역 여순사건 49건(11. 10) 여순사건 희생자 위령비 건립 (9.7) 여순사건 61주기 추모행사 개최 (10.12~24. 위령제-여수·순천·구례, 심포지엄, 문학제, 역사순례, 인권영화제)	여수(만성리 위령비) 순천 (팔마체육관 위령탑), 구례
2010	진실화해위원회 진실규명 결정 적대세력사건 235건(4.27), 광양지역 여순사건 64건(5.11), 기타 지역 여순사건 141건(5·18), 광주·목포·순천·전주·군산 형무소 재소자 희생사건(5.25), 전남 동부지역 민간인 희생사건 (2) 23건 (6.22), 대전·충청지역 형무소 재소자 희생사건(6.22), 대구·경북지역 형무소 재소자 희생사건(6.29), 여수지역 여순사건 126건(6.29)	여수(노제) 순천(팔마체육관 위령탑), 구례
2010	여순사건 62주기 추모행사 개최 (10·19~20. 위령제-여수·순천·구례, 노제, 추모식, 추모문화제, 역사순례) 진실·화해를위한과거사정리위원회 활동 종료 (12. 30)	여수(노제) 순천(팔마체육관 위령탑), 구례
2011	여수·순천 10·19사건 진상규명 및 희생자명예회복에 관한 특별법 발의 (2.1. 김충조 국회의원 외 18명) 여순사건 63주기 추모행사 개최 (10.18~22. 평화인권예술제, 위령제-여수·순천·구례, 민주연구단체협의회 전국학술대회)	여수 미관광장 국방부, 경찰 참석

시민과 함께 읽는 여순사건

년도	주 요 내 용 (여수를 중심으로)	비고
2012	여순사건 여수지역 국민보도연맹사건 유족 피해배상소송 (8.2. 강송명 외 199명) 여순사건 64주기 추모행사 개최 (10.16~12.20. 한국현대사 사진 여수전시회, 위령제-여수·순천·구례, 여순사건 64주기 학술심포지엄 다시쓰는 여순사건 보고서 발간 (12.15)	여수 미관광장
2013	여수·순천 10·19사건진상규명 및 희생자명예회복에 관한 특별법 발의 (2.28 김성곤 의원 등 여야의원 16명) 여순사건 특별법 제정을 위한 심포지엄(5.10) 여순사건 여수지역 민간인 희생사건 유족 피해배상소송 (3.28. 오창순 외 264명, 5.20. 손정자 외 165명, 6.21. 서소엽 외 7명, 9.17. 최순자 외 23명) 여순사건 여수지역 형무소희생사건 유족 피해배상소송 (5.20. 이귀자 외 29명) 미군폭격에 의한 희생자 유족 피해배상소송(이춘혁 외 1명) 여순사건 65주기 추모행사 개최 (10·19~10.23. 위령제-여수·순천·구례, 역사순례) 여순사건 공동수업교재 – 알기쉬운 여순사건 발간 (10.30)	여수 미관광장
2014	여순사건 여수지역 국민보도연맹사건 유족 피해배상소송 1심 승소(4.22) 여순사건 여수지역 민간인 희생사건 유족 피해배상소송 1심 승소(11.25) 여수지역 형무소재소자희생사건 유족 피해배상소송 1심 승소(3.26) 여수지역 형무소재소자희생사건 유족 피해배상소송 2심 승소(11.28) 미군폭격에 의한 희생자 유족 피해배상소송 패소(11.20) 여순사건 66주기 추모행사 개최 (10·19~12.25. 위령제-여수·순천·구례, 여순사건 66주기 학술심포지엄, 역사순례) 여순사건 사진전 개최. 11.13~24 여순사건 민간인희생자 위령사업 지원조례 발의. 서완석 의원 외 13명(11.17)	여수 미관광장
2015	여수평화공원 조성을 위한 기본 조사연구 보고서 발간 (1.30) 여순사건 여수지역 국민보도연맹사건 유족 피해배상소송 2심 승소(2.13) 전라남도 한국전쟁 전후 민간인 희생자 위령사업 지원에 관한 조례 제정(2.26) 여순사건 여수지역 국민보도연맹사건 유족 피해배상소송 대법 승소(7.9) 여순사건희생자 합동천도재 (10.4) 대한불교천태종 여수장덕사 여순사건 67주기 추모행사 개최 (10.14~10.24. 평화인권예술제, 위령제-여수·순천·구례, 여순사건 67주기 심포지엄, 역사순례) 제1회 한국전쟁전후 민간인희생자 전남연합 합동위령제. (영암 10/8) 구례군 6·25전쟁 전후 민간인 희생자 위령사업 지원에 관한 조례 제정(12.31)	여수 미관광장
2016	여순사건 여수지역민간인희생사건 유족 피해배상소송 2심 승소(1.29) 순천시 한국전쟁 전후 민간인희생자위령사업 지원에관한 조례제정(3.9)	여수 미관광장
2016	여수시 주관 여순사건 68주기 여수지역 합동위령제 개최 (10·19) 순천·구례지역 위령제 개최, 여순사건 68주기 심포지엄 제2회 한국전쟁전후 민간인희생자 전남연합 합동위령제 (순천. 11. 23)	여수 미관광장

년도	주요 내용 (여수를 중심으로)	비고
2017	여수지역 형무소희생사건 유족 피해배상소송 대법 승소(6.28) 여순사건 여수지역 민간인 희생사건 유족 피해배상소송 대법 승소(9.26) 보성군 한국전쟁 전후 민간인 희생자 위령사업 지원에 관한 조례 제정(9.29) 여수시 주관 여순사건 69주기 여수지역 합동위령제 개최 (10·19) 순천·구례지역 위령제 개최 제3회 한국전쟁전후 민간인희생자 전남연합 합동위령제(화순. 11.2)	여수 미관광장
2018	여수시 한국전쟁 전후 지역민 희생자 위령 사업 지원에 관한 조례 제정(4.12) 전라남도 여수·순천 10·19사건 등 한국전쟁 전후 민간인 희생자 위령사업 지원에 관한 조례 개정(4.26) 애기섬 국민보도연맹 피학살자 해상위령제 및 추모식(9.18) – 애기섬 여수시 여수·순천 10·19사건 지역민 희생자 위령사업 지원 등에 관한 조례 개정(10.8) 여수시 주관 여순사건 70주기 여수지역 합동위령제 개최 (10·19) 제4회 한국전쟁전후 민간인희생자 전라남도 합동위령제(보성. 10.22) 순천·구례지역 위령제 개최 여순 70주년 기념 자전거 전국순례 대행진 (10.17~20) 70주년 서울 광화문 추모문화제 개최(10.20) 순천지역 여순10·19특별법제정 촉구 상생의 띠잇기(10.20) 순천대학교 여순사건 70주년 기념 학술대회(10.31) 순천시 여수·순천 10·19사건 등 한국전쟁 전후 지역민 희생자 위령사업 지원 등에 관한 조례 개정(10.31) 광양시 여순사건 등 한국전쟁 전후 민간인 희생자 위령사업 지원에 관한 조례 제정(11.14)	이순신광장
2019	보성지역 유족회 창립(3.5) 서울 유족회 창립(7.4) 여수시 여수·순천 10·19사건 지역민 희생자 지원사업 조례 개정(6.19) 여수시 주관 여순사건 71주기 여수지역 합동위령제(10·19) 순천지역 71주기 합동위령제(10·19) 71주년 기념 학술대회(11.14) 칼마이던스 사진도록 출판기념회(12.6)	이순신광장 팔마체육관 위령탑
2020	여수시 주관 여순사건 72주기 여수지역 합동 추념식(10·19) 여순사건 72주기 구례 합동위령제(10·19) 여순사건 72주기 학술대회	이순신광장 구례현충공원
2021	여순사건 특별법 제정 (6.31)	

07 다시 읽는 「여수·순천 10·19사건 진상규명 및 희생자 명예회복에 관한 특별법」

4·3사건법 및 5·18민주화운동 관련법과의 비교를 중심으로

김 소 진 법학박사, 국립순천대학교 10·19연구소 연구원

1. 10·19사건 관련 특별법이 만들어지다

2021년 6월 29일, 국회에서는 그동안 반공이데올로기로 고통 받았던 10·19사건의 희생자와 그 유족들의 통한을 풀 수 있는 그 첫 단추가 끼워졌다. 사건이 발생한 지 73년 만에 여수·순천 10·19사건 진상규명 및 희생자 명예회복에 관한 특별법[1](이하 '10·19사건법'이라고 함)[2]이 드디어 통과된 것이다.

물론 그 통한의 시간동안에도 10·19사건 특별법 제정에 대한 요구는 계속 있었다. 특히 2009년 1월 8일 〈진실·화해를 위한 과거사정리위원회〉는 10·19사건으로 순천·여수지역 등에서 다수의 민간인이 군·경에 의해 집단학살 되었다는

---

[1] 2021. 7. 20. 제정되어 2022. 1. 21. 시행된 법률 제18303호.
[2] 「여수·순천 10·19사건 진상규명 및 희생자 명예회복에 관한 특별법」의 약칭을 통상 '여순사건법'으로 쓴다. 그러나 이 사건은 여수, 순천 지역뿐만 아니라 구례, 고흥 등 전남 동부와 경남 일부 지역 등 광범위하게 발생하여 여순사건으로 약칭하게 되면 이 사건의 피해규모나 그 범위가 축소될 것을 우려하여 이 사건의 약칭은 '10·19사건', 해당 특별법은 '10·19사건법'으로 쓰기로 한다.

결론을 내리고, 희생자의 명예회복 등을 위한 특별법 제정을 정부에 권고한 바 있다. 또한 2020년 1월 20일 광주지법 순천지원은 여순사건 희생자에 대한 재심사건에서 재판부가 국가를 대신하여 사과하면서, 이 사건으로 인한 다수의 피해자와 그 유족을 구제하기 위한 특별법의 제정을 촉구하는 내용을 판시하기도 하였다.

그러나 10·19사건법이 국회의 문턱을 넘기까지는 지난한 시간이 걸렸다. 처음 특별법이 발의된 것은 2001년 16대 국회였으나, 상임위에 계류된 상태에서 번번이 자동 폐기되어 성안되지 못했다. 21대 국회 들어서는 2020년 7월, 소병철 의원 등 152명이 발의하였으나 지지부진하다 당시 야당인 〈국민의힘〉에 동참을 촉구한 끝에, 여·야 합의를 통해 상임위인 행정안전위원회와 법제사법위원회를 만장일치로 통과하고 본회의에서 압도적 찬성으로 통과되었다.

이러한 과정을 통해 제정된 10·19사건법은 "10·19사건에 대한 진상을 규명하고 이 사건과 관련된 희생자와 그 유족의 명예를 회복시켜줌으로써 민주주의 발전 및 국민화합에 이바지함"을 목적으로 하고 있다.(제1조)

2. 10·19사건법의 개정과 그 내용

제정 당시 모두 21개의 조문으로 구성되었으며, 주요내용은 10·19사건의 진상을 규명하고 희생자의 명예회복 및 구제조치를 위한 기구로서 〈여수·순천 10·19사건진상규명 및 희생자 명예회복 위원회〉(이하 "10·19사건위원회"라고 함)과 〈여수·순천 10·19사건 진상규명 및 희생자 명예회복 실무위원회〉(이하 "10·19사건실무위원회"라고 함)의 설치 근거 및 진상규명 신고 및 그 절차, 자료수집 및 분석, 위령사업, 의료지원금 및 생활지원금 및 결정전치주의 등을 내용으로 하고 있다.

제정 당시 시행일인 2022년 1월 21일부터 2023년 1월 20일까지 1년 동안 '희생자·유족 신고기간'으로 하여 총 6,599건의 신고를 접수받았다.[3] 그러나 사건의 피해규모에 고려하면 신고기간이 너무 짧다는 문제가 지적되어, 2023년 3월 15일 동법 시행령 개정으로 2023년 3월 15일부터 같은 해 12월 31일까지 신고기간이 연장되었다.[4]

10·19사건법 제정된 후 2년 동안 10여건의 개정안이 발의되었으며, 2023년 8월 16일 일부 개정되어 2024년 2월 17일 개정 법률[5]이 시행되었다. 개정법은 '제9조의2(위원회의 희생자 직권결정)'[6] 단 1개의 조문이 신설되었는데, 10·19사건법의 자세한 내용은 다음과 같다.

---

[3] 〈표 1〉 희생자·유족 신고 및 진상규명 신고 처리현황

(2023. 1. 20. 기준, 단위: 건)

희생자·유족 신고			진상규명 신고		
합계	조사 중	조사 완료	합계	조사 중	조사 완료
6,498	6,031	467	193	193	–

* 출처: 행정안전위원회, 여수·순천 10·10사건 진상규명 및 희생자 명예회복에 관한 특별법 일부개정안법률안(서동용의원 및 주철현의원 대표발의) 검토보고서(2023.2.), 10쪽의 표 재인용(원출처는 여수·순천 10·19사건 진상규명 및 희생자 명예회복위원회임.)

[4] 여수·순천 10·19사건 진상규명 및 희생자 명예회복 위원회 홈페이지(2023.3.14.), 〈https://www.yeosun1019.go.kr/fnt/nac/selectNoticeDetail.do?bbsId=BBSMSTR_000000000710#〉, 검색일: 2023. 9. 22.

[5] 2023. 8. 16. 일부 개정되어 2024. 2. 17. 시행된 법률 제19630호.

[6] 제9조의2(위원회의 희생자 직권 결정) ① 위원회는 다음 각 호의 어느 하나에 해당하는 사람으로 여수·순천 10·19사건과 관련하여 사망하거나 행방불명된 사람, 후유장애가 남아있는 사람 또는 수형자로 인정되는 사람을 직권으로 희생자로 결정할 수 있다. 이 경우 그 대상자(대상자의 사망·행방불명 등으로 통지가 불가능한 경우에는 그 유족을 말한다. 이하 이 조에서 같다)에게 사전에 그 사실을 통지하고 동의를 받아야 한다.
1. 제9조제1항에 따른 진상조사보고서에 명시된 사람 2. 「진실·화해를 위한 과거사정리 기본법」 제26조에 따라 진실·화해를위한과거사정리위원회가 진실규명결정한 사건의 피해자 또는 희생자 ② 제1항에 따른 통지·동의의 방법 및 절차, 대상자의 사망·행방불명 등으로 통지·동의가 불가능한 경우의 조치 등에 필요한 사항은 대통령령으로 정한다.[본조신설 2023. 8. 16.]

〈표 2〉 개정 10·19사건법의 내용

구분	조문
목적과 정의	제1조 목적 제2조 정의
위원회와 실무위원회 설치 근거	제3조 여수·순천 10·19사건진상규명및희생자명예회복위원회 제4조 여수·순천 10·19사건진상규명및희생자명예회복실무위원회
진상규명을 위한 기구의 설치 및 절차, 방법 등	제5조 진상규명을 위한 신고 제6조 신고처 설치 및 공고 제7조 진상규명조사와 자료의 수집 및 분석 제8조 동행명령 제9조 진상조사보고서 작성 제9조의2 위원회의 희생자 직권 결정 제10조 조사대상자의 보호 등 제11조 비밀누설의 금지
희생자에 대한 위령사업 및 구제조치[7]	제12조 가족관계등록부의 작성 제13조 위령사업 제14조 의료지원금 및 생활지원금 제15조 의료지원금 및 생활지원금 지급신청 제16조 결정서의 송달 제17조 재심의 제18조 결정전치주의 제19조 의료지원금 및 생활지원금의 환수
해당 법률 위반시 조치사항	제20조 벌칙 제21조 과태료

그리고 10·19사건법에 근거하여 10·19사건에 대한 진상규명 및 명예회복을 위해 10·19사건위원회는 진상규명조사 개시일인 2022년 10월 6일부터 2년 이

---

[7] 2025. 1. 7. 개정된 법률에서는 특별재심 규정이 신설되었는데, 그 내용은 아래와 같다.
제12조의2(특별재심) ① 희생자로서 여수·순천 10·19사건으로 인하여 유죄의 확정판결을 선고받은 사람, 수형인 명부 등 관련 자료로서 위와 같은 사람으로 인정되는 사람은 「형사소송법」 제420조, 제424조 및 「군사법원법」 제469조, 제473조에도 불구하고 재심을 청구할 수 있다.
② 「호남계엄지구 고등군법회의 명령 제3호」, 「호남계엄지구 고등군법회의 명령 제5호」, 「호남계엄지구 고등군법회의 명령 제13호」, 「보병제5여단 고등군법회의 명령 제17호」와 각각의 명령서에 첨부된 「별지」상에 기재된 사람 및 여수·순천 10·19사건 당시 희생자에 대한 유죄를 선고한 군법회의명령서에 기재된 사람은 제1항의 유죄의 확정판결을 선고받은 사람으로 본다.
③ 「형사소송법」 제423조 및 「군사법원법」 제472조에도 불구하고 재심의 청구는 광주지방법원이 관할한다.
④ 제1항의 재심에 관한 절차는 그 재심의 성격에 저촉되지 아니하는 범위에서 「형사소송법」과 「군사법원법」의 해당 조항을 적용한다. [본조신설 2025. 1. 7.][시행일: 2025. 4. 8.]

내에 진상규명조사와 관련된 자료의 수집 및 분석을 완료하도록 규정하고 있는데.[8] 이에 따르면 진상규명 자료 수집 및 분석일은 2024년 10월 5일까지, 진상조사보고서의 작성은 2025년 4월 4일까지 완료되어야 한다.[9] 그러나 10·19사건의 피해규모가 최대 2만 5천 명에 이를 것으로 추정되는 반면, 2024년 6월말 기준, 희생자 신고의 경우 7,274건 가운데, 2,741건(명)에 대해서 10·19사건실무위원회의 조사가 완료되어 10·19사건위원회로 심의·의결 요청이 이루어졌다. 그리고 이중 886건에 대해서는 인용 696건, 기각 12건, 취하 등 178건으로 처리가 완료되었다. 한편 2024년 6월말 기준 심사·결정이 완료되지 못한 신고 건은 10·19사건실무위원회에서 조사가 진행 중인 4,533건, 10·19사건위원회에서 실무위원회로부터 심의·의결 요청을 받았으나 심사·결정 절차가 진행 중인 1,855건 등 총 6,388건이다.[10] 추정 피해규모에 비하여 신고접수가 적을 뿐만 아니라 이미 접수된 사건을 처리하기에 기간이 너무 촉박하여, 10·19사건의 진상규명과 희생자 및 유족의 온전한 명예회복을 위해서는 신고 접수 기한과 진상규명조사 및 자료수집·분석 완료시기의 기한 연장이 반드시 필요하였다. 그리하여 2024년에는 신고 및 조사기간 연장과 위원회의 구성에 대한 내용을 등을 포함한 개정안이 모두 4건이 발의 되었으며, 해를 넘겨 2025년 1월 7일 일부 개정되어 즉시 개정 법률[11]이 시행되었다.

---

8 제7조(진상규명조사와 자료의 수집 및 분석) ① 위원회는 위원회의 의결로 진상규명조사 개시 결정을 하고, 최초 진상규명조사 개시일부터 2년 이내에 진상규명조사와 관련된 자료의 수집 및 분석을 완료하여야 한다.

9 제9조(진상조사보고서 작성) ① 위원회는 제7조제1항의 기간이 종료되는 날부터 6개월 이내에 여수·순천 10·19사건 진상조사보고서를 작성하여야 하며, 진상조사보고서 작성에 있어 객관성을 확보하고 작업의 원활을 기하기 위하여 여수·순천 10·19사건진상조사보고서 작성기획단을 설치하여 운영할 수 있다.

10 『여수·순천 10·19사건 진상규명 및 희생자 명예회복에 관한 특별법』 일부개정법률안 심사보고서(2024.12.), 4쪽.

11 2025. 1. 7. 일부 개정되어 2025. 1. 7. 시행된 법률 제20651호.

개정안의 주요내용은 첫째, 신고기간 및 조사·분석 기간을 연장하고, 둘째, 10·19사건위원회의 구성에 있어 국회가 추천하는 4명이 포함되도록 하였으며, 셋째, 희생자로서 10·19사건으로 인하여 유죄의 확정판결을 선고받은 사람 등이 특별재심을 청구할 수 있는 근거를 마련하였다. 최근 개정된 법률안의 내용을 구법과 서로 비교하면 아래의 표와 같다.

〈표 3〉 10·19사건법 신·구조문 비교

구법 [법률 제19839호, 2023. 12. 26., 타법개정]	신법 [법률 제20651호, 2025. 1. 7., 일부개정]
제3조(여수·순천 10·19사건진상규명및희생자명예회복위원회) ①~③ (생략)	제3조(여수·순천 10·19사건진상규명및희생자명예회복위원회) ①~③(현행과 같음)
④ 위원장은 국무총리가 되고 부위원장은 행정안전부장관이 되며 위원은 관계 공무원 및 유족 대표를 포함하여 학식과 경험이 풍부한 사람 중에서 대통령령으로 정하는 바에 따라 국무총리가 임명 또는 위촉한다. 이 경우 위원장은 위원을 임명하거나 위촉할 때 위원회의 정치적 중립을 최우선적으로 고려하여야 한다.	④ 위원장은 국무총리가 되고 부위원장은 행정안전부장관이 된다.
⑤ 위촉된 위원의 임기는 2년으로 하고, 연임할 수 있다. 다만, 제9조의 진상조사보고서 작성이 완료된 경우, 그 완료일 이후 6개월이 되는 날 위원의 임기도 만료되는 것으로 한다.	⑤ 위원은 다음 각 호의 사람으로 하고, 국무총리가 임명 또는 위촉한다. 이 경우 위원장은 위원을 임명하거나 위촉할 때 위원회의 정치적 중립과 객관성을 최우선적으로 고려하여야 한다. 1. 법무부장관·국방부장관·법제처장 및 전라남도지사 2. 국회가 추천하는 4명(국회의장이 추천하는 1명, 대통령이 소속되거나 소속되었던 정당의 교섭단체가 추천하는 1명, 그 외 교섭단체가 추천하는 2명으로 한다) 3. 유족 대표 4. 그 밖에 여수·순천 10·19사건에 관한 학식과 경험이 풍부한 사람 중에서 위원장이 성별을 고려하여 위촉하는 사람
⑥ 위원회는 심의·의결할 안건을 미리 검토하고, 효율적으로 운영하기 위하여 소위원회를 설치할 수 있다.	⑥ 위촉된 위원의 임기는 2년으로 하고, 연임할 수 있다. 다만, 제9조의 진상조사보고서 작성이 완료된 경우, 그 완료일 이후 6개월이 되는 날 위원의 임기도 만료되는 것으로 한다.
⑦ 위원회는 그 업무수행에 필요한 사항을 자문하기 위하여 필요할 때에 자문기구를 둘 수 있다.	⑦ 위원회는 심의·의결할 안건을 미리 검토하고, 효율적으로 운영하기 위하여 소위원회를 설치할 수 있다.
⑧ 위원회는 진상규명사건에 해당한다고 인정할 만한 상당한 근거가 있고 진상규명이 중대하다고 판단될 때는 위원회의 의결을 거쳐 직권으로 조사할 수 있다.	⑧ 위원회는 그 업무수행에 필요한 사항을 자문하기 위하여 필요할 때에 자문기구를 둘 수 있다.

구법 [법률 제19839호, 2023. 12. 26., 타법개정]	신법 [법률 제20651호, 2025. 1. 7., 일부개정]
⑨ 그 밖에 위원회의 조직 및 운영 등에 필요한 사항은 대통령령으로 정한다.	⑨ 위원회는 진상규명사건에 해당한다고 인정할 만한 상당한 근거가 있고 진상규명이 중대하다고 판단될 때는 위원회의 의결을 거쳐 직권으로 조사할 수 있다.
〈신 설〉	⑩ 그 밖에 위원회의 조직 및 운영 등에 필요한 사항은 대통령령으로 정한다.
제5조(진상규명을 위한 신고) ① (생략)	제5조(진상규명을 위한 신고) ① (현행과 같음)
② 제1항에 따른 신고는 실무위원회가 그 구성을 마친 날부터 1년 이내에 하여야 한다.	② 제1항에 따른 친족 관계에 있는 사람과 특별한 사실을 알고 있는 사람의 범위 및 그 밖에 신고 방법·절차·기간 등에 필요한 사항은 대통령령으로 정한다.
제7조(진상규명조사와 자료의 수집 및 분석) ① 위원회는 위원회의 의결로 진상규명조사 개시 결정을 하고, 최초 진상규명조사 개시일부터 2년 이내에 진상규명조사와 관련된 자료의 수집 및 분석을 완료하여야 한다.	제7조(진상규명조사와 자료의 수집 및 분석) ① 위원회는 위원회의 의결로 진상규명조사 개시 결정을 하고, 최초 진상규명조사 개시일부터 3년 이내에 진상규명조사와 관련된 자료의 수집 및 분석을 완료하여야 한다.
② 위원회는 제1항에 따른 진상규명조사와 관련된 자료의 수집 및 분석을 위하여 다음 각 호의 조치를 할 수 있다. 　1. 조사대상자 및 참고인에 대한 진술서 제출요구 　2. 조사대상자 및 참고인에 대한 출석요구 및 진술 청취 　3. 조사대상자 및 참고인, 관계 행정기관 또는 단체에 대한 자료 또는 물건의 제출요구	② 위원회는 제1항에 따른 기간 내에 진상규명 활동을 완료하기 어려운 경우에는 기간 만료일 3개월 전에 대통령 및 국회에 보고하고 1년 이내의 범위에서 그 기간을 연장할 수 있다.
③ 제2항제3호에 따라 자료 또는 물건의 제출요구를 받은 사람, 관계 행정기관 또는 단체는 특별한 사유가 없으면 자료를 제출하여야 한다.	③ 위원회는 제1항에 따른 진상규명조사와 관련된 자료의 수집 및 분석을 위하여 다음 각 호의 조치를 할 수 있다. 　1. 조사대상자 및 참고인에 대한 진술서 제출요구 　2. 조사대상자 및 참고인에 대한 출석요구 및 진술 청취 　3. 조사대상자 및 참고인, 관계 행정기관 또는 단체에 대한 자료 또는 물건의 제출요구
④ 정부는 제2항제3호에 따라 제출요구를 받은 자료 또는 물건을 외국에서 보관하고 있는 경우에는 해당 국가의 정부와 성실히 교섭하여야 한다.	④ 제2항제3호에 따라 자료 또는 물건의 제출요구를 받은 사람, 관계 행정기관 또는 단체는 특별한 사유가 없으면 자료를 제출하여야 한다.
⑤ 관계 행정기관 또는 단체는 여수·순천 10·19사건 관련 자료의 발굴 및 열람을 위하여 필요한 편의를 제공하여야 한다.	⑤ 정부는 제2항제3호에 따라 제출요구를 받은 자료 또는 물건을 외국에서 보관하고 있는 경우에는 해당 국가의 정부와 성실히 교섭하여야 한다.
〈신 설〉	⑥ 관계 행정기관 또는 단체는 여수·순천 10·19사건 관련 자료의 발굴 및 열람을 위하여 필요한 편의를 제공하여야 한다.
제9조(진상조사보고서 작성) ① 위원회는 제7조제1항의 기간이 종료되는 날부터 6개월 이내에 여수·순천 10·19사건 진상조사보고서를 작성하여야 하며, 진상조사보고서 작성에 있어 객관성을 확보하고 작업의 원활을 기하기 위하여 여수·순천 10·19사건진상조사보고서작성기획단을 설치하여 운영할 수 있다.	제9조(진상조사보고서 작성) ① 위원회는 제7조의 기간이 종료되는 날부터 6개월 이내에 여수·순천 10·19사건 진상조사보고서를 작성하여 국회 소관 상임위원회에 보고하여야 하며, 진상조사보고서 작성에 있어 객관성을 확보하고 작업의 원활을 기하기 위하여 여수·순천 10·19사건진상조사보고서작성기획단을 설치하여 운영할 수 있다.

구법 [법률 제19839호, 2023. 12. 26., 타법개정]	신법 [법률 제20651호, 2025. 1. 7., 일부개정]
② 위원회는 보고서를 공개하여야 한다. 다만, 국가의 안전보장, 국민화해와 민주발전을 위하여 불가피하다고 위원회에서 결정한 경우에는 보고서의 일부 내용을 공개하지 아니할 수 있다.	② 위원회는 제1항에 따른 기간 내에 진상조사보고서 작성을 완료하기 어려운 경우에는 기간 만료일 1개월 전에 대통령 및 국회에 보고하고 6개월 이내의 범위에서 그 기간을 연장할 수 있다.
〈신 설〉	③ 위원회는 보고서를 공개하여야 한다. 다만, 국가의 안전보장, 국민화해와 민주발전을 위하여 불가피하다고 위원회에서 결정한 경우에는 보고서의 일부 내용을 공개하지 아니할 수 있다.
〈신 설〉	제12조의2(특별재심) ① 희생자로서 여수·순천 10·19사건으로 인하여 유죄의 확정판결을 선고받은 사람, 수형인 명부 등 관련 자료로서 위와 같은 사람으로 인정되는 사람은 「형사소송법」 제420조, 제424조 및 「군사법원법」 제469조, 제473조에도 불구하고 재심을 청구할 수 있다. ② 「호남계엄지구 고등군법회의 명령 제3호」, 「호남계엄지구 고등군법회의 명령 제5호」, 「호남계엄지구 고등군법회의 명령 제13호」, 「보병제5여단 고등군법회의 명령 제17호」와 각각의 명령서에 첨부된 「별지」상에 기재된 사람 및 여수·순천 10·19사건 당시 희생자에 대한 유죄를 선고한 군법회의명령서에 기재된 사람은 제1항의 유죄의 확정판결을 선고받은 사람으로 본다. ③ 「형사소송법」 제423조 및 「군사법원법」 제472조에도 불구하고 재심의 청구는 광주지방법원이 관할한다. ④ 제1항의 재심에 관한 절차는 그 재심의 성격에 저촉되지 아니하는 범위에서 「형사소송법」과 「군사법원법」의 해당 조항을 적용한다.

3. 10·19사건법과 4·3사건법의 비교 및 검토

10·19사건법의 내용을 좀 더 쉽게 이해하기 위해서는 10·19사건과 쌍둥이 사건으로 일컫는 제주4·3사건 진상규명 및 희생자 명예회복에 관한 특별법[12](이하 '4·3사건법'이라고 함)을 살펴볼 필요가 있다. 10·19사건이 4·3사건을 시작으로 발생하게 되었고, 4·3사건법은 10·19사건법보다 약 20년 정도 먼저 제정

---
12 2000. 1. 12. 제정되어 2000. 4. 13.부터 시행되었으며 9차례 개정됨.

되어 더욱 비교해 살펴보는 것은 의미가 있다.

4·3사건법[13]은 모두 7개의 장과 44개의 조문으로 이루어져 10·19사건법과 비교하면 조문수가 다소 많고, 10·19사건법에는 포함되어 있지 않은 규정들도 담고 있다. 아래의 표와 같이 4·3사건법의 구체적 내용을 살펴본 후 10·19사건법과 4.3사건법 가운데 중요한 규정을 서로 비교하여 검토하기로 한다.

〈표 4〉 4·3사건법의 내용

구분	조문
목적과 정의	제1조 목적 제2조 정의 제3조 희생자와 유족의 권리 제4조 국가의 책무
위원회와 실무위원회 설치 근거	제5조 제주4·3사건진상규명및희생자명예회복위원회 제6조 제주4·3사건진상규명및희생자명예회복실무위원회 제7조 위원회의 활동보호 및 비밀누설 금지 제8조 불이익 처우 금지
진상규명을 위한 기구의 설치 및 절차, 방법 등	제9조 피해신고 및 신고처의 설치 제10조 정부 및 관계 기관·단체의 협조 의무 제11조 진상조사 결과 보고
희생자에 대한 위령사업 및 구제조치	제12조 가족관계등록부의 작성 또는 정정 〈개정 2024. 1. 30.〉 제13조 희생자 및 유족의 권익 보호 제14조 특별재심 제15조 직권재심 청구의 권고 제16조 보상금 제16조의2 보상금의 신청 제16조의3 심의·의결 등 제16조의4 결정서 송달 제17조 재심의 제17조의2 신청인의 동의와 보상금등의 지급 제17조의3 지연 이자 제17조의4 보상금 등을 지급받을 권리의 보호 제17조의5 조세 면제 제18조 결정전치주의 제18조의2 형사보상청구의 특례 제18조의3 다른 법률에 따른 보상 등과의 관계 등 제18조의4 보상금 등의 환수 제18조의5 시효 제19조 의료지원금 및 생활지원금 제20조 실종선고 청구에 대한 특례

---

[13] 2024. 1. 30. 일부 개정되어 2024. 7. 31.부터 시행된 법률 제20164호를 대상으로 함.

구분	조문
희생자에 대한 위령사업 및 구제조치	제21조 인지청구의 특례 〈개정 2024. 1. 30.〉 제21조의2 혼인신고의 특례 〈신설 2024. 1. 30.〉 제21조의3 입양신고의 특례 〈신설 2024. 1. 30.〉
공동체 회복 지원	제22조 공동체 회복 지원을 위한 의무 제23조 제주4·3트라우마 치유사업 제24조 기념사업 등 제25조 제주4·3사건 관련 재단에의 출연
기타	제26조 고유식별정보 등의 처리 〈개정 2024. 1. 30.〉 제27조 사실조사 및 협조의무 〈개정 2024. 1. 30.〉 제28조 기탁금품의 접수에 관한 특례 제29조 희생자 지원단체 조직의 제한 제30조 벌칙 적용에서 공무원 의제
해당 법률 위반시 조치사항	제31조 벌칙

1) 4·3사건법과 10·19사건법에서 용어의 정의(定義) 비교

4·3사건법	10·19사건법
제2조(정의) 이 법에서 사용하는 용어의 뜻은 다음과 같다. 〈개정 2022. 1. 11.〉 1. "제주4·3사건"이란 1947년 3월 1일을 기점으로 1948년 4월 3일 발생한 소요사태 및 1954년 9월 21일까지 제주도에서 발생한 무력충돌과 그 진압과정에서 주민들이 희생당한 사건을 말한다.	제2조(정의) 이 법에서 사용하는 용어의 뜻은 다음과 같다. 1. "여수·순천 10·19사건"이란 정부 수립의 초기 단계에 여수에서 주둔하고 있던 국군 제14연대 일부 군인들이 국가의 '제주4·3사건' 진압 명령을 거부하고 일으킨 사건으로 인하여, 1948년 10월 19일부터 지리산 입산 금지가 해제된 1955년 4월 1일까지 여수·순천지역을 비롯하여 전라남도, 전라북도, 경상남도 일부 지역에서 발생한 혼란과 무력 충돌 및 이의 진압과정에서 다수의 민간인이 희생당한 사건을 말한다.
2. "희생자"란 제주4·3사건으로 인하여 사망하거나 행방불명된 사람, 후유장애가 남은 사람 또는 수형인(受刑人)으로서 제5조제2항제2호에 따라 제주4·3사건의 희생자로 결정된 사람을 말한다.	2. "희생자"란 여수·순천 10·19사건과 관련하여 사망하거나 행방불명된 사람, 후유장애가 남아있는 사람, 수형자(受刑者)로서 제3조제2항제3호에 따라 희생자로 결정된 사람을 말한다.
3. "유족"이란 희생자의 배우자(사실상의 배우자를 포함한다. 이하 같다)와 직계존비속을 말한다. 다만, 배우자와 직계존비속이 없는 경우에는 희생자의 형제자매를 말하고, 형제자매가 없는 경우에는 4촌 이내의 방계혈족으로서 희생자의 제사를 치르거나 무덤을 관리하는 사람 중에서 제5조제2항제2호에 따라 유족으로 결정된 사람을 말한다.	3. "유족"이란 희생자의 배우자(사실상의 배우자를 포함한다. 이하 같다) 및 직계존비속을 말한다. 다만, 배우자 및 직계존비속이 없는 경우에는 형제자매를 말하고, 형제자매가 없는 경우에는 4촌 이내의 방계혈족으로서 희생자의 제사를 치르거나 무덤을 관리하는 사람 중에서 제3조제2항제3호에 따라 유족으로 결정된 사람을 말한다.
4. "보상금"이란 제주4·3사건으로 인하여 입은 손해를 전보하기 위하여 제16조에 따라 지급되는 일시금을 말한다. 5. "보상금등"이란 보상금과 의료지원금 및 생활지원금을 말한다.	

각 사건별 희생자는 모두 해당 사건과 관련하여 ① 사망한 사람, ② 행방불명된 사람, ③ 후유장애가 남아있는 사람, ④ 수형자(受刑者)로서 법률에 근거하여 희생자로 결정된 사람을 말한다.

다음으로 유족은 ① 희생자의 배우자(혼인신고가 되지 않은 배우자도 포함), ② 희생자의 부모 또는 자녀(직계 존·비속), ③ 직계존비속이 없는 경우는 희생자의 형제자매, ④ 형제자매도 없는 경우에는 4촌 이내의 방계혈족(사촌형제 등)으로서 희생자의 제사를 지내거나 묘를 관리하는 사람이 해당된다.

특히 10·19사건법과는 달리 4·3사건법에서는 4·3사건으로 인한 손해 전보를 위해 지급되는 일시금을 말하는 보상금과 보상금 이외 의료지원금 및 생활지원금에 관한 규정을 두고 있다. 특히 4·3사건법의 보상금 조항은 뒤에서 다시 살펴보겠지만 10·19사건법에는 없는 규정으로 희생자로 결정된 사람에 대하여 보상금에 대한 구체적으로 규정하고 있어 10·19사건법에도 이를 고려할 필요가 있다.

2) 4·3사건법과 10·19사건법에서 진상규명을 위한 기구의 설치 및 절차, 방법 등의 비교

4·3사건법	10·19사건법
제9조(피해신고 및 신고처의 설치) ① 위원회는 국내 및 대한민국 재외공관에 제주4·3사건과 관련한 희생자 및 유족의 피해신고를 접수할 수 있는 신고처를 설치하고 이를 공고하여야 한다. ② 위원회가 피해신고를 접수하는 때에는 신고 후 절차에 관한 사항과 희생자 및 유족의 권리 등에 대하여 충실히 고지하여야 한다. ③ 피해신고와 신고처의 설치 등에 필요한 사항은 대통령령으로 정한다.	제5조(진상규명을 위한 신고) ① 희생자 및 그 유족이나 친족 관계에 있는 사람 또는 진상규명에 관하여 특별한 사실을 알고 있는 사람은 실무위원회에 진상규명을 위한 신고를 할 수 있다. ② 제1항에 따른 친족 관계에 있는 사람과 특별한 사실을 알고 있는 사람의 범위 및 그 밖에 신고 방법·절차·기간 등에 필요한 사항은 대통령령으로 정한다. 〈개정 2025. 1. 7.〉
제10조(정부 및 관계 기관·단체의 협조 의무) ① 정부는 추가 진상조사에 필요한 자료를 다른 국가에서 보관하고 있는 경우 해당 국가의 정부와 성실히 교섭하여야 한다. ② 관계 기관 및 단체는 제주4·3사건 관련 자료의 발굴 및 열람을 위하여 필요한 편의를 제공하여야 한다.	제7조(진상규명조사와 자료의 수집 및 분석) ① 위원회는 위원회의 의결로 진상규명조사 개시 결정을 하고, 최초 진상규명조사 개시일부터 3년 이내에 진상규명조사와 관련된 자료의 수집 및 분석을 완료하여야 한다. 〈개정 2025. 1. 7.〉 ② 위원회는 제1항에 따른 기간 내에 진상규명 활동을

4·3사건법	10·19사건법

	완료하기 어려운 경우에는 기간 만료일 3개월 전에 대통령 및 국회에 보고하고 1년 이내의 범위에서 그 기간을 연장할 수 있다. 〈신설 2025. 1. 7.〉
	③ 위원회는 제1항에 따른 진상규명조사와 관련된 자료의 수집 및 분석을 위하여 다음 각 호의 조치를 할 수 있다. 〈개정 2025. 1. 7.〉
	   1. 조사대상자 및 참고인에 대한 진술서 제출요구
	   2. 조사대상자 및 참고인에 대한 출석요구 및 진술 청취
	   3. 조사대상자 및 참고인, 관계 행정기관 또는 단체에 대한 자료 또는 물건의 제출요구
	④ 제2항제3호에 따라 자료 또는 물건의 제출요구를 받은 사람, 관계 행정기관 또는 단체는 특별한 사유가 없으면 자료를 제출하여야 한다. 〈개정 2025. 1. 7.〉
	⑤ 정부는 제2항제3호에 따라 제출요구를 받은 자료 또는 물건을 외국에서 보관하고 있는 경우에는 해당 국가의 정부와 성실히 교섭하여야 한다. 〈개정 2025. 1. 7.〉
	⑥ 관계 행정기관 또는 단체는 여수·순천 10·19사건 관련 자료의 발굴 및 열람을 위하여 필요한 편의를 제공하여야 한다. 〈개정 2025. 1. 7.〉

	제8조(동행명령) ① 위원회는 제7조제2항제2호에 따른 출석요구를 받은 사람 중 여수·순천 10·19사건의 진실에 관하여 중요한 증거자료를 보유하거나 정보를 가진 것으로 인정되는 사람이 정당한 사유 없이 3회 이상 출석요구에 응하지 아니하는 경우에는 위원회의 의결로 동행할 것을 명령하는 동행명령장을 발부할 수 있다.
	② 제1항에 따른 동행명령장에는 다음 각 호의 사항을 기재하고 위원장이 서명·날인한다.
	   1. 대상자의 성명·주거. 다만, 대상자의 성명이 분명하지 아니한 경우에는 인상, 체격 그 밖에 대상자를 특정할 수 있는 사항으로 표시할 수 있으며 주거가 분명하지 아니한 경우에는 주거 기재를 생략할 수 있다.
	   2. 동행명령을 하는 이유
	   3. 동행할 장소
	   4. 동행명령장 발부연월일
	   5. 동행명령장 유효기간과 그 기간이 지나면 집행하지 못하며 동행명령장을 반환하여야 한다는 취지
	   6. 동행명령을 받고 거부하면 과태료를 부과한다는 취지
	③ 동행명령장의 집행은 동행명령장을 대자에게 제시함으로써 한다.
	④ 동행명령장은 위원회 직원으로 하여금 이를 집행하도록 한다.
	⑤ 교도소 또는 구치소(군교도소 또는 군구치소를 포함한다)에 수감 중인 대상자에 대한 동행명령장의 집행은 위원회 직원의 위임에 따라 교도관리가 행한다.
	⑥ 현역 군인인 대상자가 영내에 있을 때는 소속 부대장은 위원회 직원의 동행명령장 집행에 협력할 의무가 있다.

4·3사건법	10·19사건법
제11조(진상조사 결과 보고) ① 위원회는 추가 진상조사가 종료된 경우 그 결과를 보고서로 작성·발간하여 국회에 보고하여야 한다. ② 위원회는 제1항의 보고서를 공개하여야 한다. 다만, 국가의 안전보장, 국민화합과 민주발전을 위하여 불가피하다고 위원회에서 결정한 경우에는 보고서의 일부 내용을 공개하지 아니할 수 있다. ③ 제1항에 따른 보고서의 작성·발간과 국회 보고 및 제2항에 따른 공개방법 등에 관하여 필요한 사항은 대통령령으로 정한다.	**제9조(진상조사보고서 작성)** ① 위원회는 제7조의 기간이 종료되는 날부터 6개월 이내에 여수·순천 10·19사건 진상조사보고서를 작성하여 국회 소관 상임위원회에 보고하여야 하며, 진상조사보고서 작성에 있어 객관성을 확보하고 작업의 원활을 기하기 위하여 여수·순천 10·19사건진상조사보고서작성기획단을 설치하여 운영할 수 있다. 〈개정 2025. 1. 7.〉 ② 위원회는 제1항에 따른 기간 내에 진상조사보고서 작성을 완료하기 어려운 경우에는 기간 만료일 1개월 전에 대통령 및 국회에 보고하고 6개월 이내의 범위에서 그 기간을 연장할 수 있다. 〈신설 2025. 1. 7.〉 ③ 위원회는 보고서를 공개하여야 한다. 다만, 국가의 안전보장, 국민화해와 민주발전을 위하여 불가피하다고 위원회에서 결정한 경우에는 보고서의 일부 내용을 공개하지 아니할 수 있다. 〈개정 2025. 1. 7.〉
	제9조의2(위원회의 희생자 직권 결정) ① 위원회는 다음 각 호의 어느 하나에 해당하는 사람으로 여수·순천 10·19사건과 관련하여 사망하거나 행방불명된 사람, 후유장애가 남아있는 사람 또는 수형자로 인정되는 사람을 직권으로 희생자로 결정할 수 있다. 이 경우 그 대상자(대상자의 사망·행방불명 등으로 통지가 불가능한 경우에는 그 유족을 말한다. 이하 이 조에서 같다)에게 사전에 그 사실을 통지하고 동의를 받아야 한다. 1. 제9조제1항에 따른 진상조사보고서에 명시된 사람 2. 「진실·화해를 위한 과거사정리 기본법」 제26조에 따라 진실·화해를위한과거사정리위원회가 진실규명결정한 사건의 피해자 또는 희생자 ② 제1항에 따른 통지·동의의 방법 및 절차, 대상자의 사망·행방불명 등으로 통지·동의가 불가능한 경우의 조치 등에 필요한 사항은 대통령령으로 정한다.[본조신설 2023. 8. 16.]

  진상규명을 위한 기구의 설치 및 절차, 방법에 관한 규정은 두 법률이 약간의 차이를 보인다. 최근 10·19사건법이 개정 법률에서는 진상규명을 위한 신고 및 자료수집 및 진상보고서 작성과 관련한 규정이 개정되거나 신설되었다. 물론 구 법에서도 신고처나 방법 등이 4·3사건법에 비해 좀 더 구체적으로 규정하고 있었는데, 첫째 진상규명을 위한 신고를 할 수 있는 범위가 넓어졌다. 예컨대 희생자 및 유족이나 친족관계 있는 사람과 진상규명에 관하여 특별한 사실을 알고 있는 사람까지 신고를 할 수 있도록 개정되었다.[14] 둘째, 법률에 따라서 출석요구를

---

14 여수·순천 10·19사건 진상규명 및 희생자 명예회복에 관한 특별법 시행령 제7조(진상규

받은 사람이 3회 이상 출석요구에 응하지 않는 경우, 위원회 의결로 동행명령장 발부 규정, 셋째, 위원회의 희생자 직권결정 규정은 4·3사건법에는 규정되어 있지 않다. 한편 진상보고서와 관련해서는 4·3사건법이 진상조사 결과 완료 후에는 국회에 보고하도록 하고 있는 반면, 10·19사건법의 구법은 진상조사 결과 완료 후 보고서에 대한 국회 등에서 보고하도록 하는 규정이 없었는데 최근 개정 법률에서 "국회 소관 상임위원회에 보고하여야" 함을 명시적으로 규정하였다. 그리고 4·3사건법과 비교하여 10·19사건법은 일정한 경우 위원회가 직권으로 희생자를 결정할 수 있도록 하는 규정을 두고 있어서, 고령의 희생자 및 그 유족들에 대하여 신고 절차를 간소화할 수 있다는 점에서 의미가 있다고 생각된다.

3) 10·19사건법과 4·3사건법에서 희생자 등의 구제조치에 대한 비교

4·3사건법	10·19사건법
제12조(가족관계등록부의 작성 또는 정정) ① 제주 4·3사건 피해로 인하여 가족관계등록부가 작성되어 있지 아니하거나 사실과 다르게 기록된 경우에는 다른 법령의 규정에도 불구하고 위원회의 결정에 따라 대법원규칙으로 정하는 절차에 따라 가족관계등록부를 작성하거나 기록을 정정할 수 있다. 〈개정 2024. 1. 30.〉 ② 제1항에 따른 가족관계등록부 작성 또는 정정에 관한 위원회의 결정 범위, 신청기간 등 그 밖에 필요한 사항은 대통령령으로 정한다. 〈신설 2024. 1. 30.〉 [제목개정 2024. 1. 30.]	제12조(가족관계등록부의 작성) 여수·순천 10·19사건 피해로 인하여 가족관계등록부가 작성되어 있지 아니하거나 가족관계등록부에 사실과 다르게 기록된 경우에는 다른 법령의 규정에도 불구하고 희생자와 유족의 신청에 따른 위원회의 결정이 있으면 대법원규칙으로 정하는 절차에 따라 가족관계등록부의 작성이나 기록의 정정을 할 수 있다.

명을 위한 신고자의 범위) ① 법 제5조제1항의 친족 관계에 있는 사람의 범위는 「민법」 제777조 각 호에 해당하는 사람으로 한다.
② 법 제5조제1항의 특별한 사실을 알고 있는 사람의 범위는 다음 각 호의 사람으로 한다.
1. 여수·순천 10·19사건을 경험하거나 목격한 사람
2. 여수·순천 10·19사건을 경험하거나 목격한 사람으로부터 여수·순천 10·19사건에 대하여 직접 전해 들은 사람
3. 여수·순천 10·19사건을 문헌이나 기록으로 확인한 사람

4·3사건법	10·19사건법
제13조(희생자 및 유족의 권익 보호) 누구든지 공공연하게 희생자나 유족을 비방할 목적으로 제주4·3사건의 진상조사 결과 및 제주4·3사건에 관한 허위의 사실을 유포하여 희생자, 유족 또는 유족회 등 제주4·3사건 관련 단체의 명예를 훼손하여서는 아니 된다.	
제14조(특별재심) ① 희생자로서 제주4·3사건으로 인하여 유죄의 확정판결을 선고받은 사람, 수형인 명부 등 관련 자료로서 위와 같은 사람으로 인정되는 사람은 「형사소송법」제420조, 제424조 및 「군사법원법」제469조, 제473조에도 불구하고 재심을 청구할 수 있다. ② 1948년 12월 29일에 작성된 「제주도계엄지구 고등군법회의 명령 제20호」와 1949년 7월 3일부터 7월 9일 사이에 작성된 「고등군법회의 명령 제1호」부터 「고등군법회의 명령 제18호」까지 및 각각의 명령서에 첨부된 「별지」상에 기재된 사람은 제1항의 유죄의 확정판결을 선고받은 사람으로 본다. ③ 「형사소송법」제423조 및 「군사법원법」제472조에도 불구하고 재심의 청구는 제주지방법원이 관할한다. ④ 제1항의 재심에 관한 절차는 그 재심의 성격에 저촉되지 아니하는 범위에서 「형사소송법」과 「군사법원법」의 해당 조항을 적용한다.	제12조의2(특별재심) ① 희생자로서 여수·순천 10·19사건으로 인하여 유죄의 확정판결을 선고받은 사람, 수형인 명부 등 관련 자료로서 위와 같은 사람으로 인정되는 사람은 「형사소송법」제420조, 제424조 및 「군사법원법」제469조, 제473조에도 불구하고 재심을 청구할 수 있다. ② 「호남계엄지구 고등군법회의 명령 제3호」, 「호남계엄지구 고등군법회의 명령 제5호」, 「호남계엄지구 고등군법회의 명령 제13호」, 「보병제5여단 고등군법회의 명령 제17호」와 각각의 명령서에 첨부된 「별지」상에 기재된 사람 및 여수·순천 10·19사건 당시 희생자에 대한 유죄를 선고한 군법회의명령서에 기재된 사람은 제1항의 유죄의 확정판결을 선고받은 사람으로 본다. ③ 「형사소송법」제423조 및 「군사법원법」제472조에도 불구하고 재심의 청구는 광주지방법원이 관할한다. ④ 제1항의 재심에 관한 절차는 그 재심의 성격에 저촉되지 아니하는 범위에서 「형사소송법」과 「군사법원법」의 해당 조항을 적용한다.[본조신설 2025. 1. 7.][시행일: 2025. 4. 8.]
제15조(직권재심 청구의 권고) ① 위원회는 제14조제1항 및 제2항에 따라 재심을 청구할 수 있는 사람에 대한 유죄판결의 직권재심 청구를 법무부장관에 권고할 수 있다. 〈개정 2023. 8. 16.〉 ② 법무부장관은 제1항의 권고의 취지에 따른 필요한 조치를 취할 수 있다.	

제16조(보상금) ① 국가는 희생자로 결정된 사람에 대하여 사건 발생 시기와 근접한 통계자료를 기초로 산정한 희생자의 일실이익과 장기간의 보상 지연, 정신적 고통에 대한 위자료 등을 고려하여 다음 각 호의 구분에 따른 금액의 보상금을 지급한다.
  1. 사망 또는 행방불명 희생자로 결정된 사람: 9천만원
  2. 후유장애 희생자로 결정된 사람: 9천만원 이하의 범위에서 대통령령으로 정하는 장해등급 및 노동력 상실률을 고려하여 위원회가 결정한 금액
  3. 수형인 희생자로 결정된 사람: 다음 각 목에서 정하는 금액. 다만, 각 목에 모두 해당하는 경우에는 그 중 큰 금액으로 하며, 수형 중 사망하거나 행방불명된 경우에는 제1호의 금액을 지급한다.
    가. 수형 또는 구금 사실이 있는 경우: 지급 결정 연도 형사보상 1일 최고액의 범위에서 위원회가 결정한 금액에 수형 또는 구금 일수를 곱한 금액 및 정신적 고통에 대한 위자료. 다만, 제1호에 따른 금액을 초과하여서는 아니 된다.
    나. 금고 이상의 형의 집행유예 또는 벌금형을 선고받은 경우: 제1호에 따른 금액의 100분의 50을 초과하지 아니하는 범위에서 위원회가 결정한 금액	

4·3사건법	10·19사건법
② 후유장애자로 결정된 사람이 그 후유장애 외의 원인으로 사망한 경우에는 그가 살아있는 것으로 보아 제1항제2호에 따른 보상금을 지급한다. ③ 제1항에 따른 보상금을 지급받을 희생자가 사망하거나 행방불명된 것으로 확인되는 경우 보상금을 지급받을 권리는 「민법」 제997조에도 불구하고 위원회의 보상금 지급 결정 당시 상속이 개시된 것으로 보아 보상금 지급 결정 당시의 「민법」을 준용한다.	
제19조(의료지원금 및 생활지원금) ① 정부는 희생자 중 계속 치료를 받아야 하거나 평상시 간호 또는 보조장구 사용이 필요한 사람에게 치료와 간호 및 보조장구 구입에 드는 의료지원금 및 생활지원금을 지급할 수 있다. ② 의료지원금 및 생활지원금의 지급 범위와 금액 산정 및 지급방법 등에 관하여 필요한 사항은 대통령령으로 정한다. 〈개정 2022. 1. 11.〉	제14조(의료지원금 및 생활지원금) ① 국가는 희생자 중 계속 치료를 받아야 하거나 평상시 간호 또는 보조장구 사용이 필요한 사람에게 치료와 간호 및 보조장구 구입에 드는 의료지원금 및 생활지원금을 지급할 수 있다. ② 의료지원금 및 생활지원금을 지급받을 권리는 양도하거나 담보로 제공 또는 압류할 수 없다. ③ 의료지원금 및 생활지원금의 지급범위와 금액의 산정 및 지급방법 등에 필요한 사항은 대통령령으로 정한다.
제17조(재심의) ① 제5조에 따른 희생자 및 유족의 결정 또는 보상금등의 지급 결정에 관하여 이의가 있는 사람은 위원회의 결정을 통지받은 날부터 30일 이내에 위원회에 재심의를 신청할 수 있다. 〈개정 2022. 1. 11.〉 ② 제1항에 따른 재심의의 신청 및 결정 등에 필요한 사항은 대통령령으로 정한다.	제17조(재심의) ① 제3조에 따른 희생자 및 유족 결정 또는 의료지원금 및 생활지원금 지급 결정에 이의가 있는 사람은 제16조에 따른 결정서정본을 송달받은 날부터 30일 이내에 위원회에 재심의를 신청할 수 있다. ② 제1항에 따른 재심의의 신청 및 결정 등에 필요한 사항은 대통령령으로 정한다.
제18조(결정전치주의) ① 제5조에 따른 희생자 및 유족의 결정 또는 보상금등의 지급에 관한 소송은 위원회의 결정을 거친 후에만 제기할 수 있다. 다만, 신고나 신청을 한 날부터 6개월이 지나도 위원회가 결정하지 아니한 경우에는 그러하지 아니하다. 〈개정 2022. 1. 11.〉 ② 제1항에 따른 소송의 제기는 위원회의 결정(재심의 신청에 대한 결정을 포함한다) 통지를 받은 날부터 60일 이내에 제기하여야 한다.	제18조(결정전치주의) ① 제3조에 따른 희생자 및 유족 결정 또는 의료지원금 및 생활지원금 지급에 관한 소송은 위원회의 결정을 거친 후에만 제기할 수 있다. 다만, 신고나 신청을 한 날부터 90일이 지나도 위원회가 결정하지 아니한 경우에는 그러하지 아니하다. ② 제1항에 따른 소송의 제기는 제16조에 따른 결정서정본(재심의결정서정본을 포함한다)을 송달받은 날부터 60일 이내에 제기하여야 한다.

제24조(기념사업 등) 국가와 지방자치단체는 희생자의 영령을 위로하고 역사적 의미를 되새겨 평화와 인권을 위한 교육의 장으로 활용하기 위하여 다음 각 호의 사업 시행에 필요한 비용을 예산의 범위에서 지원할 수 있다. 이 경우 국가와 지방자치단체는 사업의 지원에 관하여 희생자 및 유족과 제주특별자치도 주민의 의견을 존중하여야 한다.
  1. 추념 행사의 거행
  2. 위령공원·위령묘역 조성과 위령탑·사료관 건립
  3. 제주4·3사건 관련 유적의 보존·관리
  4. 제주4·3사건과 관련한 연구 및 교육
  5. 그 밖의 제주4·3사건 관련 기념사업
	제13조(위령사업) 국가 및 지방자치단체는 여수·순천 10·19사건 희생자를 위령하고 역사적 의미를 되새겨 평화와 인권을 위한 교육의 장으로 활용하며 위령제례 등의 편의를 도모하기 위한 다음 각 호의 사업시행에 필요한 비용을 예산의 범위에서 지원할 수 있다.
	  1. 위령묘역 조성
	  2. 위령탑 건립
	  3. 여수·순천 10·19사건 사료관 건립
	  4. 위령공원 조성
	  5. 평화 등 인권교육
	  6. 그 밖의 위령관련 사업

10·19사건법과 4·3사건법 모두 조사과정에서 희생자와 유족 사이에 가족관계등록부가 작성되어 있지 않거나 잘못 작성되어 있는 경우, 가족관계등록부를 작성하거나 기록을 정정할 수 있도록 하는 규정을 두고 있다. 다만 두 법이 차이가 나는 것은 희생자 및 그 유족에 대해서 손해전보를 위한 보상금 지급 규정이 10·19사건법에는 포함되어 있지 않아 4·3사건법에 비해 희생자 등의 피해구제 측면에서 부족한 점이 있는데 최근 개정 법률에는 반영되지 않았다. 반면 두 법 모두 의료지원금 및 생활지원금 지급을 할 수 있도록 하는 규정을 두고 있다.

또한 최근의 역사왜곡 시도 등으로 인해 10·19사건 역시 그 영향을 받고 있는데,[15] 4·3사건법의 경우 제13조에 희생자 및 유족의 권익을 보호하고자 하는 취지로 "희생자나 유족을 비방할 목적으로 4·3사건에 관한 허위의 사실을 유포하여 희생자, 유족 등의 명예를 훼손하여서는 안된다"는 규정을 두고 있어 10·19사건법에도 이를 참고할 필요가 있다.

그리고 종전에는 4·3사건법에만 있던 특별재심 규정이 이번 개정으로 10·19사건법에도 신설되어 희생자로서 여수·순천 10·19사건으로 인하여 유죄의 확정판결을 선고받은 사람 등이 특별재심을 청구할 수 있는 근거가 마련되었다.

마지막으로 희생자 등에 대한 위령사업 등은 거의 비슷한 규정을 갖고 있으나, 4·3사건법의 경우 공동체 회복에 관한 장을 별도로 두고 국가 및 지방자체단체에 대하여 희생자 등의 피해 치유와 공동체 회복을 위해 노력할 것을 명문의 규정으로 두고 있고, 트라우마 치유사업에 대한 규정도 두고 있어 10·19사건법에 비하여 사건 당사자와 그 유족뿐만 아니라 지역의 문제로 공동체의 치유와 회복을 시도할 수 있다는 점에서 10·19사건법에 비해 좀 더 진일보했다고 평가할 수 있다.

---

15 한국일보(2024.5.22.), "역사 왜곡 논란 휩싸인 여순사건… 시민단체 대응 나선다", 〈https://www.hankookilbo.com/News/Read/A2024052209440000302〉. 검색일: 2025. 1. 8.

4. 10·19사건법과 5·18민주화운동 관련법의 비교 및 검토

다음으로 5·18민주화운동 관련법은 위의 두 사건에 비하여 비교적 가까운 시기에 발생하였고, 관련법이 여럿이며 관련법에 대한 제·개정 논의가 많이 되었기 때문에 한국의 과거사법 가운데 비교·검토해 볼 필요가 있다. 5·18민주화운동 관련법은 제정된 순서대로 살펴보면, ① 5·18민주화운동 관련자 보상 등에 관한 법률(이하 '5·18보상법'이라고 함),[16] ② 5·18민주화운동 등에 관한 특별법(이하 '5·18민주화운동법'이라고 함),[17] ③ 5·18민주유공자예우 및 단체설립에 관한 법률(이하 '5·18유공자법'이라고 함),[18] ④ 5·18민주화운동 진상규명을 위한 특별법(이하 '5·18진상규명법'이라고 함)[19] 4개의 법률이 있다. 이 중 법률의 내용이 진상규명과 희생자(혹은 피해자)의 명예회복 및 구제 조치를 담고 있는 ① **5·18보상법**과 ④ **5·18진상규명법**, 2개의 법률을 10·19사건법의 내용 구분에 따라 비슷한 내용을 담고 있는 조문을 서로 비교하여 그 의미를 살펴보기로 한다.

〈표 4〉 5·18민주화운동 관련법의 내용

구분	5·18보상법[20]	5·18진상규명법[21]
목적과 정의	제1조 목적 제2조 정의 제2조의2 유족의 범위 등	제1조 목적 제2조 정의 제3조 진상규명의 범위

---

16 1990. 8. 6., 제정되어 1990. 8. 17.부터 시행되었으며 13차례 개정되었으며, 제정 당시 법률명은 '광주 민주화운동 관련자 보상 등에 관한 법률'이었다.
17 1995. 12. 21. 제정되어 1995. 12. 21.부터 시행되었으며 4차에 걸쳐 개정되었다.
18 제정 당시에는 '광주 민주유공자 예우에 관한 법률'이라는 법률명으로 2002. 1. 26. 제정되어 2002. 7. 27. 시행되었으며 47차례 개정되었다.
19 2018. 3. 13. 제정되어 2018. 9. 14.부터 시행되어 8차례 개정되었다.
20 2022. 12. 27. 일부 개정되어 2022. 12. 27. 시행된 법률 제19106호.
21 2024. 2. 13. 개정되어 2024. 5. 17. 시행된 법률 제20309호.

구분	5·18보상법[20]	5·18진상규명법[21]
위원회 구성 및 설치 근거	제3조 5·18민주화운동관련자보상지원위원회 제4조 5·18민주화운동관련자보상심의위원회	제4조 5·18민주화운동 진상규명조사위원회의 설치 제5조 위원회의 독립성 제6조 위원회의 업무 제7조 위원회의 구성 등 제8조 위원장 및 위원의 임기 제9조 위원회의 활동기간 제10조 위원장의 직무 제11조 위원의 직무상 독립과 신분보장 제12조 위원의 결격사유 제13조 위원의 겸직금지 등 제14조 위원의 제척·기피·회피 제15조 의사 및 의결정족수 제16조 의사의 공개 제17조 위원회의 정원 등 제18조 사무처의 설치 제18조의2 자문기구의 설치 제19조 직원의 신분보장 등 제20조 징계위원회의 설치 제21조 공무원 등의 파견
진상규명을 위한 기구의 설치 및 절차, 방법 등	제3조 5·18민주화운동관련자보상지원위원회	제22조 진상규명 직권조사 제23조 진상규명 신청 제24조 신청의 방식 제25조 각하결정 제26조 진상규명 조사개시 제27조 진상규명 조사방법 제27조의2 유해의 조사·발굴 등〈개정 2024. 2. 13.〉 제27조의3 유전자 검사 제28조 동행명령 제29조 검증 제30조 압수·수색 영장 청구의뢰 제31조 진상규명결정 제32조 진상규명불능결정 제33조 결정통지 및 이의신청 제34조 보고 및 의견진술 기회의 부여 제35조 국가기관등의 협조의무 제36조 업무의 위임·위탁 등 제37조 조사대상자의 보호 제38조 청문회의 실시 제39조 증인 출석 등의 요구 제40조 증인 출석 등의 의무 제41조 증인 등의 선서 제42조 증인 등의 보호 제43조 검증 …… 제49조 신청자등의 보호 제50조 신청자등의 비밀 보호 제51조 신변보호조치

구분	5·18보상법[20]	5·18진상규명법[21]
진상규명을 위한 기구의 설치 및 절차, 방법 등		제52조 책임의 감면 등 제53조 불이익조치 등의 금지 제54조 보호조치 신청
희생자에 대한 위령사업 및 구제조치	제4조의2 복직의 권고 제4조의3 학사징계기록 말소 등의 권고 제5조 보상금 제6조 의료지원금 제6조의2 의료급여 수급권자에 대한 특례 제6조의3 의료급여의 지원 제7조 생활지원금 제8조 보상금등의 지급 신청 제9조 심의와 결정 제10조 결정서 송달 제11조 재심의 제11조의2 재분류 신체검사 제12조 신청인의 동의와 보상금등의 지급 제13조 보상금등을 지급받을 권리의 보호 제14조 조세 면제 제15조 결정전치주의(決定前置主義) 제16조 다른 법률에 따른 보상 등과의 관계 등 제17조 보상금등의 환수 …… 제19조의2 성폭력피해자 상담·치료프로그램 제20조 성금의 모금 제21조 재정지원 제21조의2 5·18민주화운동 관련 재단 지원 등 제22조 기타지원금 제23조 형사보상청구 기간에 관한 특례	제44조 고발 및 수사요청 제45조 감사원에 대한 감사요구 제46조 피해 및 명예회복 제47조 희생자를 위한 특별사면·복권의 건의 제48조 가해자를 위한 사면 등
기타	제18조 사실조사 및 협조의무 제19조 시효	제55조 특별검사 임명을 위한 국회 의결 요청 제56조 위원회와 특별검사의 협조 제57조 5·18민주화운동 관련 기록물에 대한 조치 제58조 비밀준수 의무 제59조 자격사칭 금지 제60조 유사명칭 사용 금지 제61조 위원회 활동의 보호 등 제62조 운송비·여비 등 제62조의2 손실보상 제63조 공개에 따른 책임면제 제64조 준용규정 제65조 사무처의 존속기간 제66조 벌칙 적용에서 공무원 의제
해당 법률 위반 시 조치사항		제67조 벌칙 제68조 양벌규정 제69조 형의 감경 등 제70조 과태료

1) 10·19사건법과 5·18민주화운동 관련법에서 용어의 정의 비교

5·18보상법	5·18진상규명법	10·19사건법
제2조(정의) 이 법에서 사용하는 용어의 뜻은 다음과 같다. 1. "5·18민주화운동"이란 1979년 12월 12일과 1980년 5월 18일을 전후하여 발생한 헌정질서 파괴범죄와 반인도적 범죄에 대항하여 시민들이 전개한 민주화운동을 말한다.	제2조(정의) 이 법에서 사용하는 용어의 뜻은 다음과 같다. 〈개정 2021. 1. 5.〉 1. "5·18민주화운동"이란 1980년 5월 광주 관련 지역에서 일어난 시위에 대하여 군부 등에 의한 헌정질서 파괴범죄와 부당한 공권력 행사로 다수의 희생자와 피해자가 발생한 사건을 말한다.	제2조(정의) 이 법에서 사용하는 용어의 뜻은 다음과 같다. 1. "여수·순천 10·19사건"이란 정부 수립의 초기 단계에 여수에서 주둔하고 있던 국군 제14연대 일부 군인들이 국가의 '제주4·3사건' 진압 명령을 거부하고 일으킨 사건으로 인하여, 1948년 10월 19일부터 지리산 입산 금지가 해제된 1955년 4월 1일까지 여수·순천지역을 비롯하여 전라남도, 전라북도, 경상남도 일부 지역에서 발생한 혼란과 무력충돌 및 이의 진압과정에서 다수의 민간인이 희생당한 사건을 말한다.
2. "관련자"란 다음 각 목의 어느 하나에 해당하는 사람 중 제4조에 따른 5·18민주화운동관련자보상심의위원회에서 심의·결정된 사람을 말한다. 가. 5·18민주화운동과 관련하여 사망하거나 행방불명된 사람 나. 5·18민주화운동과 관련하여 상이(傷痍)를 입은 사람 다. 5·18민주화운동과 관련하여 대통령령으로 정하는 질병을 앓거나 그 후유증으로 사망한 것으로 인정되는 사람 라. 5·18민주화운동과 관련하여 성폭력 피해를 입은 사람 마. 5·18민주화운동과 관련하여 수배·연행 또는 구금된 사람 바. 5·18민주화운동과 관련하여 공소기각·유죄판결·면소판결·해직 또는 학사징계를 받은 사람	2. "희생자"란 5·18민주화운동과 관련한 시기에 사망하거나 행방불명된 사람을 말한다.	2. "희생자"란 여수·순천 10·19사건과 관련하여 사망하거나 행방불명된 사람, 후유장애가 남아있는 사람, 수형자(受刑者)로서 제3조제2항제3호에 따라 희생자로 결정된 사람을 말한다.
	3. "피해자"란 다음 각 목의 어느 하나에 해당하는 사람을 말한다. 가. 5·18민주화운동과 관련한 시기에 구속, 구금, 부상, 가혹행위와 그 후유증으로 고통받았던 사람 중 희생자 외의 사람 나. 희생자의 배우자·직계존비속·형제자매 다. 가목에 해당하는 사람의 배우자·직계존비속·형제자매	3. "유족"이란 희생자의 배우자(사실상의 배우자를 포함한다. 이하 같다) 및 직계존비속을 말한다. 다만, 배우자 및 직계존비속이 없는 경우에는 형제자매를 말하고, 형제자매가 없는 경우에는 4촌 이내의 방계혈족으로서 희생자의 제사를 치르거나 무덤을 관리하는 사람 중에서 제3조제2항제3호에 따라 유족으로 결정된 사람을 말한다.

5·18민주화운동 관련법은 '5·18민주화운동'의 정의에 대하여 개별 법률에 따라 달리 정의하고 있다. 또한 5·18보상법은 희생자 혹은 피해자가 아니라 '관련자'라는 용어를 쓰고 있는데, 관련자로 열거된 사람들을 보면 5·18민주화운동으로 사망하거나 행방불명되거나 다치거나 한 사람으로 사실상 피해자 혹은 희생자로 이해된다. 반면 5·18진상규명법은 희생자와 피해자를 구분하고 있는데, 희생자는 피해 당사자를 말하며, 여기서 피해자는 10·19사건법상 유족과 비슷하게 정의하고 있는 것으로 판단된다.

2) 10·19사건법과 5·18민주화운동 관련법에서 희생자 등의 구제 조치에 대한 비교

5·18보상법	5·18진상규명법	10·19사건법
		제12조(가족관계등록부의 작성) 여수·순천 10·19사건 피해로 인하여 가족관계등록부가 작성되어 있지 아니하거나 가족관계등록부에 사실과 다르게 기록된 경우에는 다른 법령의 규정에도 불구하고 희생자와 유족의 신청에 따른 위원회의 결정이 있으면 대법원규칙으로 정하는 절차에 따라 가족관계등록부의 작성이나 기록의 정정을 할 수 있다.
제5조(보상금) ① 관련자 또는 그 유족에게는 다음 각 호의 구분에 따라 산출한 금액에 보상 결정 시까지의 법정이율에 따른 이자를 더한 보상금을 지급한다. 1. 5·18민주화운동과 관련하여 사망하거나 행방불명으로 확인된 사람의 유족: 사망하거나 행방불명된 때를 기준으로 그 당시의 월급액, 월실수입액(月實收入額) 또는 평균임금에 장래의 취업가능기간을 곱한 금액에서 법정이율에 따른 단할인법(單割引法)으로 중간이자를 뺀 금액 2. 5·18민주화운동과 관련하여 상이를 입은 사람 또는 그 유족: 다음 각 목의 금액을 합한 금액		

5·18보상법	5·18진상규명법	10·19사건법
가. 필요한 요양으로 인하여 월급액, 월실수입액 또는 평균임금의 수입에 손실이 있는 경우에는 그 요양기간의 손실액 나. 상이를 입은 사람이 신체에 장해가 있는 경우에는 그 장해로 인한 노동력 상실 정도에 따라 상이를 입은 때를 기준으로 그 당시의 월급액, 월실수입액 또는 평균임금에 노동력 상실률 및 장래의 취업가능기간을 곱한 금액에서 법정이율에 따른 단할인법으로 중간이자를 뺀 금액 ② 5·18민주화운동과 관련하여 상이를 입은 사람이 그 상이 외의 원인으로 사망한 경우에는 그가 살아 있는 것으로 보아 제1항제2호에 따른 보상금을 지급한다. ③ 제1항에 따른 월급액, 월실수입액 또는 평균임금은 주소지를 관할하는 시장·군수·구청장 또는 세무서장의 증명이나 그 밖의 공신력(公信力) 있는 증명에 의하고, 이를 증명할 수 없을 때에는 대통령령으로 정하는 바에 따른다. ④ 제1항에 따른 보상금을 산정할 때에는 월급액, 월실수입액 또는 평균임금에서 대통령령으로 정하는 생활비를 빼야 한다. ⑤ 제1항에 따른 취업가능기간과 장해등급 및 노동력 상실률은 대통령령으로 정한다.		
제6조(의료지원금) ① 5·18민주화운동과 관련하여 상이를 입은 사람 중에서 이 법 시행 당시 그 상이로 인하여 계속 치료가 필요하거나 상시 간병 또는 보장구(補裝具)의 사용이 필요한 사람에게는 대통령령으로 정하는 바에 따라 치료·간병 및 보장구 구입에 실제 드는 비용을 한꺼번에 지급한다. ② 제1항에 따른 의료지원금을 지급할 때에는 법정이율에 따른 단할인법으로 중간이자를 빼야 한다. 제7조(생활지원금) ① 보상심의위원회는 관련자 또는 그 유족에게 생활을 보조하기 위한 지원금을 지급할 수 있다. ② 제1항에 따른 생활지원금은 관련자 지원을 위하여 기부된 성금으로 지급할 수 있으며, 정부는 그 재원의 일부를 지원할 수 있다.		제14조(의료지원금 및 생활지원금) ① 국가는 희생자 중 계속 치료를 받아야 하거나 평상시 간호 또는 보조장구 사용이 필요한 사람에게 치료와 간호 및 보조장구 구입에 드는 의료지원금 및 생활지원금을 지급할 수 있다. ② 의료지원금 및 생활지원금을 지급받을 권리는 양도하거나 담보로 제공 또는 압류할 수 없다. ③ 의료지원금 및 생활지원금의 지급범위와 금액의 산정 및 지급방법 등에 필요한 사항은 대통령령으로 정한다.

5·18보상법	5·18진상규명법	10·19사건법
제11조(재심의) ① 보상심의위원회가 제9조에 따라 결정한 사항에 대하여 이의가 있는 관련자 또는 그 유족은 제10조에 따라 결정서를 송달받은 날부터 30일 이내에 보상심의위원회에 재심의를 신청할 수 있다. ② 보상심의위원회의 재심의와 송달에 관하여는 제9조 및 제10조를 각각 준용한다. 이 경우 제9조 중 "90일" 및 "120일"은 각각 "60일"로 본다.		제17조(재심의) ① 제3조에 따른 희생자 및 유족 결정 또는 의료지원금 및 생활지원금 지급 결정에 이의가 있는 사람은 제16조에 따른 결정서정본을 송달받은 날부터 30일 이내에 위원회에 재심의를 신청할 수 있다. ② 제1항에 따른 재심의의 신청 및 결정 등에 필요한 사항은 대통령령으로 정한다.
제15조(결정전치주의) ① 이 법에 따른 보상금등의 지급에 관한 소송은 보상심의위원회의 보상금등의 지급 또는 기각(棄却) 결정을 거친 후에만 제기할 수 있다. 다만, 보상금등의 지급 신청이 있었던 날부터 90일이 지났을 때에는 그러하지 아니하다. ② 제1항에 따른 소송의 제기는 결정서 정본(재심의결정서 정본을 포함한다)을 송달받은 날부터 60일 이내에 제기하여야 한다.		제18조(결정전치주의) ① 제3조에 따른 희생자 및 유족 결정 또는 의료지원금 및 생활지원금 지급에 관한 소송은 위원회의 결정을 거친 후에만 제기할 수 있다. 다만, 신고나 신청을 한 날부터 90일이 지나도 위원회가 결정하지 아니한 경우에는 그러하지 아니하다. ② 제1항에 따른 소송의 제기는 제16조에 따른 결정서정본(재심의결정서정본을 포함한다)을 송달받은 날부터 60일 이내에 제기하여야 한다.
		제13조(위령사업) 국가 및 지방자치단체는 여수·순천 10·19사건 희생자를 위령하고 역사적 의미를 되새겨 평화와 인권을 위한 교육의 장으로 활용하며 위령제례 등의 편의를 도모하기 위한 다음 각 호의 사업시행에 필요한 비용을 예산의 범위에서 지원할 수 있다. 　1. 위령묘역 조성 　2. 위령탑 건립 　3. 여수·순천 10·19사건 사료관 건립 　4. 위령공원 조성 　5. 평화 등 인권교육 　6. 그 밖의 위령관련 사업
	제46조(피해 및 명예회복) 정부는 규명된 진실에 따라 희생자, 피해자 및 유족의 피해 및 명예를 회복시키기 위한 적절한 조치를 취하여야 한다. 제47조(희생자를 위한 **특별사면·복권의 건의**) 위원회는 진실이 은폐되거나 왜곡됨으로써 유죄판결을 받은 자와 법령이 정한 바에 따라 자격이 상실 또는 정지된 자에 대해서 대통령에게 특별사면과 복권을 건의할 수 있으며, 관계 국가기관은 위원회의 결정 및 건의를 존중하여야 한다.	

과거사 사건에서 희생자 등에 대한 피해구제는 손해전보를 하는 금전배상과 피해자의 명예회복과 사면·복권 등 금전배상 외의 구제 방법이 있을 수 있다. 10·19사건법과 비교 대상이 되는 위의 5·18보상법은 배·보상 규정을, 5·18진상규명법은 진상규명 및 명예회복을 내용으로 하고 있어, 국가폭력의 피해자에 대한 실질적 피해구제로서 배·보상과 진상규명에 관한 법이 개별법으로 규정되어 있다는 점에서 10·19사건법과 차이가 있다.

피해구제에 관련해서 10·19사건법에는 생활지원금 및 의료지원금을 줄 수 있도록 규정하고 명예회복이나 사면·복권에 대한 별도의 규정은 없는 반면, 5·18진상규명법은 진실규명이 된 희생자 및 피해자에 대해서는 명예회복과 필요한 조치를 하여야 할 것과 위원회에서 희생자에 대한 특별사면과 복권을 건의할 수 있도록 규정하고 있다. 또한 금전배상에 관해서는 5·18보상법에서 보상금, 생활지원금, 의료지원금을 두고 있어 피해자 등에 대한 구제조치를 규정하고 있는데, 10·19사건법에서도 희생자 등에 대한 명예회복 등의 조치에 대한 규정에 대한 고려할 필요가 있다.

5. 10·19사건법, 치유와 회복을 향해 전진하라

지금까지 10·19사건법과 관련 있는 과거사 관련 법령을 함께 비교하여 검토하였다. 반세기가 넘도록 계속된 분단과 반공이데올로기 아래에서 뒤늦게 10·19사건법이 제정된 것은 그나마 다행이라고 할 수 있다. 그러나 진상규명과 피해자의 구제 및 회복이라는 측면에서 법이 제정되기까지 70여 년이 넘는 세월이 흐른 것은 매우 안타깝다. 여기에는 그간 한국사회를 둘러싼 국·내외 정세 아래에서 '10·19사건을 어떻게 규정할 것인가'에 대한 문제가 영향을 미쳤을 것으로 생각된다. 그렇다고 하더라도 10·19사건의 진상규명과 명예회복을 위한 법적 근거를 마련하기까지 오랜 시간이 걸려, 결국 과거 국가권력의 잘못을 바로 잡고 정의의 실현이 지연된 것은 정당화될 수 없다. 무엇보다 법이 느리게 움직이는 동안 어느새 고령의 연세에 접어드신 피해자와 유족들께 진상규명과 명예회복, 그에 따른 구제조치가 하루라도 빨리 신속하게 이루어져야 한다. 그런 면에서 이번 개정 법률에 신고기간 및 조사·분석 기간의 연장, 특별재심이 신설된 것은 환영할만하다.

덧붙여 10·19사건의 본질이 국가폭력이라는 점을 고려하면, '희생자와 유족의 명예회복을 위한 조치와 진상규명 및 화해를 위한 국가의 책무'임을 명문화할 필요가 있다. 또한 10·19 사건으로 인해 가족을 잃고, 한편 '빨갱이'로 낙인찍히거나, '연좌제'에 발목 잡혀 인생의 대부분을 어렵게 지낸 유가족들 10·19사건에 의한 직접적 피해자는 아니라하더라도, 진상규명이 되지 않는 동안 세대를 통해 이어진 피해(transmission)는 여전히 현재진행형이다. 이는 국가가 마땅히 하여야할 진상규명과 명예회복 조치를 하지 않았기 때문에 발생한 피해라고 할 수 있다. 따라서 국가폭력의 피해자로서 희생자와 그 유족들에 대한 회복적 조처가 인권적 측면에서 이루어져야 한다. 결국 법이 향하는 곳은 피해자와 그 유족들에 대한 치유와 회복뿐만 아니라, 가슴 아프고 비극적이 기억을 갖고 있는 지역 공동체의 치유와 회복으로 나아가야할 것이다.

08 여순사건 특별법 제정과 과제

유상수 여순사건위원회 전문위원

들어가며

여수·순천 10·19사건 진상규명 및 명예회복에 관한 특별법(이하 여순사건 특별법)이 2021년 6월 29일 국회를 통과했다. 제16대 국회에서 김충조 의원이 2001년 여수·순천 10·19사건진상규명및사상자명예회복에관한특별법으로 법안 발의를 한 이후 20년만에 여순사건 특별법이 제정된 것이다. 여순사건 특별법은 제정과정에서 기존에 과거사를 다룬 '제주4·3사건 진상규명 및 희생자 명예회복에 관한 특별법'(이하 제주4·3특별법)과 '진실화해를 위한 과거사정리 기본법'(이하 진화위법)이 절충되어 만들어진 법이다. 하지만 법률은 두 법을 절충하여 만들고, 위원회의 조직구성과 운영은 거의 제주4·3사건위원회의 선례를 따르면서 실제 법률이 적용되는 과정에서 혼란이 있었다. 이 글에서는 여순사건 특별법의 제정과정과 시행, 특별법을 통해 출범한 여순사건위원회의 성과와 문제점을 통해 특별법의 개정방향에 대해서 살펴보고자 한다.

| 제2부 | 여순사건 특별법 이해와 다양한 시선

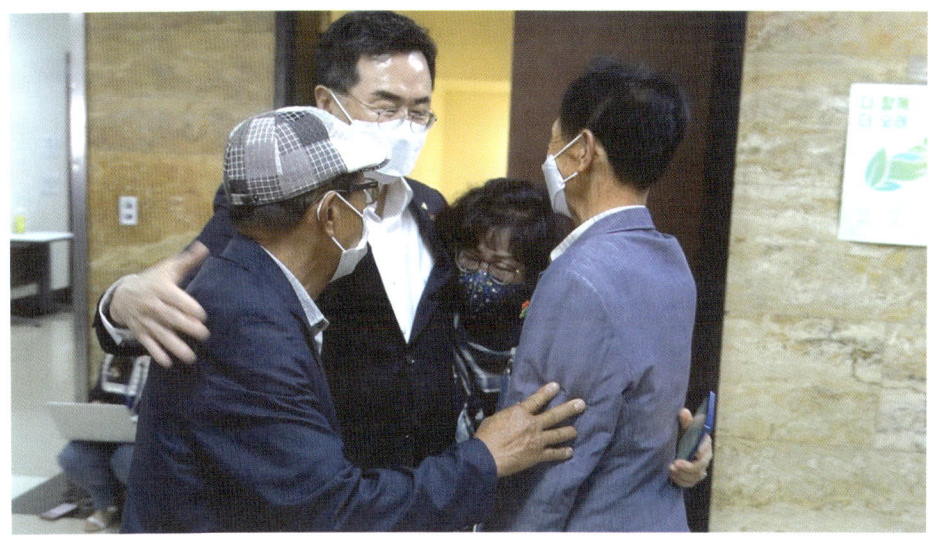

소병철 의원과 여순사건 희생자 유가족들 (소병철 의원실 제공)

1. 여순사건 특별법 제정과 의미

여수사건을 비롯하여 현대사 속의 주요사건에 대해서 재조명되기 시작한 것은 1993년 문민정부의 출범과 함께였다. 문민정부에서는 권위주의 체제 하에서 이루어졌던 6·10민주항쟁과 5·18광주민주화운동, 거창민간인학살사건, 제주4·3사건, 여순사건 등에 대해서 정부와 여당 차원에서 논의가 이루어지기 시작했다.[1] 1998년 국민의정부가 출범하면서 과거사 문제에 대한 논의가 더욱 진전되었다. 이런 논의의 진전은 여순사건에 대한 학문적 논의의 확장을 가져왔을 뿐만 아니라 특별법 통해 여순사건 문제를 해결하려는 입법활동으로 이어졌다.

여수출신 김충조 의원은 16대 국회에서 여순사건 특별법안을 제출했다. 이 법안의 주요내용은 국무총리 소속으로 여수·순천 10·19사건진상규명및사상자명예

---

1 「당정, 현대사 주요사건 재조명 방침」, 『연합뉴스』, 1993년 5월 1일.

회복위원회 설치, 전남도지사 소속으로 여수·순천 10·19사건진상규명및사상자명예회복실무위원회 설치, 위령사업 예산지원 및 부상자 치료비, 생활지원비 지급, 임기2년(1년 연장 가능), 진상규명보고서 작성 등이었다. 김충조 의원이 16대 국회에서 법안 발의를 할 때 다른 과거사 관련 법안들이 동시에 제출되면서 행정자치위원회에서는 특정사건에 대한 입법은 정책적 판단이 필요하다는 검토의견을 내면서 16대 국회 회기를 마칠 때까지 다른 과거사법안과 같이 여순사건 특별법도 통과되지 못했다. 이것은 ①각각의 개별 과거사에 대해 따로 입법활동이 진행되면서 과거사 정리의 기본 취지를 벗어나는 경우가 생길 수 있다는 것, ②올바른 과거사정리를 위해서는 지난 역사의 잘못된 과거사에 대한 포괄적이고 총체적인 접근이 필요하다는 인식에 따른 것이었다. 실제로 노무현정부에서는 과거사에 대한 포괄적이고 총체적인 접근을 위해 진실·화해를 위한 과거사정리위원회(진화위)를 발족시켰다. 진화위에서는 여순사건에 대해 피해신고를 중심으로 직권조사를 진행하기도 하였다.

김충조 의원은 18대 국회인 2011년에 다시 여순사건 특별법안을 제출하였다. 제안이유에서 거창, 노근리, 제주4·3사건의 경우 특별법을 통해 진상규명과 명예회복이 이루어졌으며, 진화위에서 여순사건을 직권으로 조사했음에도 불구하고 730여 명만 희생자로 결정되어 납득할만한 수준의 피해조사가 이루어져야 한다는 것[2]이었다. 하지만 전문위원의 검토단계부터 "제안이유는 충분히 타당하지만 진화위 규명사건에 대해 특별법을 제정하여 재조사하는 것은 법적 안정성을 저해할 소지가 있으며, 진화위가 규명한 유사 사건들에 대한 파급효과를 충분히 고려해야 한다는 주장이 제기"되면서 입법으로까지 이어지지 못했다.

이후 19대에 김성곤의원이, 20대에 정인화, 이용주, 윤소하, 주승용, 김성환

---

[2] 1949년 11월 전남도가 집계한 여순사건 인명피해가 1만 1,131명이었다는 것을 고려하면 지역사회에서 제기된 진화위 조사는 충분히 이루어지지 않았다는 지적은 일면 타당하다.

의원이 앞에서 언급한 제안이유로 각각 여순사건 특별법을 대표 발의하였다. 법안의 검토단계에서 ①진화위가 규명한 사건에 대해 다시 특별법으로 조사를 하는 것, ②설사 추가조사가 필요하다고 하더라도 개별사건을 다루는 방식보다는 포괄적인 과거사정리법을 통한 진상규명 및 보상 등의 조치가 이루어질 수 있도록 해야 한다는 것, ③개별사건에 대해 특별법을 적용할 경우 위령사업, 보상금, 의료지원금 및 생활지원금에 걸쳐 많은 비용이 든다는 것 등이 문제로 지적되었다. 특히 보상금의 경우 다음 표와 같이 개별법에 의해 확인된 희생자 보상금 추계를 통해 국가의 상당한 재정부담으로 현실적인 어려움이 있다고 하였다. 결국 20대 국회에서 발의된 여순사건 특별법안들도 상임위를 통과하지 못하고 임기만료와 폐기되었다.

개별법에 의해 확인(인정)된 민간인 희생자 보상금 추계[3]

구 분	개별법에 의한 진실규명 결과				
	소계	진실화해	거창사건 등	제주4·3사건	노근리사건
희생자 수	35,813명	20,620명	934명	14,033명	226명
재정 소요 (추계액)	4조 6,555억 원	2조 6,806억 원	1,214억 원	1조 8,242억 원	293억 원

※ 사망자 1인당 보상액 : 1억 3천만 원 (민주화운동 보상액을 감안)

제21대 국회가 개원하면서 순천을 지역구로 하는 소병철 의원이 다시 여순사건 특별법안을 대표발의하였다. 기존 법안발의와는 달리 152명이 공동발의로 참여하면서 법안 통과 기대감을 높였다. 야당도 여순사건 특별법안 통과에 합의하

---

[3] 의안번호 2006625, 여수·순천 10·19사건 진상규명 및 희생자 명예회복·보상에 관한 특별법안(정인화의원 등 14인)에 대한 국방위원회 검토보고서

면서 여야합의로 법안이 통과되었다. 다만, 법안 통과되는 과정에서 몇가지 조항에 대해서 수정이 이루어졌다.

수정된 주요내용은 첫째, 제2조(정의)에서 여순사건의 지역적 범위를 '전라남도, 전라북도, 경상남도 및 경상북도 대구광역시 일부 지역'에서 '전라남도, 전라북도, 경상남도 일부 지역'으로 수정하면서 대구광역시를 제외하였다. 둘째, 제3조 위원회 구성에 있어 '위원장 1명, 부위원장 1명, 상임위원 1명을 포함한 15명 이내의 위원'에서 '위원장 1명, 부위원장 1명을 포함한 15명 이내의 위원'으로 상임위원을 제외하였다. 셋째, '위원장은 위원을 임명하거나 위촉할 때 위원회의 정치적 중립을 최우선적으로 고려하여야 한다'는 조항을 신설하여 정치적 중립을 강조하였다. 넷째, 사무처 관련 조항을 삭제하고 전남도지사를 위원장으로 하는 실무위원회로 바꾸어 중앙의 부담을 줄이고 지역의 역할을 강조하고자 하였다. 다섯째, 진상규명조사 기간을 3년 이내에서 2년 이내로 줄였다. 여섯째, 위원회 존속 기간 이후에도 추가진상규명조사, 위령사업 및 사료관 운영, 위령공원 조성 및 관리를 할 재단에 필요한 비용을 예산의 범위에서 출연하거나 보조할 수 있다는 조항을 삭제하였다. 일곱째, 의료지원금 및 생활지원금에 대해서 희생자 또는 그 유족에게 지급할 수 있다는 조항을 희생자에 한해서 지원하는 것으로 수정하였다.

비록 많은 부분에서 수정이 되었지만 여순사건 특별법은 크게 두 가지 중요한 의미를 갖는다. 첫째, 반공주의가 지배하던 사회에서 금기시되었던 여순사건을 국가차원에서 새롭게 조명할 수 있는 계기가 마련되었다. 둘째, 여순사건으로 지역공동체가 파괴되었고, 이후에도 가해자와 피해자 사이에서 서로 적대적인 관계가 지속되어 왔으나 특별법의 제정을 통해 정부가 이 문제를 해결하고자 하는 의지를 보였다는 점에서 지역공동체가 복원될 수 있는 계기가 마련되었다.

| 제2부 | 여순사건 특별법 이해와 다양한 시선

2. 여순사건 특별법의 시행과 여순사건위원회의 활동, 그리고 문제점

여순사건 특별법의 통과로 여수·순천 10·19사건 진상규명 및 명예회복위원회(이하 여순사건위원회)가 2022년 1월 21일 출범하였다. 여순사건위원회는 2023년 현재 중앙위원회 위원 15명, 중앙위원회 지원단 23명, 실무위원회 위원 15명, 실무위원회 지원단 18명으로 구성되었다. 여순사건위원회에서는 적극적인 홍보활동을 통해 2022년 1년의 신고기간 동안 진상규명신고 195건, 희생자·유족신고 6,599건을 받았으며, 시행령을 개정하여 23년 12월말까지 희생자·유족 신고기간을 연장하였다. 2022년 10월 6일 사건 발생 74년 만에 여순사건 진상조

여순사건 추념식 참석한 이상민 장관 ⓒ연합뉴스

사 개시결정을 내리며 국가차원의 진상규명작업에 돌입하였다. 또한 2022년 10월 19일 제74주기 여순사건 합동추념식에 사상 처음으로 정부지원 행사로 개최하여 행안부장관과 전남지사를 비롯하여 500여 명이 참석하였다.

진상규명을 위한 자료수집에도 힘을 기울여 1기 진화위에서 수집했던 자료들을 이관받는 한편, 군과 경찰의 자료도 수집을 진행하였다. 기존에 여순사건과 관련하여 열린 고등군법회의명령은 4회에 걸친 것만 발굴되었는데, 지속적인 자료수집을 통해 9차례에 걸친 고등군법회의 명령을 확보하였다. 그리고 여순사건과 관련한 구술자료의 DB화를 진행중으로 작업이 완료되면 자유롭게 구술자료를 활용할 수 있게 될 예정이다. 미국자료의 수집 및 번역작업도 진행중으로 작업이 완료되면 상당한 자료를 축적할 수 있을 것으로 기대된다. 이를 통해 진상조사보고서를 작성하고, 수집된 자료를 공개하면 추후에 여순사건 관련 연구의 진행에도 기여할 수 있을 것이다. 그리고 2022년 여순사건 유해발굴 추정지 실태조사를 진행하고, 2023년에는 이를 바탕으로 구례 2개소와 담양 1개소에서 여순사건 희생자의 유해발굴을 진행할 예정이다.

이런 활동에도 불구하고 특별법 및 여순사건위원회의 활동에는 아쉬운 점이 많다. 첫째, 위원회의 구성이 중앙위원회(서울)와 실무위원회(전남)로 이원화되어 있는 점이다. 물론 중앙위원회와 실무위원회는 각각 고유의 업무를 수행하고 있다. 하지만 여순사건위원회가 정해진 기간동안 진상규명 및 명예회복을 위한 다양한 업무를 진행해야 하는 상황에서 보다 긴밀히 소통을 하며 업무를 수행해야 하지만 조직의 이원화로 인한 불분명한 책임소재는 조속한 과업의 달성에 한계로 작용할 수 있다.

둘째, 보고서작성기획단이 구성되고 있지 않은 점이다. 여순사건은 발생한지 75년이나 되었고, 봉기군, 빨치산, 군, 경찰 등 다양한 가해주체에 의해 국민이 피해를 입은 사건이기 때문에 진상규명을 위해서는 국가기록물과 미국자료 등 다양한 자료의 수집과 분석이 필요하다. 이를 위해서는 특별법에서 규정하고 있는 것처럼 관련분야 전문가로 이루어진 보고서작성기획단이 구성되고, 진상규명과 진상조사보고서 작성과 관련된 내용을 논의하고 기획해야 한다. 하지만 출범 이후 1년 반이나 지난 시점까지 보고서작성기획단이 구성되지 못하면서 진상규명조사 및 보고서작성을 위한 체계적인 조직 구성이 이루어지지 못하고 있다.

셋째, 보고서작성기획단의 구성과 함께 중요한 것이 전문조사인력의 확보이다. 조사개시 후 보고서 작성기간을 포함하여 2년 반이라는 시간동안 방대한 자료를 수집하고 분석할 수 있는 조사인력은 반드시 필요하다. 하지만 위원회 출범 후 전문조사인력인 전문임기제공무원은 불과 4명만 선발하였다. 23년 4월이 되어서야 추가로 2명을 선발하였다. 이것은 진실화해위원회, 5·18진상규명위원회, 군사망사고진상규명위원회의 수십 명의 조사인력에 비해서 턱없이 적은 조사인력이며, 비슷한 성격을 가지고 20년 전에 출범했던 제주4·3사건진상규명및명예회복위원회(전문위원 6명, 조사인력 15명)에 비해서도 부족한 수준이다. 제주4·3사건과 여순사건은 비슷한 시기 발생한 사건이지만 제주에 비해서 여순사건의 공간적 범위는 훨씬 넓다는 점과 더불어 제주4·3사건은 20년 전부터 지속적으로 희생자 및 유족을 발굴해왔으나 여순사건은 처음으로 국가차원의 진상규명과 희생자결정이 이루어지고 있는 만큼 충분한 전문조사인력의 확충이 시급하다고 할 수 있다.

넷째, 위원회에서 책임을 지고 여순사건의 진상규명과 명예회복을 추진할 주체가 없다는 것이다. 여순사건위원회의 위원장은 국무총리, 부위원장은 행안부장관이 겸하고 있다. 실질적으로 지원단장과 지원단의 구성원 대부분이 행안부, 국방부, 경찰, 전남 및 전남 동부지역 지자체에서 파견된 인원들이다. 이들은 행정에 있어서는 오랜 기간의 근무를 통해 노하우를 갖고 있지만 과거사 분야에 부분에 전문성이 있다고 보기는 어렵다. 또한 파견인력의 경우 길면 1년, 짧으면 반년 정도 근무하고 복귀를 하기 때문에 공무원들의 인사철인 1월과 7월에는 대대적으로 인력이 교체되면서 업무의 적극성과 지속성을 확보하기 어려운 점이 있다.

마지막으로 특별법에는 진상규명신고만 규정하고 있는데, 시행령에서 진상규명신고와 희생자신고로 이원화하고 있다. 이미 제주4·3특별법에서 진상규명신고와 희생자신고를 같이 다루고 있는 점을 감안하여 여순사건 특별법에서 진상규명신고와 희생자신고를 명시하고 신고의 연장도 같이 이루어질 수 있게 할 필요가 있다.

3. 여순사건 특별법 개정의 필요성과 방향

위에서 언급한 문제를 토대로 특별법과 시행령의 개정방향에 대해서 살펴보면 가장 우선적으로 고려해야 할 것이 중앙위원회와 실무위원회로 이원화되어 있는 여순사건위원회의 체계를 어떻게 보완할 것인가에 대한 부분이다. 여순사건위원회의 경우 위원장을 비롯한 모든 위원과 보고서기획단원까지 모두 비상임이기 때문에 업무를 추진하는데 있어 책임을 가지고 추진하기 어려운 구조이다. 상임위원을 두는 조항을 신설하여 중앙위원회의 업무를 총괄하며, 실무위원회와의 업무 조율도 담당함으로써 책임소재를 명확하게 하는 것도 고려해볼만 하다.

두 번째는 진상규명조사기간과 진상조사보고서작성기간의 연장에 대한 것이다. 여순사건위원회의 여러 책무 중 여순사건 진상조사보고서의 작성은 가장 중요하다고 해도 과언이 아닐 것이다. 여순사건 진상규명조사를 토대로 한 진상조사보고서에서 여순사건에 대한 국가의 입장과 책무를 규정하게 될 것이기 때문이다. 이를 통해 지금까지 여순사건으로 인해 고통을 받아왔던 여순사건 희생자 및 유족들이 고통의 굴레에서 벗어날 수 있을 것이다. 따라서 여순사건 진상규명조사는 충분한 시간과 인력을 투여하여 진행할 필요가 있다. 하지만 여순사건위원회의 전문조사인력은 다른 위원회에 비해 충분하지 않을 뿐 아니라 개별희생자를 심사하기 위한 조사를 병행하고 있기 때문에 거시적인 진상규명조사를 진행할 인력이 매우 부족한 실정이다. 또한 진상조사보고서를 기획하고 총괄할 보고서작성기획단이 아직 구성되지 않은 상황이다. 이런 상황에서 진상조사보고서의 원활한 작성을 위해서는 보고서작성기한을 6개월에서 1년으로 늘려 보고서 작성할 기간을 충분히 확보해야 한다. 또한 진상규명조사기간도 연장할 필요가 있다. 시행령 개정을 통해 희생자신고기간을 2023년 12월 31일까지로 연장하였다. 진상조사보고서에 포함될 희생자 수와 희생유형을 파악하는데 시간이 걸릴 것이므로 조사기간도 1년 연장하여 이를 충분히 담아낼 필요가 있다.

셋째, 조직 구성에 대한 부분도 법령에서 규정해 둘 필요가 있다. 다른 위원회의 경우 시행령에서 조직의 인력구성에 대해서 규정하고 있다. 그러나 여순사건위원회의 경우 시행령에서 조직구성에 대해서 규정을 담고 있지 않아 정확하게 어느 정도 규모로 구성되는지, 그것이 잘 시행되고 있는지에 대해서 파악하기 어렵다. 시행령에서 이에 대한 규정을 신설하여 인력이 적절하게 배치될 수 있게 할 필요가 있다. 아울러 전문조사인력도 정확하게 몇 명을 둘 것인가에 대해서 규정하여야 한다. 적절한 인력이 배정되어야 진상규명과 명예회복 작업이 원활하게 이루어질 수 있을 것이다.

넷째, 여순사건 특별법에서는 여순사건위원회에서 심의·의결하는 사항에서 집단학살지, 암매장지 조사 및 유골의 발굴·수습 등에 관한 사항을 규정하고 있다. 이에 따라 현재 유해발굴사업을 진행하고 있다. 그런데 여순사건 희생자의 유해가 발굴될 경우 그것으로 끝나는 것이 아니라 유족의 확인을 위해서는 유전자 검사가 추가적으로 이루어져야 한다. 죽은 희생자의 유전자와 산 유족의 유전자를 대조해야 하는 것이다. 따라서 유전자 검사를 대비해서 이에 대한 조항의 신설이 필요하다. 특히 인간과 인체유래물, 유전자 등을 취급할 때는 〈생명윤리 및 안전에 관한 법률(생명윤리법)〉의 규정을 받기 때문에 생명윤리법에서 정하는 바에 따라 유전자검사를 한다는 부분을 명확히 할 필요가 있다.

이외에도 보상금지급에 관한 것과 특별재심에 대한 내용은 당장은 아니라도 언젠가는 개정이 되어 포함되어야 할 내용이다. 여순사건의 발생원인이 되기도 했던 제주4·3사건의 희생자들은 2021년 3월 23일 제주4·3사건 진상규명 및 희생자 명예회복에 관한 특별법이 개정을 통해 국가의 희생자에 대한 위자료 등의 지원에 관한 법적 근거를 마련했다. 2022년 6월부터는 이를 근거로 보상절차를 진행하고 있다. 여순사건 희생자 및 유족들도 제주4·3사건 희생자를 보며 보상금 지급을 기대하고 있다. 여순사건 희생자들에 대한 보상문제도 공식적으로 논의되어야 하고, 특별법에도 반영되어야 할 것이다.

1948년 10월 22일에 여수와 순천지구에 계엄령이 선포되었고, 11월 1일에는 전남북도로 확대되었다. 계엄령 하에서 최소 9차례의 고등군법회의를 통해 2,880명이 기소되었고, 여순사건 시기 민간법정에 억울하게 기소된 인원도 많을 것으로 추정된다. 진상조사보고서에서 이들에 대한 피해실태가 확정된다면 특별법에 특별재심 조항을 신설하고 이를 통해 희생자들에 대한 구제방안을 고려할 필요가 있을 것이다. 다만 여순사건의 진상조사 내용을 담고있는 진상조사보고서에서 이 문제에 대해 밝혀질 때 특별법의 개정작업이 이루질 수 있을 것이고 이를 통한 희생자들의 구제도 가능할 것이다.

4. 나오며

여순사건 특별법의 제정은 당연히 환영받아야 한다. 국가차원의 진상규명과 희생자 명예회복의 기회가 처음으로 주어졌기 때문이다. 여순사건위원회의 활동에 대해서 기대를 거는 이유이기도 하다. 하지만 특별법 제정까지 너무 오랜 시간이 걸렸으며, 주로 참고하였던 제주4·3사건법과 진화위법의 절충과정에서 부족한 부분을 노출하였다. 여순사건위원회의 활동에 있어서도 부족한 부분이 나타나는 이유이기도 하다. 여순사건위원회에만 여순사건의 진상규명과 명예회복에 대한 모든 것을 맡겨둔다면 75년만에 찾아온 여순사건에 대한 재평가의 기회를 날려버릴 수 있다. 지금이라도 희생자와 유족을 비롯하여 각계각층에서 머리를 맞대고 치열한 논쟁과 소통을 통해 더 나은 방안을 찾고 수정해가야만 한다. 시행착오를 줄여갈 수 있는 시간이 아직은 충분하다. 희생자와 유족뿐만 아니라 지역사회와 정치권의 꾸준한 관심, 국민들에 대한 적극적인 홍보 등을 통한 인식의 재고 등을 통해서 여순사건의 진상규명이 이루어지고 명예회복이 이루어질 수 있도록 모두가 노력을 기울여야 한다.

09 여순사건을 보는 다양한 시선과 목소리

박발진 / 박종길 / 정미경 / 장경자
강성정 / 문수현 / 신 강 / 장윤호

1

시민과 함께하는 여순의 공론화

박 발 진   현) 광양여순10·19시민연대 상임대표

여순사건[1], 어떻게 바라봐야 할 것인가? 이처럼 평이하면서도 막막한 질문이 어디 있을까? 어떻게 보는 것이 '똑바로' 혹은 '제대로'인지 난감하다. 그것은 '바

---

[1] 흔히 여순사건이라 불리는 이 명칭은 2021년 제정된 '여순특별법'에는 '여수·순천 10·19사건'으로 명기하고 있다. 이는 법적 용어이나 교과서에서도 그대로 사용되고 있다. 하지만 여전히 '여순반란사건'으로 부르는 이들도 있고, 이 명칭이 여수, 순천 외의 지역을 소외시킨다 하여 '10·19'(사건)으로 부르자는 주장이 점점 설득력을 얻고 있다. 이 글에서는 그간의 관례에 따라 '여순(사건)'으로 부르기도 하고 문맥의 필요에 따라 '10·19'로 쓰고자 한다.

라보다'의 목적어에 해당하는 '여순'에 대한 실상을 제대로 알지 못하는 탓이다. 아직 '여순'의 역사적 사실에 대한 실증적 연구가 부족한데다 이념을 매개로 자신의 정치적 목적 달성에 이용하려는 오늘날 우리 정치 현실에서 '여순'의 정명(正名)을 자유롭게 논하기도 어렵다. 더구나 전문연구자도 아닌 필자가 여순사건을 어떻게 바라봐야 한다고 단정할 수는 없다. 다만 필자가 살고 있는 광양에서 작은 '여순' 연구동아리를 꾸리며 어떤 생각과 마음으로 무슨 경험을 하였는지 진솔하게 이야기한다면, 독자들이 자연스럽게 필자가 여순사건을 어떻게 바라보고 있는지 행간을 읽을 수 있을 것이라 생각한다. 필자가 그런 믿음에 얼마나 부응할지는 모르겠지만 현 단계에서 보고 듣고 느낀 것을 성실하게 말하고자 한다. 따라서 이는 학술적 검증절차를 거친 것이 아니고, 개인적이고 잠정적인 견해일 뿐임을 독자들에게 미리 양해를 구한다.

우선 '여순사건, 어떻게 바라봐야 할 것인가?'라는 질문에 답하기 위해서는 먼저 필자가 '여순'을 어떻게 이해하고 있는지 말하고자 한다.

① 여순사건은 결코 여수, 순천만의 사건이 아니다. 이는 이미 '여수·순천 10·19사건 진상규명 및 희생자 명예회복에 관한 특별법(이하 여순특별법)'에도 표현되어 있듯이, 여수·순천을 비롯해 전남·북, 경남 일부 지역을 포함하고 있다. 사실 여순사건이 발발한 1948년 10월 19일 훨씬 이전에도 그리고 여수, 순천 지역이 진압된 이후 6·25 이전까지 여순사건과 궤를 같이하는 유사한 사건이 한반도 남부 전역에 걸쳐 자주 있었다. 따라서 전남·북, 경남 일부와 다른 지역에서 발생한 사건들 간에 어떤 공통점이나 차이점이 있는지 연구가 필요하다. 그리고 당시 제주4·3 진압작전에 다른 지역의 군부대는 출동한 반면, 유독 전남 여수 14연대가 출동을 거부한 상황을 밝히는 것도 여순사건을 바로 이해하는 한 실마리가 될 것이다.

② 여순특별법에는 여순사건의 기간도 명시해 두었는데, 여순사건이 발발한 1948년 10월 19일부터 지리산 입산 금지가 해제된 1955년 4월 1일까지이다. 따라서 당시 이승만 정권의 정치적 노선이나 경제정책 등과 함께, 이승만 정권의 배경이 된 미군정기(美軍政期)에 대해서도 정확히 인식하는 것이 핵심일 것이다. 또한 미군정과 대극점에서 체제 경쟁을 하였던 쏘련, 나아가 한반도를 식민지로 삼은 일본제국주의, 일본의 식민지 상태에서 공산화가 진행되고 있던 중국의 상황은 해방 후 한반도에 어떠한 영향을 주었는지 깊이 있는 연구가 필요하다.

③ 여순사건의 시작은 여수 주둔 14연대 군인들이었지만, 이후 각 지역을 장악하면서 일부 지역에서 '인민대회'를 여는 등 주민 주도의 활동들이 있었다. 하지만 곧 군경의 진압작전이 전개되면서 백운산과 지리산의 빨치산 활동으로 이어졌다. 따라서 온전한 여순사건을 이해하기 위해서는 해방 후 주민자치 행정조직 성격의 '인민위원회'가 14연대 군인들이나 빨치산들과 어떤 연결이 되었는지 그리고 14연대 군인들의 빨치산으로 변모와 6·25 기간 중 활동에 대한 실증적 조사와 연구가 필요하다.

④ 또한 14연대 군인들의 진압출동 거부와 '인민위원회'의 주장이 주민들의 호응을 얻었다는 것은 당시 그동안 권력을 가졌던 미군정과 이승만 정부의 대민정책이 성공하지 못했다는 반증이라 할 수 있다. 그렇다면 당시 민중들의 생활상의 어려움과 정치·경제적 요구는 무엇이었는지 밝힐 필요가 있다.

다른 한편, 14연대 군인들이 진압출동 거부한 뒤에 장기간 빨치산 활동이 전개되고 동시에 군경이 강경한 토벌 작전을 펴는 과정에서 지역 주민들이 밤낮으로 다른 선택을 강요받았던 참혹한 역사와 인명 살상, 재산상 피해도 밝혀져야 할 것이다.

⑤ 여순사건 주도 세력에 대한 연구도 14연대 군인들뿐만 아니라 지역 동조자들까지 확대되어야 할 것이다. 이 부분은 '여순'의 성격 규정에 관건이 될 것이다.

아직도 여순사건이 남로당 지령이나 합작에 의해 직접 발생한 것처럼 말하는 책자나 유튜브들이 많다. 마치 5·18이 북한 공작원에 의해 주도된 것처럼, 여순도 이념으로 덧칠해진 부분이 많다. 전문 연구자들은 이 부분에 대해 보다 명확한 근거를 제시하여 소모적 논쟁을 극복해야 한다. 또한 당시 좌우익 간 대결이 어떤 배경과 이슈에서 서로 부딪치며 또 얼마나 민중들의 호응을 얻었는가를 밝히는 점도 여순의 역사적 평가에 중요하다.

그렇다면 앞으로 여순사건의 진실을 밝히고 희생자들의 명예를 회복하고 유족들에 대한 적절한 배상과 보상, 나아가 이 같은 비극이 재발하지 않도록 하려면 누가 어떻게 해야 할까?

이 역시 필자에게는 어려운 주제이다. 여순사건의 쌍둥이라고 할 수 있는 제주 4·3사건의 경우는 2000년 1월 12일 제정('제주4·3사건 진상규명 및 희생자 명예회복에 관한 특별법')되었으니 '여순'보다 무려 20여 년 이상 앞서가고 있지만, 여전히 법 개정과 진실 규명에 힘쓰고 있다. 즉 비극적 역사의 진실 규명과 명예 회복, 재발 방지 대책 수립과 용서와 화해까지 나아가기 위한 과정은 세대를 걸친 지난한 과정이 될 것이다. 누구도 '여순'과 관련하여 지역적 혹은 정치적 이해득실을 따져 성급하게 일을 추진하는 것은 오히려 반역사적 결과를 초래할 것이다.

필자는 올해 '여순' 75주기 합동 추념식 준비 보고회에 자주 참석하였는데, 진실 규명과 용서와 화해까지 가는 길이 참으로 험난하겠다 싶었다. 올해 추념식 스로건을 '여순10·19사건 진실과 화해로 가는 길, 우리가 함께합니다'로 가까스로 정하는 데까지 긴 시간 논란으로 긴장감이 넘쳤다. 한 지역 유족회장은 "지금은 진상규명에 집중할 때이니 화해라는 말은 빼자. 가해자가 아직 사과하지도 않았고 피해자가 용서하지도 않은 마당에 화해는 너무 이르다."는 주장을 하였다. 너무 당연한 주장이다. 하지만 다수는 그 주장에 동의하지만, 정작 구호를 정하는 최종 표결에서는 동조하지는 않았다. 보수 정권하에서 '유연한 전략적' 선택이 필요한 시기라고 판단한 것이다. 국가폭력의 피해자인 '여순' 유족들이 국가(정권)의 눈치를 보아야 한다는 현실이 안타깝다. 그 순간 '여순' 피해 신고 독려 차 어떤 마을을 방문했을 때 한 노파가 "정권이 바뀌었다. 바람이 어떤 방향으로 바뀔지 모른다."고 하며 손사래를 쳤던 말씀이 떠올랐다.

미국 메릴랜드대학교 철학교수인 수전 드와이어(Susan Dwyer)는 화해의 세 단계를 말하고 있다.[2]

> 첫 번째, '있는 그대로의 사실'에 대해 합의를 발견하려고 노력하는 것.
> 두 번째, 각각의 사건들에 대한 서로 다른 해석들을 발견하려고 노력하는 것.
> 세 번째, 어떤 문제에 대해 양쪽 모두가 인정할 수 있는 일련의 한정된 해석으로 범위를 좁혀가려고 노력하는 것.

필자는 첫 단계를 진실 규명, 두 번째 단계는 상호 존중과 경청, 세 번째 단계를 합의와 화해의 제도화 과정으로 해석해 보았다.

첫 단계의 '있는 그대로의 사실'에 대해 합의를 만들어가는 일은 국가나 행정 당국이 직접 조사를 하기보다는 보다 전문적이며 중립적인 연구집단이나 위원회(예: 진실과화해위원회)에 위탁하고 국가와 관련 당사자들이 이를 존중하는 것이 낫다는 생각이다. 지금처럼 인사이동이 잦은 공무원 중심의 조직으로는 소기의 성과를 기대하기 어렵다. 보다 많은 조사와 연구 전문인력이 보완되고 주도하는 조직으로 거듭나야 한다. 또한 정권의 영향력으로부터 비교적 자유로운 선거관리위원회 같은 조직이면 좋겠다. (물론 합당한 인물을 뽑는다는 전제로) 조사와 연구는 내용은 전문가 집단이 하고, 행정은 그들을 지원하는 구조이면 좋겠다.

---

2 엘리자베스 콜 편, 『과거사 청산과 역사교육』, 동북아역사재단, 470쪽.

다음은 '여순'이 각자에게 어떤 경험이고 의미인지를 경청하는 대화 단계이다. 전문적 중재자가 평화롭고 안전한 공간과 분위기를 만들며, 관련 당사자가 솔직한 자기의 경험과 생각과 느낌을 말할 수 있고 다른 당사자는 자기 차례가 올 때까지 조용히 인내심을 갖고 상대의 목소리에 경청할 수 있어야 한다. 이것 또한 수차례 시행착오와 훈련이 필요할 것이다. 대화가 모든 문제를 해결할 수 없지만, 대화 없이 가능한 일은 없다. 진정한 대화를 나눌 수만 있다면, 그만큼 상호이해에 한 걸음 더 나아가는 것이다. '여순' 관련 회의에 여러 차례 참석하면서 회의(會議)에 대해 회의(懷疑)를 품고 회의장을 떠나는 안타까운 모습이 더러 있었다. 회의전문가를 불러 한 번이라도 회의다운 회의를 경험한다면 훨씬 질 좋은 회의 결론을 얻을 수 있으리라 확신한다.

이 대화에는 '여순'의 모든 당사자 혹은 각 당사자들이 자신의 목소리가 전해졌으면 하는 이들도 참석해야 할 것이다. 정부는 물론 피해자(가해 주체가 누구이든) 혹은 그 유족, 지역공동체를 대표할만한 지자체의 장이나 시민단체와 지역 주민들과 '여순' 전문연구자들이 포함된다. 비극적 역사의 피해는 온 국민이다. 따라서 가급적 다양한 주장과 연령층과 지역 주민들이 포함되도록 고려해야 한다. 피해자나 유족들이 요청하거나 동의한다면 소위 가해측의 입장을 대신할 집단도 참석할 수 있다.

마지막 단계는 견해를 달리하는 당사자들의 대화(공론장)로 얻은 최소한의 합의를 명예와 피해 회복을 위한 법적 제도적인 촘촘한 뒷받침과 역사교육으로 이어질 수 있도록 해야 한다. 그래서 합의에 의한 제도적 장치가 정권의 변화에 의해 침해되지 않도록 해야한다. 우선 순위를 따져 장단기적 과제를 선정하고 차근차근 진행하여야 할 것이다. 이를테면 대화의 시작부터 '여순'의 성격과 정명(正名) 문제를 논하는 것은 소모적 싸움이 될 가능성이 크다. 특별법에 입각한 최종

보고서가 작성되어 분명한 근거와 정연한 논리로써 상대방의 자발적 동의를 끌어내지 않고는 진정한 화해라고 하기 어렵다. 대화와 이해 없이 자기주장만으로 평화를 가져올 수 없다.

우리나라 역사상 최악의 비극은 '6·25'이며, 우리 시대의 최대의 과제는 한반도의 평화 정착이라는데 이의가 없을 것이다. 6·25는 재산상의 피해는 논외로 하더라도, 남북한 군인과 민간인, 미국, 소련, 중국, 연합국 모두가 막대한 인명피해를 입었다. 한국군 62만 명, UN군 16만 명, 북한군 93만 명, 중국군 100만 명, 민간인 피해 250만 명, 이재민 370만 명, 전쟁미망인 30만 명, 전쟁고아 10만 명, 이산가족 1,000만 명 등 당시 남북한 인구 3,000만 명의 절반을 넘는 1,800여만 명이 피해를 입었다. 그중 민간이 피해가 85%이다.[3]

6·25가 70여 년이 지났지만 전쟁의 트라우마는 우리의 심장에 남아있다. 진정한 평화통일을 위해서는 남북대화가 필수이며 기본임을 쌍방이 잘 알고 있음에도 대화는 정권에 따라 시소를 타고 있다. 남북 대화가 되려면 우리 내부의 남남대화가 우선일 것이다. 우리는 현재 '이념 전쟁', '역사 전쟁'을 벌이고 있다. 특정 지역, 정당, 성별, 세대, 종교, 직업, 성소수자 등등 모든 영역에서 편견을 조장하는 유튜브가 난무하고 있다. 이를 통해 개인적 혹은 정파적 이득을 계산하는 이들이 있다. 편견은 혐오를 낳고, 혐오는 차별적 행동을 낳고, 차별적 행동은 혐오 범죄로 이어지고, 혐오 범죄는 국가적 재난 시기(전쟁, 전염병, 기후변화 등)에는 끔찍한 집단 학살(genocide)이 된다. 2차 세계대전에서 유태인 학살이 그렇고 해방 후 제주4·3, 여순사건, 보도연맹 사건이 그렇다.

최근 러시아와 우크라이나, 팔레스타인와 이스라엘 간의 전쟁 등이 생중계하듯 안방에 전해지고 있다. 그런 가운데 한반도 남북 지도자들의 공격적 발언 수위가

---

3 http://contents.nahf.or.kr/item/level.do?levelId=edeah.d_0006_0020_0020_0030

점점 높아지면서 위기 상황도 고조되고 있다. 브루스 커밍스는 한국전쟁은 '1950년 6월 25일에서 시작되지 않았다. 격렬한 충돌이 이미 9개월 전부터 일어났다.'고 하였다. 비극은 6·25 이전에 이미 잉태되어 있었다는 말이다. 역사적 사건에 우연은 없다. 역사를 일정한 시간과 공간 속에서 자신들의 과제를 풀어가는 일이라고 정의할 수 있다면 지금 우리에게 주어진 시대적 혹은 역사적 과제가 무엇일까?

필자가 속한 광양여순10·19연구회은 이제 만 두 살이 된 풀뿌리 연구단체이다. 연구소 사무실도 전문인력도 없지만 지역의 시대적 과제에 대한 시민들의 자발적 응답과 결단으로 '할 수 있는 만큼' 최선을 다하고 있다. 작년에 이어 올해도 '여순' 전문가 양성, 찾아가는 '여순' 바로알기 교육, 광양지역 유족 채록사업, 유적지 조사 사업 등을 진행하고 있다. 작년에는 새로운 여순특별법에 어울리는 지원 조례를 제정하는 운동을 하여 올해 그 결과로 광양 우산공원에 추모조형물을 설치하였고, 우리 연구회는 문안 작성에 동참하였다. '여순' 관련 정책 집행에서 민관 소통 증진과 시민주도성을 강화하고, 공론장을 확대하는 차원에서 광양시와 더불어 여러 가지 사업을 펼치고 있지만 진정한 협치(governance)에는 아직 멀다. 여순사건처럼 시간과 에너지가 많이 드는 일일수록 시민들이 직접 정책의 기획, 결정, 실행, 평가의 전 과정에 행정의 파트너로 함께 해야 한다.

우리 연구회는 여순사건 유족들과 이웃 시민단체들과 연대하면서도 세상에 보는 다원적 관점을 존중하면서 나아가고자 한다. 세상은 혼자만의 지식과 경험으로 파악되지 않은 훨씬 크고 복잡한 곳이다. 우리가 가장 경계해야 할 것은 책임을 상대방에 모두 떠넘기고 독선과 아집, 편견에 갇힌 채 대화를 포기하고 자기 울타리를 높게 쌓고 자신은 어떤지 성찰하지 않은 것이다. '평화를 원하거든, 전쟁을 준비하라.'[4] 이 말은 '평화를 바란다면 대화를 배우자.'로 수정되어야 한다.

---

4 이 말은 로마 제국 플라비우스 베게티우스 레나투스가 저술한 병법서 『군사학 논고』에서 유래되었다고 한다.

시민과 함께 읽는 여순사건

2
울보 할아버지와 여순사건 연구자

박 종 길 여수지역사회연구소 소장

매년 10월이 되면 마음 한켠에 남겨놓은 숙제처럼 무거운 마음이 자리 잡는다. 여순사건과 관련된 여러 가지 일하는 과정에서 생겨나 시간이 흐르면서 버릇처럼 되어버렸다. 새해가 시작되면서 여순사건과 관련되어 계획하였던 일들이 차질을 빚었을 때는 더욱 그러한데, 아마도 희생된 영령들과 약속하였다는 다짐 때문인 것 같다.

올해 2023년은 여순사건이 일어난 지 75주기가 되는 해이다. 개인적으로도 우연한 기회에 시작하게 된 여순사건 진상규명 활동을 시작한 지 27년이란 시간이 흘렀다. 10월이 되면 많은 사람이 희생자 유족인지 여부와 함께 진상규명 활동을 시작하게 된 배경을 궁금해한다.

질문에 대해 곰곰이 생각해 보면 콕 꼬집어 이런 이유 때문이라고 대답하긴 어렵지만 몇 가지 내가 태어난 고향마을에서 이유를 찾을 수 있을 것 같다.

여수시의 면 단위에 속했던 고향마을은 바다를 끼고 농사를 지으며 살아가던 170여 호가 모여 살던 마을이었다. 가막만 바닷가에 넓은 개펄을 안고 있어 일은 많았지만, 그 덕에 굶지 않는다는 풍요로운 마을이었다. 마을의 풍요 덕에 구한말에는 조선 시대 최고의 교육기관 중 한 곳이던 정읍 칠보의 무성서원 출신

한학자도 있었고 일제강점기에는 공부하여 안경 쓴 사람이 많다는 뜻으로 마을 별호(別號)를 메가네(めがね, 안경)라고 부르기도 했단다.

대여섯 살 어린 시절 우리 집 앞 길갓집에 할아버지 한 분이 살고 계셨다. 탤런트 김순철을 닮은 분으로 체격이 뚱뚱하여 걸을 때는 뒤뚱거리면서 걸으셨는데, 항상 무뚝뚝하고 굳은 표정으로 말수도 없었다. 고함을 치면 호랑이 소리처럼 큰소리에 얼굴도 무서워 내 또래 한 무더기 어린애들에겐 무서운 할아버지로 통했다. 이분에겐 한 가지 특이한 점이 있었는데 술을 과하게 드시면 엉엉 우는 버릇이 있었다. 할아버지의 우는 버릇은 일과가 끝나고 밤이 되면 많이 일어났던 일이어서 뒷집에 살았던 나에게는 깊은 인상으로 남아있었던 일이었다. 어떤 날은 대낮에도 술이 취하는 일이 있었는데 이날도 할아버지는 대성통곡을 하였고 유치원도 없던 시절 대여섯 살 한 무더기 개구쟁이 꼬마들은 할아버지 뒤를 따라다니며 할아버지를 놀려대곤 했었다.

그 뒤로도 할아버지의 통곡 술버릇은 계속 이어지다 초등학교에 입학하고 얼마 되지 않아 돌아가셔서 잊혀진 일이 되었었다.

농사를 짓던 우리 아버지는 술을 참 좋아하셨다. 그 정도가 커서 우리 마을은 물론이요 옆 마을을 지나, 온 면에 소문이 날 정도로 아버지는 이름보다 술보 박영감으로 통했었다. 거기가 힘은 장사여서 농사철에는 힘센 아버지의 힘이 있어야 하는 곳이 많았는데 술 한 주전자면 만사 OK였던 분이라 대개가 술 한잔 받아주면서 부탁하면 앞뒤 보지 않고 부탁을 들어주어서 우리 농사를 못 지을 형편이었다. 이렇게 술 좋아하며 호탕하던 아버지와 친구들이 가끔 조심조심하면서 하던 이야기가 있었는데 그 이야기는 여순사건 때 죽은 친구의 이야기였다. 조심스럽게 나누던 이야기에는 장군도에서 물속에 집어넣어 죽였다거나 누구누구가 골병들어 죽었다는 이야기며, 심지어 아버지는 겨울나기 땔감으로 해놓았던 소나무 옹이가 튀어나온 몽둥이로 맞아서 한참을 고생했다는 이야기 등이 반복해서 들으면서 뭔지 조심스럽게 은밀하게 터놓지 못하고 대화를 나누던 당시 상황이 모이면서 여순사건은 우리 마을 이야기가 되었다. 이렇게 아버지의 이야기를 들었던 시기가 1970년대 초중반의 이야기다.

울보 할아버지를 다시 떠올리게 된 것은 1996년이었다. 직장 생활이 안정되면서 자기계발과 취미활동이 되겠다 싶어 컴퓨터 활용 능력을 키워나가는데, 고향 지역을 위한 홈페이지를 개설하여 호응을 얻고 있었다. 이곳에 고향의 역사를 올리는 과정을 공부하며 여순사건의 피해가 우리 지역에도 많다는 사실을 알게 되었다.

충격적인 사실은 당시 우리 마을이 우리 면에서는 좌익활동가가 가장 많은 마을로 모스크바로 불렸다는 이야기였다. 여순사건과 한국전쟁을 겪으면서 집안끼리 원수를 지고 살아서 누구누구네와 누구누구네는 지금도 말도 하지 않는다는 사실도 알았다. 울보 할아버지의 이야기도 듣게 되었는데 할아버지가 자랑스럽게 여기던 수재였던 둘째 아들이 수산학교에 다니다 여수에서 죽었고, 그 여파로 큰아들도 끌려가 아들 삼 형제 중 둘을 잃었다는 사실을 주민들의 이야기를 통해 알 수 있었다. 가슴속 울분을 다 삼키지 못하고 술의 힘을 빌어서야 그렁그렁 눌러놓았던 울음을 뱉어내었던 할아버지의 그 울음소리가 다시 들리는 것 같았다.

하지만 사건이 일어난 지 50여 년이 지나던 당시에도 사건의 중심에 있던 몇 사람은 끝내 입을 닫고 말을 하지 않았다. 둔덕재 대곡마을 길가에서 수십 명을 총살한 가운데 총을 맞고도 살아있어 대곡마을 주민에게 아침 일찍 발견되어 살아남았던 한 사람은 끝내 증언을 거부했다. 윗동네에 살았던 장 씨네 집 한 누나는 아버지가 따로 있었는데 여순사건으로 희생되어 큰아버지 밑으로 호적을 올려 성장했었다는 사실도 알았다. 우리 아버지의 친구였던 분은 사건이 지나고 한국전쟁 시기에 보도연맹이라는데 가입되었다가 끌려가는 과정에서 희생되었다는 사실도 알게 되어 당시 우리 마을에 희생자는 12명으로 조사가 되었었다. 비교적 얼마 되지 않은 현시대 마을의 숨겨진 역사에 대한 놀라움과 더 커진 호기심은 면 전체를 조사하기에 이르렀고 당시 화양면 조사를 통해 밝혀진 여순사건 희생자는 82명이었다.

본격적으로 여순사건 희생자 실태조사가 시작된 것은 지역사회연구소와 함께하면서이다. 1997년 인터넷의 답사동아리 활동으로 여수지역을 안내하게 됨에 따라 당시 여수지역 지역사에 대해 전혀 무지했던 나는 수소문 끝에 당시 지역사회연구소 창단과 함께 여수지역 지역사 정립을 주도하던 김병호 선생님을 알게 되었다. 이 만남을 통해 김병호 선생님의 여수 역사에 대한 해박한 지식과 그동안 지역사회연구소가 발굴해 놓았던 여러 성과를 알게 되었다. 매달 실시했던 매영답사 모임도 적극적으로 참여하면서 당시 접근이 어려웠던 섬 지역도 자주 답사를 하게 되었고 육지의 마을 곳곳의 이야기도 수집하면서 모든 마을을 찾아다니게 되었다.

1997년부터는 여순사건 연구모임에 회원으로 참여하면서 화양지역에서 조사했던 희생자에 대한 실태조사의 내용을 보완하고 다듬어 실태조사의 양식도 표준화되었다.

연구소 차원의 조직적인 실태조사팀을 꾸린 것도 이 시기이다. 실태조사는 여순사건 연구모임뿐만 아니라 참여 가능한 전 회원을 대상으로 하였고 특히 방학 시기에 시간이 나는 선생님들이 함께하면서 조사하는 인원은 더 많아졌다.

여순사건 피해실태조사보고서 1집을 통해 밝혀진 여수지역 희생자는 884명이었다. 이를 토대로 여순사건 50주기 행사를 준비하게 되었고 준비과정에서는

시민과 함께 읽는 여순사건

호명동 암매장지의 유골 발굴을 계기로 여수시민들과 국민의 관심 속에 여순사건 진상규명 활동을 본격적으로 펼칠 수 있었다. 이어서 1999년부터는 순천을 시작으로 광양과 구례, 곡성, 보성, 고흥에 이르기까지 여순사건을 겪었던 지역을 찾아다니며 각 지역의 실태조사를 이어가며 여순사건에 대한 이해를 높였다.

여수시의 시민단체가 합세하고 전남 동부 지역과 전남, 나아가 전국의 민주시민단체가 함께하기 시작했다. 숨죽이고 관망만 하던 유족들도 함께 목소리를 내기 시작했다. 1998년을 시작으로 매년 한해도 거르지 않고 여순사건 관련 추모위령제와 함께 진실을 알리는 세미나와 문화제를 열어 지역민들에게 사건의 진실을 알려 나갔다. 힘이 모이면서 제주처럼 특별법을 통해 여순사건 피해자 진상규명과 명예회복 활동을 펼쳐 나가려 했지만, 당시 봇물 터지듯 터진 한국전쟁 전후의 민간인학살 문제가 많아 그 목소리를 한데 묶어 제1기 진실화해를 위한 과거사 정리위원회가 만들어지고 진상규명과 피해자의 명예회복을 위한 활동을 벌였다. 하지만 시작부터 허다한 진상규명 신청자와 사건에 비해 너무 적은 위원회의 구성으로 그 한계에 직면하다 제1기 진화위 활동은 종료되고 말았다. 다행히 2021년 '여순사건 진상규명과 희생자 명예회복을 위한 특별법' 통과로 지금은 진상규명 활동이라는 새로운 전기를 맡고 있지만 만족할 만한 성과를 얻기에는 여전히 많은 문제점을 안고 있다.

여순사건을 겪었던 지역에서 태어난 이유로 우연한 기회에 시작되었던 10월의 인연은 올해도 이어지고 있다. 호기심에 시작된 일은 속울음으로 가슴 아파했던 할아버지와 수많은 이웃이 들려준 이야기를 통해 공감하게 되었고 함께 위로하면서 똑같은 아픔이 없는 미래를 위해 노력해 나갈 것을 이번 10월에도 다시 다짐해 본다.

| 제2부 | 여순사건 특별법 이해와 다양한 시선

3
여성 구술을 통해 본 여순사건

정 미 경 소설가, 국립순천대학교 10·19연구소 연구원

올해로 여순사건 발생 75주기를 맞는다. 국가는 당시 여수, 순천을 비롯 전남 동부지역에서 발생한 10·19를 반란사건으로 규정, 잔혹한 진압과 토벌 작전을 감행하며 그 과정에서 무고한 민간인 학살을 자행하였다. 여순사건은 요약하자면 제주4·3사건의 부당한 진압 명령 거부와 동포의 학살을 거부한다는 명분을 내걸고 14연대 군인들이 봉기한 사건이다. 국민의 생명권이라고 하는 가장 기본적인 권리를 국가가 명백하게 폭력을 행사한 대표적인 사건이라 할 수 있다.

국립순천대학교 10·19연구소에서는 2018년부터 2022년에 걸쳐 매해 유족의 구술 채록을 해왔다.

시집살이를 다룬 생활경험담이나 한국전쟁과 같은 역사 구술담 등 이야기의 근간을 이루는 경험담은 과거에서부터 연구자들에 의해 현장 조사가 꾸준히 진행됨으로써 구술자들을 통해 다양하고 풍부하게 구연되어 왔다. 특히 제주4·3사건이나 여순사건과 같은 구술담은 역사의 관점에서 구술자가 전하는 이야기의 가치와 의미가 더욱 확장된다.

또한 구술담은 '개인의 기억이 집단화되고, 오랜 시간 동안 축적된 경험적 기억에 의해 형성된 문화적 기억'으로 공동체 구성원 간의 경험을 공유하게 된다. 그리하여 집단적 기억, 공동체적 기억으로 형성, 발전하면서 나아간다. 이렇게

기억이 집단성, 공동체성을 지닌 문화적 장치라 한다면 기억 자체가 의미하는 것은 문화적 표현임과 동시에 역사적 표현이라 할 수 있다. 따라서 여순사건 구술담 역시 공동체적 기억의 산물로 볼 수 있으므로 문화적, 역사적 인식을 살필 수 있는 중요한 원천자료라 하겠다.

여순사건에 관한 문헌자료의 파악 및 연구는 일찍부터 이루어졌다. 따라서 주제도 다양한 각도에서 활발하게 논의되고 있다. 그러나 구술 수집은 아직 체계적으로 정리되지 않은 상황이다. 또한 '여성의 삶과 역할'을 다룬 연구도 거의 없다는 것이 한계로 지적되기도 한다.

한 연구자에 따르면 여순사건에서 여성은 남성과 함께 좌우익의 어느 한 편에 서서 주체적으로 활동하기도 하였지만, 대다수는 군경이나 우익인사, 우익청년단원, 반군, 지방 좌익 등의 아내, 어머니, 누이로서의 삶을 살았다. 여성 또한 남성과 마찬가지로 역사적 사건에 휩쓸리면서 국가폭력에 노출된 희생자였다. 그러나 여성은 당시 노동구조에서 열등한 지위에 놓여 있었으며, 도피와 죽음 등의 남성 부재 상황에서 가장의 역할을 떠맡아 고단한 삶을 영위했던 존재였다. 따라서 여성을 주변화하고 타자화했던 기존의 연구 경향을 반성하면서 젠더적 관점에서 여성에 대한 역사를 제대로 조명해야 함을 강조한다.

이 글에서는 여순사건 구술 채록을 바탕으로 창작된 소설 『공마당』을 통해 여순사건에 노출된 여성들의 삶이 소설 속에서 어떻게 형상화되는지, 특히 여성에게 가해진 폭력 양상에 대해 언급해보려 한다.

소설집 『공마당』은 순천대학교 10·19연구소에서 2018년부터 2022년까지 진행된 순천시, 구례군, 전라남도 등의 구술 채록을 통해 여순사건 당시의 상황을 들었거나 혹은 목격했던 구술자들의 구술담 중에서 주로 여성들의 구술을 소설로 형상화한 것이다. 소설을 통해 국가폭력과 가부장적 폭력, 집단에 의한 폭

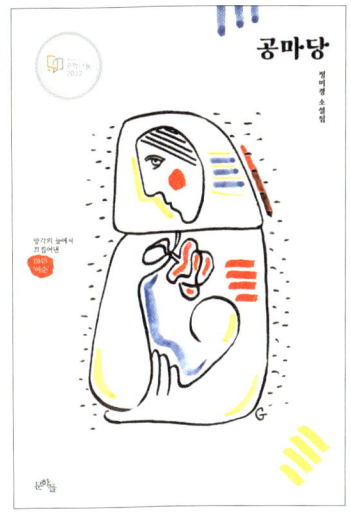

정미경, 『공마당』, 문학들, 2022.
10·19사건 유족 구술 채록을 바탕으로 한 정미경의 소설집.
이 소설은 2022년 아르코 문학나눔 도서에 선정되었으며
2022년 부마항쟁문학상을 수상했다.

력, 언어폭력 등 여성들에게 노출되어 있는 이중삼중의 중층적 폭력을 발견할 수 있다. 다음은 이 모든 폭력이 집약되어 있는 단편 「알락뜸부기 – 어린 새 울다」의 한 부분이다.

> 내가 살아 돌아왔을 때 마을 사람들은 나 땜시 산사람들이나 군인들이 들이닥쳐 해꼬지나 하지 않을까 면전에서 외면하고 또 박대했소.(…중략…)
> 힘들게 살았던 건 너만은 아니다, 모두가 살길이라 생각해서 어디든 가서 살아라, 하고 니그 오빠 몫으로 남겨둔 땅 헐값으로 넘겨 손에 쥐여 주었으면 납작 엎드려 살 일이지, 새끼들까지 달고 나타나 왜 천지를 들쑤시고 다니느냐고 고함쳤다(「알락뜸부기」, 136쪽).
> 그들은 미리 벽을 치면서 어떤 말을 해도 믿지 않았다. 엄마는 자신이 겪은 일들은 이 세상에서는 경험할 수 없는 일이었다고 말했다. 금자는 미모가 출중했는디 얼굴값을 한 거여. 사람들은 그런 것에 호기심을 가졌고 그것이 충족되기를 원했다. 그들은 멋대로 상상했다(「알락뜸부기」, 138쪽).

「알락뜸부기」의 주인공 '나'의 엄마는 여순사건 당시 산으로 짐을 지고 갈 것을 강요하는 산사람들에 의해 마을에 사는 친구 둘과 함께 끌려간다. '나'의 엄마는 산사람들에게서 산에 가지 않으면 부모를 죽이겠다는 협박을 받을 뿐만 아니라 부모에게서 구들장에 숨긴 아들을 지키기 위해 등 떠밀림을 당한다. 엄마의 친구들이 끌려간 것 또한 그런 식의 이유였다. 산에 끌려가 아침마다 눈을 뜨면 시체를 마주하는 등 고통스러운 날들이 이어지자 엄마와 친구들은 탈출을 시도, 성공한다. 때마침 눈에 들어온 '나라를 지키는' 군인에게 구조를 요청하지만 그들의 총격에 의해, 친구들이 쓰러진다. 그 사이 '나'의 엄마는 두엄자리 아래 숨어 살아남는다. 그러나 문제는 엄마가 살아 돌아왔을 때 가족을 비롯한 마을 사람들의 폭력적 시선과 태도다.

'나'의 엄마는 혼자 살아 돌아와 가족과 마을 사람들에게서 외면당한다. 이야기의 흐름을 따라가면서 폭력의 근원적인 배경을 추적해보면 폭력은 그리 간단치 않다. 제시문에는 면면이 드러나 있지 않지만 이 작품에서 발견할 수 있는 폭력은 국가폭력과 가부장적 폭력, 그리고 공동체적 폭력이다. 연좌제에 의해 희생된 엄마의 '오빠'를 옹호하는 '외할아버지'가 가해자로 변질되면서, 여성이 역사적 사건과 가부장적 폭력이라고 하는 이중적 형태의 폭력에 노출되는 비극적 상황을 보여준다. 여기에 더하여 마을공동체의 폭력이 가해진다. 이를 통해 '나'의 엄마에게 가해지는 폭력이 단순히 우발적인 것에서 그치는 것이 아니고 구조적 폭력의 양상을 띠고 있음을 알 수 있다.

'나'의 엄마가 산에서 살아 돌아왔을 때 가족과 마을 사람들은 "산사람들이나 군인들이 들이닥쳐 해꼬지나 하지 않을까 면전에서 외면하고 또 박대했"다. 또한 마을 사람들은 "남자들 틈바구니에서 어떻게 살았는지, 또 끌려간 세 여자 중에서 두 여자가 죽고 그 가운데서 한 여자가 어떻게 운 좋게 살아 돌아올 수 있었는지"(138쪽)하는 남녀의 성적 호기심을 떠올리게 하는 부분에만 관심을 둔다.

유일하게 살아돌아온 '나'의 엄마는 마을 사람들의 따가운 눈초리와 "오빠 몫으로 남겨둔 땅, 헐값으로 넘겨 손에 쥐"어주며 "어디든 가서 살아라"는 가족들에게서 등 떼밀려 집을 떴다. 그러나 '나'의 엄마는 11살이 된 딸과 뱃속에 아이를 담은 채 "납작 엎드려 살"지 못하고 "새끼들까지 달고 나타나 천지를 들쑤시고 다"닌다. 홀로 되어 30여 년 만에 고향으로 돌아온 '나'의 엄마를 가족들은 여전히 불편해한다. 마을 사람들 또한 "생긴 것이 꼭 지 어매 판박이여. 오목조목한 것도"(124쪽)하며 예쁘장하게 생긴 '나'를 '나'의 엄마와 연결시켜 입살에 올린다.

여성 인물들에게는 전쟁과 같은 역사에 의한 폭력, 남성에 의한 성적 폭력뿐만 아니라 사회적 지배관계에 의해 나타나는 선동적이고 습관적인 언어에 의한 폭력도 가해진다. 이렇듯 다양한 폭력에 노출 되어있는 여성 인물들은 그 의식이 지나간 시간에 머물러 있다. 여성 인물들이 지닌 과거는 대부분 역사적 체험과 관련되어 있어 실제 가해자뿐만 아니라 마을에서 그것을 목격한 사람들과 소문을 통해 들었던 사람들도 기억하고 있다. 이들은 여성 인물들이 당한 사건을 기억하고 언어를 통해 그녀들을 비인간화시키고 있다는 점에서 또 다른 측면의 폭력을 가하고 있는 것이다.

그러나 '나'의 엄마는 혼자 살아남은 것에 대한 죄의식을 씻고 억울하게 죽은 친구의 죽음을 증언하고 그 무덤을 찾아주기 위해 고향으로 되돌아왔다는 점에서 희망적이다. 무엇보다도 어린 주인공 '나'가 외할머니와 마을 사람들의 폭력 행위에도 그런 엄마를 지지하고 자신의 일을 묵묵히 한다는 점에서도 그러하다.

여순사건을 소재로 한 이 소설을 통해 살펴보았듯 구술 채록을 하다 보면 남성에 비해 여성이 이중삼중의 고통에 노출되어 있음을 발견하게 된다. 그러나 그들이 열등한 지위에 놓여 있었다고 하여 그 역할이 미비하였던 것은 아니다. 한 연구자가 강조했던 여성을 주변화하고 타자화했던 기존의 연구 경향을 반성하면서 젠더적 관점에서 여성에 대한 역사를 제대로 조명해야 하는 이유가 여기에 있다.

글을 마치며 구술 수집의 체계화 그리고 여순사건과 여성, 두 부분에 있어 작은 힘이나마 보태고 싶은 그런 씨앗 하나를 심는다.

| 제2부 | 여순사건 특별법 이해와 다양한 시선

4
여순사건 유족의 가려진 눈물

장 경 자 여순사건 유가족, 국립순천대학교 사학과 재학생

지난 2020년 1월 20일 광주고등법원 순천지원 형사 제1부 316호에서는 다음과 같은 판결문이 낭독되었다.

> 사법부의 구성원으로서 무고한 희생자 고 장환봉 님과 그 유족들에게 이 사건 재심 대상 판결과 그 판결의 집행이 위법한 공권력에 의한 것이었음을 밝히며 깊이 사과드립니다. 장환봉 님은 좌익도 우익도 아니며 오로지 국가의 대동맥 철도의 운행을 책임지기 위하여 국가가 혼란스럽던 시기에도 몸과 마음을 바쳐 성실히 직무를 수행하고자 했던 명예로운 철도공무원으로 기억되고 있습니다. 70여 년이 지나서야 장환봉 님에 대한 유죄 확정판결이 잘못이었다고 선언하게 된 점을 더 일찍 명예회복을 하여 드리지 못한 점을 머리 숙여 사과드립니다.

판결문을 낭독하던 김정아 부장판사는 흐느껴 울었고 방청석은 숙연해졌다. 시간이 흐른 후 응원의 박수가 쏟아졌다.

72년 만에 무죄 판결을 받아낸 나의 아버지 철도 공무원 고 장환봉님 무죄 판결에 기쁨보다 슬픔을 느껴야만 했다. 1948년 11월 30일 대낮에 순천 생목동 수박등 공동묘지 사격장에서 같은 날 동시에 억울한 죽음을 맞이하셨던 내 아버지

98세되신 나의 어머니 "남편은 티끌 만큼도 죄가 없었어 착했어" ⓒ연합뉴스

의 동료 45명의 영혼도 그날 무죄판결 자리에 오시어 무죄 판결을 받으시며 기뻐하셨을 것이다. 그동안 살아남은 가족들은 오랜 세월 입에 올리는 일 마저 금기시되었다. 나의 아버지 고 장환봉 님은 암울한 일제 강점기 1920년 4월 19일 전북 남원 금지에서 태어나셨다. 1938년 금지초등학교를 전교 우등으로 졸업하신 후 모내기를 하시다 가뭄과 당시 유행한 콜레라로 일본에 밀항을 결심, 오사카 세탁소에서 어렵게 돈을 벌어 고향 부모님께 바짓가랑이 모양의 논 여섯 마지기를 사드릴 만큼 효자이셨다. 아랫마을에서 빌려 간 200환 여비를 곧 보내주실 만큼 정확하고 책임감이 강하셨고 유난히 정이 많은 성품이셨다. 나의 어머니 진점순 님과 1943년 결혼 후 일제 말기 강제징용을 피하고자 순천 철도국 기관차사무소에 입사하셨다.

| 제2부 | 여순사건 특별법 이해와 다양한 시선

광복 후 덕암동 372번지에 어려움을 무릅쓰고 집을 지어 슬하에 세 살, 한 살의 두 딸을 둔 단란한 가정의 가장이 되었다. 그러나 우리 가족의 운명은 여순사건 발생으로 송두리째 흔들렸다.

대한민국 정부수립 직후 여수 신월동 봉기군 2,000여 명은 10월 19일 밤 "동족 학살 결사반대" "미군 즉시 철퇴"를 외치며 여수경찰서를 점령하고 20일 통근열차로 아침 9시 30분경 순천역에 당도, 철도청장 이하 전 직원 약 400~500명을 모이게 했다. 이 와중에 불안해하는 동료들에게 나의 아버지 장환봉은 "14연대 군인들이 무슨 말을 하는지 잘들 들어봅시다" 하고 외쳤다. 이 한마디가 반란군을 도운 부역 행위로 취급되었다. 천추의 한이 되는 미 제국 맥아더 포고령2호와 일제 형법 77조 내란죄를 국가 권력이 덮어씌웠다.

그 당시 순천역 근처에 박격포가 쏟아지고 총알이 빗발치는 준전시에도 목숨 걸고 국가의 대동맥 철도를 지키셨던 나의 아버지를 진압군과 철도경찰, 서북청년단과 우익세력의 손가락 총. 그 당시 직속상관 김 조역의 비겁한 밀고로 호명되어 1948년 11월 30일, 철도원 46명이 간도특설대 출신 육군 중령 김백일에 의해 생목동 수박등 공동묘지 사격장에서 불법 체포 구금당한 채로 변호인의 조력도 없이 가족들도 모르게 처형 후 불태워지고 시신마저 훼손 유기되었다. 나의 아버지와 동료 45명은 지금 이 순간까지 퇴근을 못하셨다. 사실상 사법살인으로 46명을 처형하기 위해 산등성을 600여 명의 군인과 경찰, 우익 세력들이 진을 치고 에워싸고 있었다. 최초의 대량 학살 장면을 순천역 철도원인 나의 큰외숙은 직접 목격하였다.

순천에서 진압군의 작전이 시작되었을 때 14연대 주력 부대는 이미 지리산과 백운산으로 퇴각했다. 진압군은 순천 전 시민을 적으로 간주, 주민들을 학교 운동장 등 넓은 공터에 모이게 했고. 서북청년단. 우익세력의 도움을 받아 14연대 협력자 색출에 나섰다. 어떤 경위나 심문 같은 요식 행위, 절차도 없이 무조건 적인 우익 단체 손가락총이 이 지역 주민들의 생사를 갈랐다. 지목되는 그 순간 즉석에서 참수당하거나 아니면 군법회의에 회부됐다. 일본군 간도 특설대 김백일과 김종원이 신생 대한민국 고위급 장교로 임관 되었다. 토벌대 5연대 1대대장 김종원은 학교 운동장에 끌려 나온 주민 중 7명을 닛폰도=일본 칼로 목을 벴다. 악독한 살인마 김종원은 총알이 아깝다며 금수만도 못한 짓을 저지르고 이승만의 총애를 받았다.

악의 평범성이며 야만의 시대였다. 당시 야만적인 참혹한 장면을 미국 라이프지 사진 기자 칼 마이던스와 종군기자 이경모가 남겼다. 정부군은 여수 순천을 공포의 도가니로 몰아넣었고, 야수성과 정의를 무시한 태도로 보복했다. 자백한 사람은 운동장 한쪽에 있는 구덩이 속에 쳐 넣어져 총살되었으며 이름도 죄명도 누가 심문하고 누가 사형을 집행했는지조차도 기록되지 않았다.

간악한 일제가 독립운동가를 잡아 죽이려고 만든 치안유지법을 그대로 계승하여 1948년 12월 1일 국가보안법을 이승만 정부가 만든 직후부터 이승만 정부의 정책에 비판적인 눈과 귀는 반공이라는 이름으로 살해되고 처벌당했다. 암흑의 시대, 무법천지의 시대에 남겨진 핏덩이 자식들과 유가족들은 악독한 연좌제 쇠사슬에 묶여 공포에 가위눌리고 주눅 들어 살아온 고난의 삶일 뿐이다. 어디 누구에게 하소연할 것인가. 광풍처럼 몰아닥친 적대적 분위기에서 수십만 유족들은 꿈과 희망을 잃고 통한의 삶을 살아내야 했다.

국가와 가족을 지극히 사랑하셨던 나의 아버지는 국가의 대동맥을 지키며 힘든 일을 하셨지만, 더운 여름날 어린 딸들의 몸에 땀띠가 솟을까 염려하시어 밤잠을 설치시며 부채질을 해주시고 "어서커라, 어서 커 외갓집 가까운 전주 여중 넣어 줄게, 미국에 유학도 보내주마" 하셨다. 아마도 평생 주실 사랑을 3년 안에 다주신 것 같아서 생각하면 뜨거운 눈물이 하염없이 흐른다.

광복 후 아버지가 어렵게 지으신 집을 어머니는 이웃에 사는 우익 인사에게 헐값에 빼앗기다시피 넘긴 뒤 전북 남원 금지 친가에 6개월 후 살기 위해 들어가셨지만 남편 없는 시댁은 고난의 가시밭이었다. 아들이 아닌 딸 뿐이라며 아버지의 재산은 몰수하고 재가를 강권했다. 나의 어머니는 한 순간 하늘 같은 남편을 잃고 도저히 살길이 없어 깊은 물 속으로 뛰어들어 목숨을 끊으려 여러 번 시도 했지만 그때마다 실패 했고, 마주 달려오는 기차 앞에 어린 두 딸의 손목을 부여잡고 서서 죽고 싶어 죽을 수조차 없었다며 늘 술회 하셨다. 내가 6세 나던 어린 시절에 "이승만이가 너희 아버지를 죽였다"고 어머니는 수없이 절규하셨지만 나는 너무 어려 어머니의 절규를 도저히 이해 할 수 없었고, 우리나라 대통령이 그럴 리는 없다고 믿지 못했다.

내가 전주 여중에 합격한 직후 순천에서 일부러 나를 찾아오신 큰 외숙님이 "경자야, 중학교 들어가면 역사책에 '여순반란'이라 나오니 충격받지 말고 열심히 공부해라" 하셨다. 무심한 세월이 흘러 2008년경 이한열 열사 모친 배은심과 유가협, 민가협 회원님들과 제주4·3 백조일손 유적지를 방문했을 때 비로소 대한민국의 군인과 경찰이 해방 후 자국민을 참혹하게 죽였다는 것을 알게 됐다. 5·16 군사정변으로 정권 잡은 이튿날 백조일손 묘역을 남김없이 부수고 파헤치고, 부관참시한 박정희 정권의 진면목을 보게 됐고 여순사건의 참혹한 역사도 조금씩 알게 됐다 내조국 대한민국의 왜곡 은폐된 흑역사를 알게 됐다.

목숨을 걸고 대한민국의 동맥을 책임지신 철도 공무원 건국의 초석 나의 아버지를 어이없게도 군인과 경찰, 서북 청년단과 비겁한 직속상관 김○열 조역과 우익 세력들 손가락 총질로 살해된 것을 2009년경 비로소 확실히 알게 됐다. 〈광주 호남 계엄지구 사령부 호남계엄지구고등군법회의 명령 제3호 사령관 육군 중령 김백일〉 이 문건은 이 나라 근간을 흔드는 문서로서, 인륜을 저버린 범죄자들이 만든 문서이다. 국민의 생명과 재산을 지켜야 할 의무를 저버린 국가범죄이다. 75년간 이 천인공노 할 국가 범죄에 대해 침묵하고 있었으나, 내 어머니 생전에 대통령의 사과를 받고 싶다.

내 나이 쉰을 넘겼을 때 순천 유족회가 생길 것 같다는 소식을 조곡동 철도관사에 사시는 큰 외숙에게 전해 들었다. 호구지책으로 내가 외국에 나가 있을 때 나의 어머님은 열 일 다 제치고 완주에서 순천까지 달려와 유족회를 하시고 때로는 서울 투쟁에도 빠지지 않으셨으나 늙으신 어머님께 너무 큰 불효를 저질렀다.

순천 유족회가 생긴 이후 짧았던 아버지의 생애를 더듬어 찾아 나섰다. 주로 순천 철우회를 방문하였으나 깊은 이야기는 들을 수가 없었다. 나는 2000년부터 적극적으로 아버지의 일을 위한 유족 활동에 목숨을 걸었다. 지방이 아닌 서울에서 정보를 알 수 있다고 판단하고, 형편이 어려웠지만 매일 필동 진화위 주변을 맴돌 수 있었고, 진화위가 문을 닫을 때는 지방에 살다가 2018년 2월 종로 누하동 통인시장 근처에 거처를 마련 청와대 분수대와 국회 정문 앞에서 여순사건을 알리는 일인시위를 했다.

1948년 10월 19일 여순사건의 기억이 사람들에게 공유되지 못한다면 그 일은 없었던 일로 되어 역사의 뒤안길로 묻히고 만다.

돌이켜 보면 2009년 10월 24일 명동YWCA에서 여순사건 학술대회에 우연히 관심을 가지고 용기 내어 참석하니 유족이 어떻게 왔느냐 놀라는 진화위 담당 조사관의 반응을 보았다. 그때 조사관이 슬그머니 나에게 오더니 아버지 자료를 찾았다는 것이다. 믿기지가 않았다. "순천 경찰서에서 나온 자료인가요?" 질문하니 뜻밖에 국가기록원에서 찾아내었다는 것이다. 그 기록을 달라고 하니 적절하지 않다는 답변을 듣게 되었고, 제적등본을 가지고 직접 국가기록원에 신청하라는 말을 듣고 여러 차례 신청하였으나 그때마다 없다는 야속한 답변만 돌아왔다. 결국 담당자와 진화위조사관이 직접 통화 후 특정하여, 찾은 〈광주호남계엄지구사령부 호남계엄지구 고등군법회의 명령 제3호〉 그중에 안양 교도소 5년 형을 받은 추○태 이름으로 찾게 된 것이다. 그 후 2009년경부터 준비하였던 형사 재심이 2019년 3월 21일 대법원 전원합의체에서 재심 결정이 나왔다. 약 10년 만에 재심 결정이다. 그동안 검찰의 항고와 재항고 즉시항고는 재심을 청구한 피해 유족과 피해자를 두 번, 세 번 죽이는 것이었다.

나의 아버지 고 장환봉 님의 재심을 맡은 재판부는 재판 과정에서 억울하게 혈육을 잃고 평생 고통 속에 살아온 이 지역 주민들의 인권유린 실상과 아픔에 대해 깊이 위로했다. 김정아 부장 판사는 판결문에 이례적으로 특별법을 정부와 국회에 촉구했다.

여순사건 특별법이 16대, 18대, 19대 국회에 발의되었지만 보수정당(한나라당·새누리당·자유한국당)의 반대로 결국 무산됐다. 제주4·3사건이 없었다면 여순사건도 5·18민주화운동도 없을 것이다. 제주4·3사건과 5·18민주화운동, 부마민주항쟁까지 모두 국가 기념일이 제정되고 대통령의 공식적인 사과가 있었는데 여순사건을 대하는 태도는 차별이 너무 크다. 나의 어머니 살아생전에 군과 경찰과 대통령에게 사과받고 싶다.

여순사건은 초보적인 진상규명과 피해자 명예회복 및 유가족들의 깊은 상처 치유마저 미미해 유족은 여전히 고통받고 있다. 지난날 어머니의 통곡마저 죄가 되었던 통한의 세월이 흐르고 있다. 독일이 국가범죄를 특정하고 끈질기게 추적 처벌하고 있는 것은 반인륜적인 범죄를 예방하고 끔찍한 대량 학살, 집단 살해 사법살인이 다시는 반복되지 않게 해야 할 의무를 알기 때문이다. 그러나 한국은 극악무도한 국가 범죄를 75년 동안 반성도 없고 책임자조차 모두 실종 상태다.

나는 맥시 밀리언 콜베 신부를 생각한다. 그는 아우슈비츠에서 굶주림에 시달리다가 결국 석탄산 주사를 맞고 살해됐다. 그리고, 1983년 성자로 추대됐다.

모든 위대한 것은 그것을 발견하는 만큼 실현 시키는 것도 힘들다.

― 스피노자 〈윤리학〉

그날 14연대가 순천역에 들어왔을 때 "잘들 들어 봅시다" 이 한마디의 말이 유언이 되었습니다.

(중략)

우리들의 아버지여 당신을 위해

우리가 해야 할 일이 아직 남았습니다.

세상이 바뀌어도

남겨진 사람들은 당신이 새겨진 내일 위를 여전히 달려갑니다.

― 『해원의 노래』 고 장환봉 님을 추모

| 제2부 | 여순사건 특별법 이해와 다양한 시선

5
기자가 본 여순사건

강 성 정 순천광장신문 기자

    예전이나 지금이나 진실규명에는 힘이 필요하다. 명예회복도 마찬가지다. 힘 없는 개인들에게는 어불성설이다. 온 가족이 찢기고 피주검이 되어도 호소할 곳조차 없다. 여순사건의 유족들이 그랬다.

    최규명 씨는 당시 좌익활동을 하던 사람과 얽혀 산 사람들에게 밥을 해주었다는 죄명으로 아버지(최정행 씨)와 어머니(정야매 씨)를 한꺼번에 잃었다(순천대 10·19 연구소 발간 증언집 6권에 수록). 최 씨는 입 한번 뻥긋 못하고 무려 75년이나 냉가슴만 앓았다. 오히려 이 사건으로 인해 또 다른 피해를 보지 않을까 전전긍긍하기까지 했다. 여순사건 당시 순천농업학교 교사였던 김관수 씨는 "여순사건이 6·25보다 더 무서웠다"라고 증언한 바 있다.

    '라이프'지의 칼 마이던스(Karl Mydans) 기자는 당시 상황을 "울 수조차 없었다"라고 묘사했다. 각 학교의 운동장 한편에는 거대한 구덩이가 파였고 마을의 청장년들은 속옷만 입고 무릎 꿇고 앉은 채 경찰관 가족과 우익청년단 심사를 받았다. 이들은 평소 앙금이 있었던 자들까지 손가락으로 지목했다. 지목된 자들은 다섯 명씩 손이 철사에 묶여 총살됐다. 당시 5연대 1대대를 지휘했던 김종원은 일본 헌병대 시절부터 간직해온 일본도로 마치 분풀이하듯 사람들을 죽여댔다.

시민과 함께 읽는 여순사건

한 나라에서 같은 민족끼리 일어난 사건인데도 정부 차원에서 73년의 기나긴 시간동안 충분히 조사되지 않았다는 점은 믿기지 않을 정도다. 그것도 최 씨와 같은 봉변을 당한 사례가 7천1백여 건에 이른데도 말이다.(2023년 9월 말 기준 여순사건 신고 건수)

순천시민 장환봉 씨는 1948년 10월경 국군이 반란군으로부터 순천을 탈환한 후 반란군을 도왔다는 이유로 체포돼 22일 만에 군사법원에서 사형선고를 받고 즉시 처형됐다. 진실·화해를 위한 과거사정리위원회가 군과 경찰이 순천지역 민간인 4백38명을 내란 혐의로 연행해 살해한 점은 무리였다는 결론을 내리자 장 씨의 유족들은 2013년 법원에 재심을 청구했다.

광주지법 순천지원(1심)은 "그 당시 판결문에 구체적인 범죄사실의 내용과 증거 요지가 기재되지 않았고 순천 탈환 후 불과 22일 만에 사형이 선고돼 곧바로 집행된 점등에 비춰보면 장 씨 등은 법원이 발부한 구속영장없이 체포, 구속됐다고 봄이 상당하다"며 재심청구를 받아들였다. 결국 2020년 1월 20일 여순사건의 민간인 희생자에 대한 무죄가 72년 만에 확정됐다.

무죄판결을 내린 순천지원 김정아 부장판사의 선고당시의 발언이 신선했다. "사법부 구성원으로서 이번 판결의 집행이 위법한 공권력에 의한 것임을 밝히며 희생자와 유족들에게 깊이 사과드린다"며 배석판사와 검사, 법원직원들과 함께 자리에서 일어나 고개숙였다. 김 판사는 이어 "피해자의 명예회복을 위해 걸어야하는 길이 여전히 멀고도 험난하다"며 "이 사건과 같이 고단한 절차를 더는 밟지 않도록 특별법이 제정돼 구제받을 수 있기를 간절히 바란다"고 덧붙였다.

분위기를 탄 덕일까. 여순사건은 지난해야 비로소 진상규명 및 희생자 명예회복에 관한 여순사건 특별법이 시행됐다. 특별법 제정을 요구하는 운동이 2018년부터 시작된 것도 영향력을 끼쳤다. '여순10·19특별법 제정을 위한 범국

| 제2부 | 여순사건 특별법 이해와 다양한 시선

민연대'는 여순사건 70주년이 되는 그해 10월 19일부터 청와대 국민청원 운동을 벌였다. 특별법은 2021년 6월 29일 여야 만장일치로 국회를 통과했다. 여순사건 발발 73년만이며 16대 국회에서부터 8번이나 발의되며 입법을 시도한 지 20년 만의 쾌거였다.

역사적 사건에 대한 진실규명은 정권의 성향에 따라 많이 좌지우지된다. 그토록 오랜 세월을 거치고서야 비로소 여순사건 특별법이 제정된 것 봐도 알 수 있다. 진보든 보수든 국민을 위해 정책을 펼쳐야 하는데도 집권 유지라는 목표치에 부합할 때만 적극적인 탄력이 붙는 것은 어쩔 수 없는 현실의 벽이다. 지금도 경찰 유족들은 여순사건 민간인 희생자 유족들의 추모식 참석 요청에 묵묵부답이다. 여순사건 70주년 기념 희생자합동추념식을 유족, 시민단체, 종교단체 등과 순직한 경찰관 유족, 경우회가 각각 따로 가졌다. 이들의 불화는 정치권의 한목소리를 저해한다. 그만큼 진실을 파헤치는 시간이 길어질 수밖에 없게 되는 것이다.

제주4·3사건에서도 정권의 움직임은 대비됐다.

1987년 민주화 이후에도 제주4·3사건에 대한 탄압은 계속됐다. 노태우 정부 시절 경찰은 학살 피해자들의 유족들을 단순한 안부 인사나 행정상 가정방문 등을 명분으로 주기적인 감시를 자행했다. 심지어 진상규명이 이뤄지고 있는 상황에서도 경찰의 어깃장은 계속됐었다. 제주4·3사건 민간인 희생자 위령제도 억압의 대상이었다.

분수령은 문민정부 때였다. 김영삼 전 대통령의 역사바로세우기와 맞물려 공인된 단체에서 진상규명 작업을 할 경우 정부에서 모든 협조를 하겠다는 정부의 입장이 표명된 것이다. 제주4·3사건 규명에 뜻이 있던 정치인들에게 영향력을 준 것은 불문가지였다. 신구범 전 제주도지사는 1996년 3월 정부에 정식으로 이 사건의 진상 규명을 요구했다. 그해 11월에는 제주도의회 4·3특별위원회가 국회4·3특별위원회 구성에 관한 청원을 제출했다.

노무현 전 대통령 이후 집권한 보수정권에서 진상규명의 분위기는 그 이전과 사뭇 달랐다. 이명박 전 대통령 시절인 2009년에 최고의 대공(對共) 전문가가 해임당한 사건이 일어났다. 윤 모 국정원 단장은 그해 5월 감찰실 직원과 점심을 먹으면서 "제주4·3 진압은 정부에서 심하게 한 측면이 있다"는 말을 했다. 감찰실은 이 발언을 놓고 좌파적 발언이라고 윤 단장을 내몰았다. 윤 단장은 대기발령 끝에 해임당했다. 제주4·3사건 당시 제주도민 중 80% 이상은 토벌대에게 죽었다는 미군 G-2 보고서에서 확인됐다시피 윤 단장의 말은 진실에 가까웠다는 지적이 팽배했다.

박근혜 정부 때는 극우단체 목소리가 커졌다. '대한민국 예비역 영관장교 연합회'는 제주4·3사건 때 군이 저지른 학살을 극구 부정하고 군의 정당한 대응이었다고 강변했다. 급기야 2015년 행정자치부는 보수단체들의 의견을 수용해 희생자 재조사를 시도했다. 이는 유관 단체들의 반발로 보류됐으나 언제 다시 튀어나올지 모르는 화약고가 됐다.

여순사건도 이처럼 정권의 영향을 받을 것으로 쉽사리 예상된다. 문재인 정부 때 여수·순천 10·19사건 진상규명 및 희생자 명예회복에 관한 특별법이 제정됐고 시행됐지만 불완전한 출발이었다. 제10조 제2항의 신고기한이 걸림돌이었다. 2022년 1월 21일부터 2023년 1월 20일까지의 기한으론 턱없이 부족했기 때문이다. 신고된 건수만 해도 7천1백 건이다. 게다가 신고처리를 담당할 인력도 부족하다.

부정적인 여론이 들끓자 지난 3월에 신고기한이 오는 12월 31일까지 늘어나는 여순사건 특별법 시행령 개정안이 국무회의를 통과했다.

그러나 연장된 기한으로도 조사가 제대로 마쳐지기는 어려워 보인다. 9월 말 기준 실무위원회의 심사가 끝난 건수는 1천1백54건이고 중앙의 여순사건위원회의 심의, 결정된 사례는 3백46건에 불과하다. 대기 중인 6천여 건을 마무리하기에는 너무나 버거운 실정이다.

이에 따라 또 한차례의 특별법 개정안이 필요하다는 여론이 일고 있다. 2000년 1월에 첫 제정된 4·3사건법에는 신고기한이 명시돼 있지 않아 비교된다. 21년이 지난 2021년에도 희생자 3백60명, 유족 3만 2천2백55명의 신고를 접수하고 올 2023년까지 심의 결정이 이어지고 있다. 유사한 두 사건의 특별법이 균형을 이뤄야 한다는 점에서 여순사건 특별법 신고기한에 대한 개정안은 다분히 공감대가 형성될 수 있다.

문제는 힘이다. 지역민의 강렬한 의지의 표현이 중요하다. 아무리 공감대와 여론이 비등하더라도 법을 개정하기에는 벅차다. 정권의 편향에도 견디기 어렵다. 지역의 힘은 이 모든 풍파를 헤쳐 나갈 원동력이다. 이 힘은 연대에서 나온다. 연대는 여순사건에 관한 관심에서부터 시작된다. 일찍이 오랫동안 여순사건을 연구한 주철희 박사는 지역민의 무관심에 한탄했다. 언론마저 죽었다는 발언을 서슴지 않았다. 제주의 지역신문들은 4·3사건의 보도에 앞장섰다. 제주도민들은 4·3사건에 부정적인 인식을 가진 정치인들을 철저히 배제했다. 역사의식은 올바른 정치를 하는 결정적 계기임을 알고 사전에 철저한 검증이 필요하다. 여순사건의 희생자와 유족의 통한은 결코 그들만의 짐이 아니다. 함께 짊어지고 풀어야 할 우리의 과제임을 알아야 한다.

시민과 함께 읽는 여순사건

6
여순사건을 보는 세 개의 관점

문 수 현 국립순천대학교 10·19연구소 연구원

　10·19[1]는 다양한 요소를 내장하고 있는 역사적 사변이다. 하늘 아래 단일한 요소와 원인으로 이루어진 일은 없듯이 10·19도 복합적인 요소, 다양한 층위, 함축적인 의미를 지닌 '흥미로운' 역사적 사건이다. 다른 사물도 그러하지만, 10·19도 어디서 보느냐에 따라 여러 가지 해석이 가능한 '문제 덩어리'이다. 따라서 "10·19를 어떻게 바라봐야 할 것인가"라는 주제는 적절하고도 타당하다.

　이 글은 말하자면 10·19의 성격에 관한 것이다. 이는 연구자들의 연구 주제이고, 일반 대중들의 논쟁거리이다. 그간 내가 보고 들은 내용을 종합하여 정리하자면, 10·19를 보는 시선은 3갈래이다. 하나는 '반란'이고, 다른 하나는 '항쟁'이고, 나머지 하나는 '국가범죄-학살'이다. 그 밖의 시선도 있을 수 있겠지만…

---

[1] 1948년 10월 19일, 여수 신월동 주둔 제14연대 군인 일부가 "제주 4·3을 진압하기 위해 출동하라"는 상부의 명령을 거부하고 봉기하여 6년여에 걸쳐 발생한 일련의 역사적 사건을 통상 '여순사건'으로 부른다. 그 '여순사건'을 필자는 '여순10·19사건'이라고 명명한다. 왜냐하면 여수·순천에서만 발생한 사건이 아니고 전남, 전북, 경남 일부 등 37개 시군에 걸쳐 벌어진 일이기 때문이다. 그런데 이 글의 성격상 여기에서는 '10·19'라고 표현한다.

1. 반란: 권력자와 지배층의 관점

군대(군인)는 상부(상관)의 명령에 절대복종하는 조직이라는 것은 상식이다. 특히 군대를 갔다온 대한민국 남자들의 대부분은, 나아가 장교나 직업군인, 행정조직에 몸담았던 분들은 두말할 필요가 없는 철칙으로 알고 있다.

그래서 여수 주둔 제14연대 일부 군인들이 상부의 출동 명령을 거부하고, 오히려 총을 들고 영내를 나와 군경과 총격전을 벌이고 일부 지역을 점령한 일련의 일을 '반란'으로 본다. 당시 그러한 생각은 일반적이어서 10·19가 났을 때 처음 붙인 이름은 '국군14연대반란사건'이었다.[2] 이후 '여순반란', '전남반란사건', '여순반란사건', '여순14연대반란사건', '14연대반란사건', '경비대반란', '여순병란', '여수폭동사건' 등 반란, 병란, 폭동이라는 이름이 붙었다.

지금도 연로한 유족이나 지역민을 만나 얘기하다 보면 '여순반란 때' 또는 '반란사건 때'라고 스스럼없이 말하는 걸 자주 목격한다. 집권자, 권력층이 명명한 이름이 널리 퍼져 일반대중들은 그것을 지당한 사실로 받아들인 것이다. 특히 군경유족회 인사들은 "군인이 명령에 불복종한 것은 항명이고, 총을 들고 무단으로 영내를 나온 것이 반란이 아니면 무엇이 반란이냐?"고 목소리를 높인다.

고등학교 『국사』 교과서에서도 1976년부터 '여수·순천에서의 반란', '여수·순천반란사건'으로 쓰다가 1996년 발행한 교과서부터 '여수·순천 10·19사건'으로 바꾸었다. 역사 전문가(연구자)들도 1990년대 중반까지 '반란'으로 인식했다는 것을 알 수 있다.

역사를 이어진 것으로 보지 않고, 10·19를 다른 역사와 연계되지 않은 하나

---

2 『동아일보』, 1948년 10월 22일. 주철희, 『동포의 학살을 거부한다: 1948 여순항쟁의 역사』, 1918, 150쪽에서 재인용.

의 고립된 사건으로 본다면 '반란'이란 시각은 유효할 수도 있다.

그런데 과연 그러한가? 알다시피 10·19는 제주4·3과 접속되어 있고, 가깝게는 일제강점기, 독립운동, 제2차세계대전, 광복, 남한만의 단독선거, 남북의 정부수립 등 국내 정치 상황과 국제정치 질서에 밀접하게 연계되어 있다.

그리고 군대(군인)는 상부(상관)의 어떤 명령이든 무조건 복종해야 하는가의 문제도 쟁점이다. 예컨대 상관이 부하에게 민간인을 살해하라고 하면 부하는 그 명령에 복종하지 않아도 된다. 5·18민주항쟁 당시 군인이 시민에게 총을 쏘지 않고 항명한 사례가 있다. 군형법 제44조(항명)는 "상관의 정당한 명령에 반항하거나 복종하지 아니한 사람은 다음 각 호의 구분에 따라 처벌한다"라고 규정되어 있다. '정당하지 않은 명령에는 반항하거나 복종하지 않을 수 있다'는 반대해석이 가능하다. 그런데 '정당한 명령'의 개념이 규정되어 있지 않아 논란이 되고 있다.

군대의 존재 이유에 반하는 명령, 곧 국민의 생명과 재산을 훼손하고 파괴하는 부당한 명령, 불법적이거나 불의한 명령은 복종하지 않아도 되는 것이다.

따라서 비상사태나 계엄령이 선포되지 않은 상태에서 제주도 초토화작전을 위해 제14연대 1개 대대의 출동 명령을 내린 것이 정당한 것인가? 또 반란이란, 체제를 전복하거나 정권을 찬탈하기 위한 집단적 무장투쟁인데, 과연 제14연대 일부 군인들이 체제 전복과 정권 찬탈을 목적으로 봉기하였는가? 지금까지의 연구에 의하면, 당시 제14연대 일부 군인들은 권력자를 축출하기 위한 계획이나 행동이 없었고, 예비한 새 권력자도 없었다. 그들은 애초에 서울로 갈 계획이 없었기에 지리산을 향해 나아갔다.

2. 항쟁[3]: 국가의 주인인 민중의 관점

'항쟁(抗爭)'의 사전적 의미는 '상대에 맞서 싸움. 집단이나 개인이 상대를 극복하기 위해 힘쓰거나 싸움'으로 '투쟁', '싸움', '다툼'과 유사한 단어이다. 그런데 역사적 의미는 '불의에 저항한 집단·대중적 행동'으로, 역사학계에서는 대체로 '대중적 저항 실천이 역사적 사건으로 기록된 것'으로 정의하고 있다. 항쟁을 영문으로 표기하면 resistance가 될 것이다.

주철희[4]에 의하면 항쟁은 세 가지 의미를 함축하고 있다. (1) 다수 또는 복수의 주체들이 함께하는 행위라는 점에서 집단적·대중적이다. (2) 그 집단적 저항 실천이 역사적, 정치적, 사회적으로 지배적 담론 질서 전반에 영향을 준 의미가 확인되어, 기록할 만한 사건이다. (3) 지배자(지배층)의 억압에 대한 대항적 움직임이다.

여기에 10·19를 대입하면, (1) 제14연대 군인의 촉발로 전남 동부지역 민중의 지지와 합세에 의한 대중적 실천 운동이었고, (2) 대한민국 정부수립에서부터 현재까지 한국에 미친 사회적·정치적 영향이 지대하였으며, (3) 권력의 잘못된 명령에 대한 저항과 친일파 관리·경찰의 부패와 억압에 대한 대중의 실천적 대항이었다. 그러므로 10·19는 항쟁이라는 것이다.

개항에 대한 견해에서부터 일제강점기 독립을 위한 방법론, 해방기 정부수립에 대한 문제에 이르기까지 우리 내부에서 관점이 다른 여러 의견이 분출하였다. 이러한 상황에서 모스크바 삼상회의에 의한 찬탁·반탁 문제로 내홍을 겪었고, 미국의 세계전략과 이승만의 권력 이익이 부합하여 남한만의 단독선거를 통

---

[3] 이 부분은 주철희, 「1부 – '여순항쟁, 그 역사를 말한다'」, 『동포의 학살을 거부한다: 1948 여순항쟁의 역사』, 흐름, 2017을 참고하였다.
[4] 주철희, 위의 책, 2017.

해 단독정부가 수립되었다. 이는 당시 인민·대중이 열망하던 자주독립 국가나 한반도 단일정부의 모습과는 거리가 한참 먼 것이었다.

자주독립 국가와 한반도 단일정부라는 민중의 염원을 외면한 권력·지배층의 반민주적 행위에 반기를 들고 저항한 일련의 역사적 사건이 10·19이다. 다만, 항쟁의 주체들이 동족상잔을 반대한다면서 10·19의 과정에서 경찰과 우익 인사들을 학살한 것, 이른바 보급 투쟁 과정에서 대중을 비자발적으로 동원하거나 식량 등 재산을 빼앗은 일은 문제로 남는다.

3. 국가범죄-학살: 민간인 피해자의 관점

반란이건 항쟁이건 둘 이상의 주체를 전제한다. 대체로 두 집단이나 세력 간의 갈등과 대립에 의한 무력 쟁투가 반란, 항쟁이다. 쟁투의 목표는 당연히 승리여서 그 과정에서 필연적으로 인명과 재산의 피해가 발생한다.

10·19의 전개 과정에서 다수의 민간인이 심각하게 피해를 당했다는 것은 널리 알려진 사실이다. 당시 아무 이유 없이 1만 명이 훨씬 넘는 민간인들이 불법적으로, 주로 군경에 의해 즉결 처분되거나 집단학살 당했다. 이후에는 오랫동안 피해자나 유족에게 '빨갱이' 또는 '빨갱이의 자식'이라는 멍에를 씌워 2차 가해를 일삼았다. 이는 명백한 민간인 학살이었고 국가범죄였다. 2021년 '여순사건 특별법' 제정은 이를 국가가 인정했다는 상징적 의미를 갖는다.

그런데 여순사건 중 엄청난 민간인 피해자가 발생했다는 것만 알려져 있을 뿐, 피해자가 모두 몇 명인지는 파악이 안 된다. 발발한 지 75년이 지난 지금까지 민간인 사망자, 부상자, 행방불명자를 전수조사한 적이 없기 때문이다. 군경에 의한 봉기·항쟁 세력의 피해 상황도 정확하게 알 수 없다. 좌익세력에 의한 군경이나 한청 등 우익의 피해 상황은 대체로 파악할 수 있다. 그들은 국가유공자로 등록되었고, 유족들이 연금을 받았기 때문이다.

토벌 군경(국가) 등에 의한 민간인 집단 학살지는 여기저기 산재해 있고, 거의 드러나 있다. 집단학살 목격 증언자는 넘쳐난다. 그러나 몇 명이, 누가 학살당했는지 정확하게 알지는 못한다. 다만 추정할 뿐이다.

주철희[5]에 의하면, 1949년 11월 11일 전라남도 당국이 발표한 사망자 11,131명에 보도연맹사건 피해자 3,400명 정도, 형무소 재소자 1,000명 정도, 그 이후의 피해자를 더하면 최소한 15,000명 정도가 피해를 봤을 것으로 보인다. 이 수는 '최소한'이며, 이 속에는 민간인뿐 아니라 좌우익을 망라한 피해자가 포함되어 있다.

10·19를 보는 이상의 세 관점 외에 다른 관점도 있을 수 있다. 분명한 것은 어느 하나만이 10·19의 진실을 오롯이 담아내지는 못한다는 것이다. 그중 어느 하나를 선택하기 어려워서 '여순사건'으로 부르고 있다.

전술했다시피 역사적 사건이 단일한 요인에 의해 독립적으로 발생하지는 않는다. 그러므로 역사를 보는 시각과 해석은 다양할 수밖에 없다. 역사를 보는 여러 관점은 대중의 역사에 대한 관심을 증대시킬 뿐 아니라 기존의 역사를 새롭게 이해하고 인식하는 데 기여할 것이다.

---

5 주철희, 앞의 책, 2017.

시민과 함께 읽는 여순사건

7
1948년 구례에서 있었던 일

신 강 구례10·19연구회 대표

1. 일본군과 국가폭력

일본은 조선에서 활동하는 의병 세력을 완전히 진압할 목적으로 1909년 9월 1일부터 10월 30일까지 2개월에 걸쳐 의병 세력의 주요 근거지인 전라도에서 초토화 작전을 펼쳤다. '남한 대토벌 작전'이다.

황현은 매천야록에 "사방을 그물 치듯 해놓고 마을을 집집마다 뒤져서 조금이라도 의심스러우면 즉시 죽였다. 이에 이르러 길에는 다니는 사람이 없고 또 이웃과도 통하지 않았다. 의병들은 흩어져 달아났으나 숨을 곳이 없어 돌격하여 싸우다가 죽고 혹은 도망치다가 칼에 맞아 죽었다. 차차 쫓기어 강진·해남 땅에 몰리어 죽은 자가 수천 명에 달하였다."라고 기록했다.

1938년 1월, 일본 외무대신 히로타 고키가 주미 일본대사관에 보낸 비밀 전문이다.

믿을 만한 목격자들의 직접 추산과 신뢰도 높은 일부 인사들이 보내온 편지에

| 제2부 | 여순사건 특별법 이해와 다양한 시선

1909년 겨울 광주감옥(혹은 광주지방재판소)에서 촬영한 의병들

따르면 일본군이 저지른 모든 행위와 폭력 수단은 아틸라왕과 흉노족을 연상시킨다. 최소 30만 명의 민간인이 살육됐고, 많은 수는 극도로 잔혹하고 피비린내 나는 방식으로 살해됐다. 전투가 끝난 지 수주가 지난 지역에서도 약탈과 아동강간 등 민간에 대한 잔혹 행위가 계속되고 있다.

신멸작전(燼滅作戰)이다. 말 그대로, 남는 것이 없을 정도로 멸하는 것, 완전히 멸망시키는 것. 일본군이 중일전쟁에서 벌인 제노사이드이자 초토화 작전이다. 중국에서는 이를 삼광작전(三光作戰)이라고 부르기도 하는데, 살광(殺光) 모조리 죽이고, 소광(燒光) 모조리 태우고, 창광(搶光) 모조리 빼앗으라는 뜻이다. 난징대학살로 30만 명이, 중일전쟁으로 2,000만 명의 중국인이 죽었다.

1938년 10월 12일 『매일신보』에 실린 간도특설대 설립과 대원 모집 기사

이 끔찍한 삼광작전은, 태평양전쟁 말기에 조선 독립군이 활동하던 간도와 만주에서도 벌어진다. 간도에서 이 참혹한 작전을 수행하던 부대는 '간도특설대'이다. 간도특설대는 1938년 10월에 창설되었고, 조선의 항일단체를 소탕하기 위한 목적이었다. 부대장과 장교 몇 명을 제외한 전원이 조선인으로 채워졌다.

독립군이 근거하고 있는 산악지대를 포위하고, 인근의 촌락을 초토화시키고, 주민을 학살하고, 독립군과 결탁했다는 의심이 들면 마을을 불태웠다. 일본이 패망하고, 간도특설대에서 장교로 복무한 일부 사람들은 해방 이후 남한 국군의 지휘관이 된다.

2. 여순사건과 구례

1948년 10월 20일, 여수에서 일어난 14연대 일부 군인의 진압출동 거부와 여수·순천이 해방구가 되었다는 이야기는 삽시간에 구례 전역으로 퍼져나갔다. 구례 주민들은 술렁였고, 남로당 구례군당은 급박하게 움직였다. 우선 남로당과 인민위원회 그리고 농민동맹, 청년동맹, 여성동맹을 정상화시키고, 행정기관을 접수하고, 토지개혁을 위한 기초조사 사업을 시작했다.

순천에서 구례로 넘어오는 길목인 학구에서 토벌군에 가로막힌 14연대 일부 군인들은 구례구역으로 향하려던 계획을 수정해서, 일부는 순천의 삽재팔동을 지나 매재를 넘어, 일부는 광양 옥룡면 백운산 참새미재를 넘어 구례 간전면으로 들어온다. 간전으로 들어온 14연대 일부 군인들은 22일 밤 10시부터 섬진강 도강작전을 벌이면서 구례읍 점령에 돌입한다. 23일 새벽, 구례읍은 14연대 일부 군인들이 장악하고, 구례 전역에서 남로당과 인민위원회는 향후 있을 유격투쟁을 대비하기 위한 조직확대 사업과 물자확보작업을 벌였다. 토지조사 사업과 반동대상자 색출작업도 함께 진행했다. 그러나, 구례의 해방은 가을볕처럼 짧았다.

10월 27일 여수·순천 탈환이 어느 정도 마무리되자, 토벌군은 구례 진압작전을 시작했다. 27일 3연대는 구례경찰서를 탈환하고, 28일 12연대는 구례읍에서 후퇴해 화엄사에 집결해 있던 14연대 일부 군인들을 추격한다.

구례 문수골에 주둔하던 14연대 일부 군인들은 문수간이학교를 임시 주둔지로 사용하고, 건너편 영암촌 바위굴 비트에 사령부를 마련하고 있었다. 구례를 점령한 3연대는 28일 14연대 일부 군인들의 주둔지인 문수골에 대한 대대적인 공격을 시작한다. 전투 초반 14연대 일부 군인들은 문수골 안으로 후퇴했다가 다시 문수간이학교를 점령한다. 전투는 29일에도 계속되어, 결국 14연대 일부 군인들은 문수간이학교에서 퇴각하여 문바우등 아래 억새평원에 주둔한다.

해방구 건설 활동으로 신분이 노출된 구례군의 남로당과 인민위원회 관련자들은 짧은 해방을 뒤로한 채 지리산과 백운산으로 입산한다. 14연대 일부 군인들과

14연대 봉기군 구례진입 경로

14연대 주둔지, 문수골 문수간이학교

지역 유격대가 결합하면서, 지리산 빨치산의 역사가 시작된다.

11월 12일 박종하가 지휘하는 구례군 유격대와 14연대 일부 군인들은 간전면 간문국민학교에 주둔하고 있던 하사관교육대를 습격하여, 교육생 100여 명을 포로로 잡고 정신교육을 시킨 후 여비까지 마련해 주고 풀어준다.

11월 13일 여수와 순천의 잔류병력을 규합한 지창수 부대 200명이 백운산 줄기를 타고 문척면 중산리로 들어온다.

11월 14일 하사관교육대 사건으로 남원의 사령부로 가던 12연대장 백인기가 습격을 받고 도주하던 중 자결하는 사건이 벌어진다.

11월 19일 김지회가 이끄는 500명과 지창수 부대 200명의 군인들은 12연대가 주둔하던 구례읍 중앙국민학교를 공격한다. 전투는 20일 새벽까지 이어진다. 당시 문척면 인민위원장을 지낸 정운창의 회고에 따르면, 그날 전투에서 사망한 14연대 군인들은 26명이며, 토벌군이 전과를 부풀리기 위해 숙군 대상자와 다른 지역 희생자의 시신을 트럭에 싣고 다니면서 선무공작을 했다고 한다.

백인기 12연대장 습격사건과 중앙국민학교 습격사건 이후, 토벌대의 구례진압 작전은 대대적인 민간인 학살로 이어진다. 학살을 현장에서 지휘한 것은 12연대 백인엽 소령과 3연대 조재미 대위였다. 이들은 북지구전투사령부 사령관 원용덕과 남지구전투사령부 사령관 김백일의 지휘를 받았다. 이후 호남지구전투사령부와 지리산지구전투사령부로 개편되어 원용덕과 정일권이 사령관이 된다.

그리고, 모든 작전은 이응준 육군참모총장과 이범석 국방부 장관의 지휘계통 아래에서 최종적으로는 대통령 이승만의 지휘를 받았다.

3. 구례에서 되풀이 된 국가폭력

> 3연대 토벌군은 산동면 마을 곳곳을 토벌하면서 마을주민들을 사살했다. 3연대는 1948년 10월 말부터 산동면 내산리·위안리·좌사리·관산리의 주민들을 중동국민학교로 소집한 후, 1949년 1월 초까지 지속적으로 집단 사살하였다.
> 12연대는 봉기군을 고립시키기 위해 간전면 마을들을 소개시키고, 11월 20일에서 23일까지 간전면 주민 중 젊은 사람들을 간문국민학교로 끌고 가서, 남로당 가입 및 반군협조 여부 등을 취조한 후, 많은 주민을 간문천변에서 집단 사살했다.

2007년 진실화해위원회의 조사 결과, 구례지역의 1948년에서 1949년까지 피해자는 총 1,068명이며, 진압 군경에 의한 피해자는 813명으로 조사되었다. 그러나 구례 사람들은 3,000명이 희생되었다는 이야기를 더 믿고 있다.

씁쓸하지만, 당시 토벌대가 펼친 진압 작전은 일본군과 간도특설대의 '삼광작전'을 떠올리게 한다. '여순사건' 당시 삼광작전을 펼친 일부 주체들은 일제 시기 일본군과 간도특설대에서 장교로 복무하면서, 독립군과 간도 주민들을 직접 학살한 사람들이었다.

육군참모총장 이응준은 일본육군사관학교를 졸업하고, 중일전쟁에 참가했으며, 이승만 정부에서 체신부장관을 지냈다.

지리산지구전투사령관 정일권은 봉천군관학교와 일본육군사관학교를 졸업하고, 간도 헌병대 대장으로 근무했다. 박정희 정부에서 국무총리와 국회의장을 지냈다.

호남지구전투사령관 원용덕은 만주군에 입대하여 조선인들의 사상 통제를 강화하기 위해 일본군 육군특무기관에서 만든 흥아협회에 참가한다. 이승만 정부에서 헌병사령관을 지냈다.

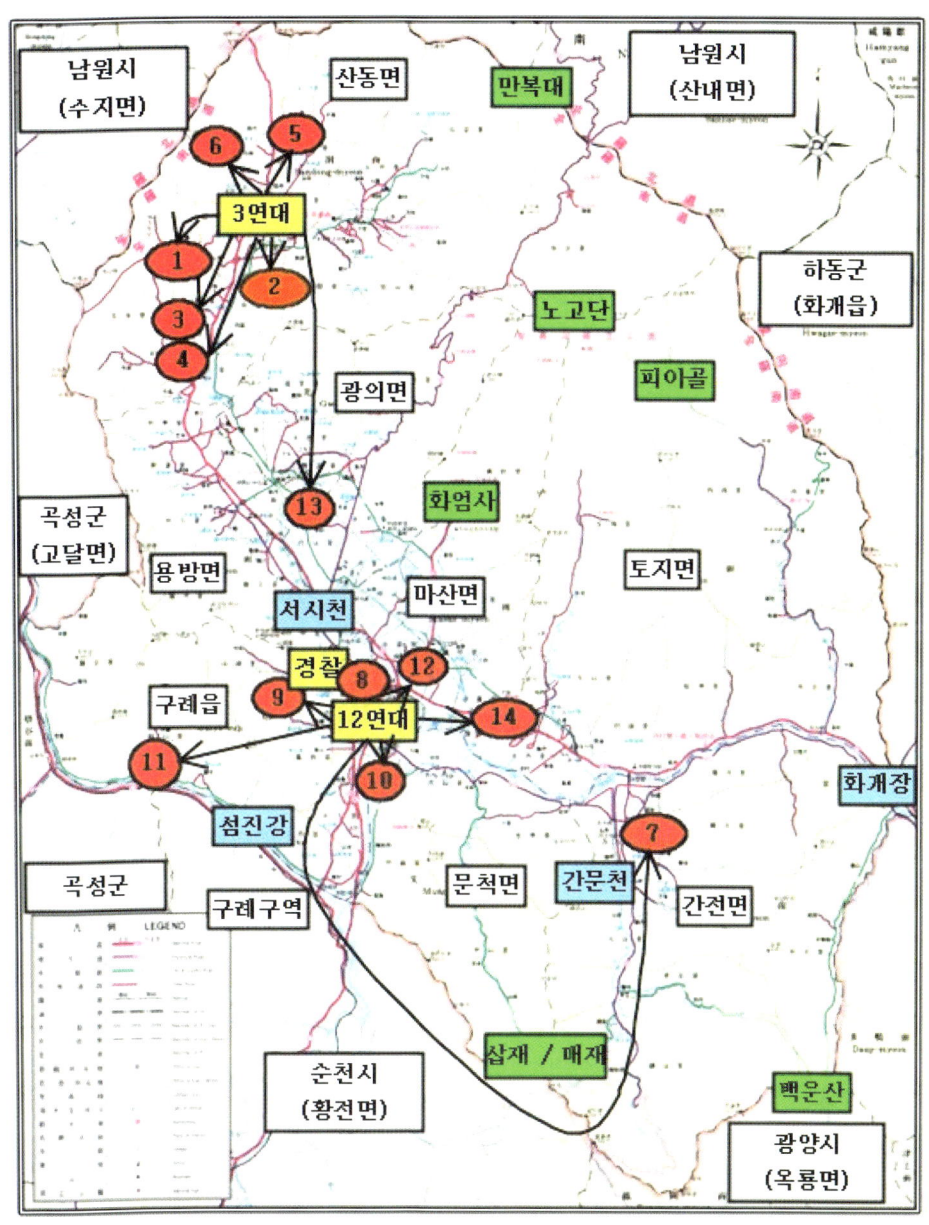

여순사건 당시 토벌대에 의한 민간인 학살 지도

남지구전투사령관 김백일은 봉천군관학교를 졸업하고 간도특설대 창설멤버로 입대했다.

12연대장 백인기는 만주 신경육군예비사관학교를 졸업하고 일본군 소위로 해방을 맞고, 군사영어학교에 입대했다. 구례에서 자살한 이후 '군신(軍神)' 대접을 받았다. 12연대 백인엽은 일본육군항공학교를 졸업한다. 이승만 정부 때 육군 중장으로 예편하는데, 살인 장군으로 유명했다. 이후 비리 사학재단 선인학원을 운영했다.

3연대 조재미는 조선총독부 육군병지원자훈련소에 제1기 생도로 입소해 일본 육군에서 복무했다. 5·16쿠데타 이후 준장으로 예편하고, 대한통운 이사직을 지냈다.

1948년 11월 5일자 평화신문에 실린 이승만 대통령 담화문

남녀 아동까지라도 일일히 조사해서 불순분자는 다 제거하고 조직을 엄밀히 해서 반역적 사상이 만연되지 못하게 하리니 앞으로 어떠한 법령이 혹 발포되드래도 전 민중이 절대 복종해서 이런 속행이 다시는 없도록 방위해야 될 것이다.

대통령 이승만은 1948년 11월 5일 담화를 발표한다.

이 담화는, 대통령이, 아니 국가가 학살을 지시했음을 드러내는 증언이다. 국가의 폭력과 학살에 대한 명확한 책임을 묻지 않는다면, 이 땅에서 '정의'를 말하기는 힘들 것이다. 그렇기에, '여순사건'은 우리에게 아픈 기억이고, 힘든 미래이다.

시민과 함께 읽는 여순사건

8
사람다움과 여순사건

장윤호 순천 청어람인문학연구소 소장

역사는 거울이다. 과거의 보고서가 아니라, 오늘에 비추어진 과거를 통해 미래로 연결하는 새로운 통로의 의미를 지닌다.

특히, 호남의 민중사는 또렷한 변곡점을 갖고 있다. 1894년, 갑오년 고부에서 시작한 동학혁명에서부터 광주학생의거, 여순사건 그리고 5·18민주화운동에 이르기까지 호남을 시대적 공간으로 하여 일어난 사건들은 계속성을 지닌 채 연결되어 왔다. 그 이유는 민중들이 당시 우리 사회의 문제점들을 타파하고자 하는 열망에서 시작되었기 때문이다.

갑오년 고부에서 시작된 동학혁명은 '척양척왜·제폭구민'이 주된 의제였다. 당시 조선 후기 사회의 근본적 모순을 외세의 침탈과 봉건적인 지배계급의 무분별한 억압과 수탈이라고 여겼다. 어쩌면 당시에 외친 민중들의 외침은 지금 이 시대에도 시민단체들이 외치는 반봉건·반제와 동일한 선상에서 바라볼 수 있지 않을까? 반제·반봉건의 외침은 의병투쟁과 광주학생의거를 거쳐 1948년 여순사건 그리고 1980년 5·18 민주화운동으로 끈을 잇고 있다.

우리 지역의 극심한 아픔으로 남아있는 여순사건 또한 '동족상잔 결사반대, 미군 즉시 철퇴'가 먼저였다. 여수에 주둔하던 14연대 일부 군인들의 반란이라고 명명한 채로, 75년이 넘도록 지역민들의 가슴에 대못을 박고 살게 했던, 여순사건은 시간과 함께 점차 진실이 밝혀지고 있다. 일부에서는 여순사건을 민중들의 '여순항쟁'이라고 주장하기도 한다.

순천, 여수, 광양, 구례 등 전남 동부권의 주민들은 일가친척 중에 누구나 할 것 없이 여순사건과 연관관계를 갖고 있었다. 그리고 지긋지긋한 '연좌제'의 틀에 갇혀 함구령으로 일관된 삶을 살아야 했다. 특히 수만 명의 유족들의 피 눈물 나는 사연들을 접할 때마다, 가슴 속 울분을 다 토로할 수 없었다. 그렇게 75년의 세월이 흘렀지만, 아직도 이념의 테두리는 자유롭지 못한 채 논쟁의 소용돌이 속에서 돌고 있는 느낌이다.

다시 한번 여순사건의 진실을 파헤쳐보자. 민중들은 광복과 더불어 사람처럼 살기를 원했다. 그것은 분단 없는 민족국가의 건설이고, 온 국민이 한 가족으로 자유롭게 살고자 꿈꾸는 나라였다. 그런데 국토는 남북으로 외세에 의해 강제 분단되고, 남한 정권은 미국의 제국주의적인 체제가 되고 말았다.

미군정은 일제 식민 잔재를 청산하기는커녕, 일제의 하수인들을 다시 공무원과 경찰, 군인으로 우대하였다. 친일 경찰들은 일제 강점기에 누렸던 권력을 다시 사용하면서 사회를 옥죄고 말았다. 그뿐 아니라 이승만 정권은 친일파 지주들의 이익을 보장하는 방향의 토지 개혁을 실시하였다. 그것은 민중들의 가슴에 또 하나 도화선에 불을 댕기는 꼴이었다. 결국 해방된 나라, 광복의 기쁨으로 사람으로 살고자 했던 민중들의 자부심과 요구를 철저히 짓밟고 만 것이다.

역사는 광복 후의 우리 사회 전반에서 정치·사회·경제적 혼란과 남한만의 단독 정부 수립과정에서 '법적 역사적 정의가 실종하고 정의의 실현을 요구하는 민중들이 국가폭력의 희생자로 전락하고 만 것이다.' 제주4·3사건과 여순사건이 아직도 국민적 공감이 제대로 이루어지지 못하고 있음은 개탄스러운 일이다.

동족상잔의 비극을 강요받은 14연대 소속 일부 군인들은 제주도민에게 총구를 겨눌 수 없다는 명령 불복종은 독재정권에 의해 반란군으로 몰리고, 일부 동조하거나 총부리가 무서워, 살기 위하여 협력했던 민중들도 70년이 넘게 '연좌제'라는 사슬에 묶여 살았다. 연좌제는 미래가 보이지 않는 노예의 삶이나 마찬가지였다. 관공서나 대기업 심지어 교육계 취직마저도 탈락하는 수모를 맛보는 좌절의 연속된 삶이었다. 밥 한 끼 내줬다는 것으로 빨갱이로 몰리는 비극의 삶이었다.

우여곡절 끝에 '여수·순천 10·19사건 진상규명과 희생자 명예회복에 관한 특별법'(여순사건 특별법)이 2022년에 시행되었다. 완성된 것은 아니지만 해결의 실마리가 될 수 있다는 점에서, 유족들과 지역주민들과 시민단체들은 환호했다.

무엇보다도 '진실의 규명과 정의'를 찾는데 주안점을 둬야 한다. 왜곡된 여순사건에 대한 편견을 해소하는 길이 먼저다. 아직도 여순반란사건이라고 입에 오른다는 것은 국민에게 올바른 홍보가 되지 않았다는 것이다. 여전히 좌익, 우익이니 하는 이데올로기가 시민들의 머릿속에서 혼동을 일으키는 것 또한 이제껏 편향된 역사교육 탓임을 각인시킬 교육 대안이 필요하다.

생각해보라. 목에 총, 칼이 다가오고 자녀들의 이름과 행동을 거론하는 폭거들의 옥죄임 앞에서 어느 누가 협력에 동의하지 않겠는가. 그로 인해 협력자라는 딱지가 붙고, 빨치산의 이름표를 달게 되면 그날로부터 그 집안뿐만 아니라 사돈네 팔촌까지 '연좌제'에 묶이는 무서운 형벌을 피해 갈 자가 없었다는 게 유족들의 목 타는 울부짖음이다. 사람이 살기 위해서, 자녀들을 살리기 위해서는 무슨 짓이라도 할 수밖에 없는 부모의 삶이 아닌가.

좌익이니 우익이나 할 것 없이, 지속적인 옥죄기가 계속된 것이 바로 여순사건 현장이었다. 이제 옥쇠를 풀어야 한다. 모두가 피해자임을 명명백백하게 여순사건 특별법에 명시하고 새롭게 여순사건에 다가가야 한다. 그래서 올바른 명예회복이 이루어져야 한다.

여순사건은 75년 전, 한국 근대화의 또 하나 변곡점이다. 광복이 되었음에도 진정한 민주시민으로 살지 못한 반제·반민주의 친일 타파와 부당한 토지개혁 등에도 방관하고 외면하며 안위만을 좇는 사람들 중에서 누군가는 나서야만 했다.

제주 양민을 군인들의 총으로 쏠 수 없다는 명제와 사람이 사람으로 살기를 원하는 민중들의 소원이 하나로 끈을 이으면서 일어난 여순사건은 목숨 바쳐 정의를 위하여 싸운 사건이다. 역사의 흔적마다, 목숨을 담보로 일어서는 정의의 양심들과 그 행렬에 동참하는 민중운동이야말로 가장 위대하고 성스러운 시민의 표상이다.

과거는 잊어야 할 시간이 아니다. 이제 여순사건에 대한 진상을 규명해야 할 때이다. 목숨 바쳐 잘못된 사회에 경종을 울리던 외침을 또렷하게 기억하며 감사와 추모제를 올린다. 아울러 미래 또한 올곧게 지켜가야 할 큰 책무가 우리에게 있음도 명심하자. 민주주의의 책임은 '참여'이다. 올곧은 민주주의는 바로 우리 모두를 부른다.

진실규명과 명예회복 그리고 화해와 상생의 평화운동이 우리의 길이다. 평화의 인권교육과 평화와 상생의 예술제가 우리 생활에 좀 더 가까이 다가오기를 기대한다. 미래의 살아있는 교육의 장이 될 평화공원이 가장 합리적인 방안으로 건립되어 후세에게 올바르게 전달되어야 한다. 역사는 과거에 머무르지 않고, 유유히 흐르는 강물처럼 계속된다. 여순사건의 진실과 정의가 희생자들과 평생토록 숨죽이며 살아 온 유족들에게 위로가 되는 길을 찾는 것이 곧 사람의 길이다.

필자

강성호 국립순천대학교 인문학술원 원장
권오수 국립순천대학교 인문학술원 학술연구교수
노영기 조선대학교 자유전공학부 교수
예대열 국립순천대학교 인문학술원 학술연구교수
최현주 국립순천대학교 국어교육학과 교수
박종길 여수지역사회연구소 소장
김소진 법학박사, 국립순천대학교 10·19연구소 연구원
유상수 여순사건위원회 전문위원

다양한 시선을 제공해주신 분들

박발진 현) 광양여순10·19시민연대 상임대표
정미경 소설가, 국립순천대학교 10·19연구소 연구원
장경자 여순사건 유가족, 국립순천대학교 사학과 재학생
강성정 순천광장신문 기자
문수현 국립순천대학교 10·19연구소 연구원
신　강 구례10·19연구회 대표
장윤호 순천 청어람인문학연구소 소장

자문 및 감수

이정은 국립순천대학교 사학과 교수
임송자 성균관대학교 동아시아역사연구소 책임연구원